탐욕의 지배

MY MONEY, MY SOUL

탐욕의 지배

폴커 라인하르트 지음 | 김희선·최정미 옮김

말·클빛냄

C\O\N\T\E\N\T\S

인색함과 일상

이탈리아 남부에는 '인색함'과 '마피아'의 공통점을 두고 은밀히 회자되는 말이 있다. 그 두 세계에 속하는 사람들은 자신의 존재를 잘 드러내지 않거나 인정하려 들지 않는다는 것이다. 하지만 수전노들만이 돈 쓰기를 싫어하는 것도 아니고, 마피아들만 법에 어긋나는 행동을 한다고 비난할 수도 없다. 이렇게 보면 인색함과 마피아를 비교한다는 자체가 적절치 않을 수도 있다. 한편으론 비슷한 점들도 보인다. 마피아와 수전노는 정상적인 것, 다시 말해 일반 법률에 맞춰 더불어 사는 것을 잘 하지 못한다. 그들은 그런 법에서 벗어나 살기를 원한다. 실제로 일반적인 규칙은 무시하고 제멋대로 행동하면서 자신들만의 방식으로 세상을 살아간다. 마피아의 세계는 폭력적 범죄를 목적으로 조직됐고,

수전노들의 세계는 물질만능 사회 속에서 비폭력적으로 저항하는 고립된 세상이라 할 수 있다. 셋째로 마피아와 수전노들 사이에 일치하는 점은 전해오는 속담에서 잘 드러난다. 그들은 자신이 속한 세상에서 벗어나야만 비로소 자신의 정체성을 찾는다. 예를 들면 마피아의 단원으로 활동하다가 탈퇴하여 과거의 죄를 뉘우치는 일명 펜티티Pentiti라 불리는 자들은 자신의 동료들이었던 다른 마피아 단원들이나 그들의 음모를 고발하기로 유명하다. 이런 펜티티들처럼 수전노들 또한 자신의 과거를 돌이켜 볼 때만 자신이 얼마나 인색했는지 깨닫게 된다. 그러고 나서야 그들은 자신의 잘못을 책망하고 더 이상 인색한 삶을 살지 않겠다는 다짐으로 예전의 생활방식을 끝맺는다. 하지만 보통 수전노들은 스스로 절약정신이 뛰어나다고 생각하거나, 자신을 모든 낭비의 적이라고 지칭한다. 원래 사람들이란 자기 몸에 묻어 있는 얼룩은 보지 못하는 법이기 때문이다.

마피아들의 존재는 사실상 명백하게 증명된다. 그렇다면 인색함과 수전노들도 뚜렷이 구분할 수 있을까? 탐욕적인 습관을 고쳤다고 하는 사람들도 물건의 가치를 너무 따지려 드는 경향이 있다. 그 때문에 예전에 수전노였던 사람들은 어떻다고 구분하기가 힘들다. 그렇다면 인색함이란 그냥 많은 사람들에게서 나타나는 무의식적인 현상으로 여기고 그냥 넘어가야 하는 걸까? 비록 학문적으로 증명될 수는 없지만 민족 간에 고유한 특성이 있는 것처럼 단순히 인간이 지닌 하나의 특성이라고 생각해야 하는 걸까? 하지만 인색함과 민족성을 비교하는 것도 적절하지는 못하다. 그 이유는 다음의 예에서 볼 수 있다.

독일의 대형 신문사 중 한 곳은 나치들이 자주 쓰던 '민족성'이란 단어를 너무나 경멸했지만 인색함에 관한 기사를 쓰는 데는 아무런 거리낌이 없었다. 그들은 오래 전 동독에 속하는 한 주의 주지사가 가구할인매장 계산대에서 특별할인을 요구했다는 이야기를 신문에 실었다. 결국 그 주지사 때문에 기다리는 고객들의 줄이 점점 길어져 서비스에 큰 방해가 되었다며 인색함에 대한 극단적이고 적나라한 경우로 언급했다. 또한 그 가구점의 주인은 45년이나 된 낡아빠진 소파를 쓰고 있다고 자랑스럽게 얘기했다고 한다. 이런 이야기들은 대중 사이에 재미있는 웃음거리로 널리 퍼진다. 하지만 주지사와 가구주인의 그러한 행동을 인색함으로 단정하면서 자기는 그러지 않을 거라고 다짐하지만 동시에 뭔가 찝찝한 기분이 드는 이유는 무엇일까? 만약 이런 것이 인색함이라면 우리 모두도 수전노라고 봐야 하는가 하는 생각 때문이리라. 하지만 인색함이란 극단적인 경우로 제한되며 정상적인 일상생활에선 배제된다.

또한 인색함의 형태를 유심히 관찰해보면 종종 상식을 벗어난 예외적 경우들이 있다. 이러한 주장에 의견이 일치되고 있어 인색에 대한 적절한 정의는 아직 도출되지 않고 있다. 게다가 심리학적 규범 문학도 이 부분에서는 더 이상 근본적인 도움을 주지 못한다. 터무니없이 들릴 수도 있지만, 돈과 관련된 여러 심리학에서는 인간이 결핍된 상태에 처했을 때 할 수 있는 행동양식 중 한 가지로 인색함을 제시하기도 한다. 그 말은 인간이 경제적으로 아주 절박한 상황이 되면 평소보다 극단적으로 인색해질 수 있다는 뜻이다. 평상시라면 모든 이가 추구할 만한 사회적 전략의 하나로 인정되는 절약정신으로 볼 수도 있는 행동이 절박한 상황에 처했을 때 단지 조금 극단적으로 나타나는 현상이라고 설명된다. 이 의견은 사실 아무리 심사숙고해봐도 부정할 수 없다. 다시 말해 절약정신은 인색하다고 비난받는 사람들이 자주 내세우는 변명이기도 하다.

실제로 이런 변명은 고대로부터 계속되어왔다. 하지만 일상생활에서 보면 바로 이 주장은 틀린 것으로 나타난다. 비유를 들어보면 절약이란 댐과 같다고 할 수 있다. 어느 정도 시간이 흘렀을 때 필요한 곳에 쓸 수 있도록 돈을 꾸준히 모은다는 말이다. 수전노의 경우에는 자기 재산 가치의 수치가 끊임없이 올라가는 것을 보기만 해도 행복하다. 그렇다고 수전노들이 조그마한 지출도 참아내지 못한다는 뜻은 아니다. 때때로 인색함에 대한 짧은 정의와는 달리 사실은 꽤 많은 재화가 합목적적으로 쓰이는 경우도 자주 있다. 수전노들도 확실한 가치가 있는 지출은 항상 중요하게 생각한다는 것이다. 꾸준히 나가는 경상비를 점차 낮추는 데 드는 돈이나 자기의 재산을 항상 넘보고 있는 탐욕스러운 세상에 맞서 자신을 지키는 데 드는 돈, 그리고 최상의 상태라고 할 수 있는 자급자족에 다가갈 수 있게 해주는 지출 등은 아주 중요한 가치가 있기 때문이다. 사실 완전한 자급자족이란 절대 도달할 수 없는 경지이지만, 수시로 생겨나는 일상의 지출을 어느 정도 줄일 수 있다. 게다가 그러한 지출은 투자로 생각되므로, 심리적으로 다소 여유 있게 결정할 수 있다. 또한 그렇게 정해지는 액수란 그들 재정의 객관적 대차대조에서 볼 때 절대적으로 미미한 것이기 때문이기도 하다.

인색함이란 본질에서는 절약이 다르게 나타나는 모습이라고 생각할 수도 있지만, 다행히 어떤 행동이 본질적으로 절약인지 아니면 변질된 탐욕인지 구별해주는 기준은 확실하다. 그동안의 연구 결과에 따르면, 금액으로 기재되는 단면적 의미와 그 금액이 사용됐을 때의 실질적 가치 사이에는 정확하게 측정할 수 있는 차이가 있다. 그 사이에서 발생하는 차액이 한 푼이라도 줄어들면 수전노들은 걷잡을 수 없이 화를 낸다. 이러한 행동은 수전노의 세계를 모르는 우리들에게는 너무나 신기하게 보일 수밖에 없다. 그들이 손해를 보거나 또는 절약하게 된 단 한 푼 때문에 왜 그렇게 심하게 흥분하거나 정신없이 좋아할 수 있는지 우리는 정말 이해할 수가 없다. 그래서 우리는 수전노들이 보이는 지나친 감정을 불가사의하게 생각하는 한편 그들을 재미거리로 바라보기도 한다.

수전노들이 손해를 보았거나 절약하게 된 금액을 대하는 태도는 바로 인색함을 소재로 한 우스개 작품의 원천이 되거나 대량으로 발매되는 만화류의 재료가 됐다. 억만장자인 만화주인공 다고베르트 덕과 디즈니 만화동산 속 도시에 사는 최고 갑부 에르펠Erpel은 사람들이 읽고 버린 신문지들을 줍기 위해 공원에서 쓰레기통을 뒤적거린다. 그런 모습을 보며 어른이나 아이 할 것 없이 다들 웃음을 터트리는 이유는 무엇일까? 사실 이런 행동은 완전히 비이성적일 뿐 아니라 비생산적이기도 하다. 그렇지만 사람들을 웃게 만드는 그런 이야깃거리는 이상한 기대감으로 사람들에게 즉시 전염되기 때문에 삽시간에 널리 퍼져 나간다. 다고베르트 류의 상인들 이야기 또한 얼토당토않은데도 웃음을 터

수전노는 탐욕스럽게 주둥이를 벌리고 있는 늑대를 타고 달린다. 자신의 불룩한 돈주머니를 뚫어지게 보고 있으면서도 정작 금화가 줄줄 새어나가는 것은 알아차리지 못한다. 그 금화들은 수전노가 덧없는 재화를 찾아 헤매느라 영혼을 구제받을 수 없게 됨을 상징한다. 그의 영혼은 그렇게 악마의 손에 들어가게 된다. 그림 아래 부분에는 두 명의 남녀 고리대금업자들이 부정한 거래를 하고 있는 모습이 보이는데, 그들의 영혼 또한 악마의 것이 된다.

피어폰트 모간Pierpont Morgan의 기도서에 있는 미니어처, 1475년, 피어폰트 모간 도서관, 뉴욕.

트리게 만든다. 우리는 왜 그가 자신의 귀중한 시간을 좀 더 유익하게 쓰지 못하는지 이해할 수 없다.

그는 다른 사람들이 버린 일간지를 찾아 헤매느라 훨씬 더 큰 수익을 얻을 가능성은 놓쳐버림으로써 경제적으로는 더 큰 손실이라는 것을 스스로는 알아차리지 못한다. 그런데도 다른 사람들이 무심히 던져버리는 것을 공짜로 가지려는 그의 노력은 진짜 실감나게 느껴진다. 그렇다. 사람이란 누구나 그런 경향을 무의식 속에 가지고 있기 때문이다.

탐욕과 불안

무료 강습이라면 반드시 가야 하는, 늘 엄청난 액수의 현금 잔고를 유지하기 위해 언제나 지나친 욕심을 부리는, 그래서 지독한 구두쇠로 영원히 갇혀 살 수밖에 없는 억만장자들. 우리가 그들에게 던지는 비웃음에는 도대체 그들이 어떤 사람인지 모르겠다는 표현도 함께 담겨 있다. 수전노들은 사실 보통 사람들과는 다른 계산법을 가지고 있다. 그들는 다른 사람들과의 관계에서 서로에게 공정한 셈을 하지 않고 오히려 자신을 도덕적으로 보일 수 있게 위장하려는 심리적 경제의 덕을 보려고 한다. 이 심리적 경제는 아무리 하찮은 지출이라도 가치는 높게 부여한다. 인색함의 뜻을 철학적으로 가장 날카롭게 해석했던 게오르그 짐멜Georg Simmel의 말을 빌리면, "수전노가 돈을 좋아하는 정도는 보통 사람들이 아주 존경스러운 사람들을 보면서 그저 좋아하는 것과 같은 식이다 … 사람들이 그와 관계를 맺게 되더라도 그 관계는 서로 구체적인 즐거움을 주고받는 요인으로는 될 수 없다"는 것이다.

하지만 반대로, 수전노의 입장에서 보면 자신이 돈을 지출해야 하는 상황은 아무런 관계도 없는 우리가 그에게 바라는 것들 중에서 가장 뻔뻔스러운 요구라고 생각한다. 더 나아가 그를 직접 자극하여 동정심이 유발되게 하는 일종의 공격으로까지 여긴다. 수전노가 따르고 있는 경제 법칙은 불안과 강요에 의해 규정될 뿐 아니라, 글로써는 표현할 수 없는 상징적인 것이다. 그들의 법칙은 외부 세계 사람들에게는 전혀 알아들을 수 없는 암호처럼 보인다. 그러면서 수전노는 모든 지출에 대해 자신이 탈취당하는 느낌을 가진다. 그는 지불을 해야 할 때마다 자신을 몰락시키려 하는 칠흑 같은 세상이 있는 게 아닌가 하는 생각을 잠재의식으로 느끼는 것이다. 몰리에르의 희곡 〈수전노 *L'Avare*〉에 나오는 수전노 아르빠공은 바로 그런 불안 때문에 도박장에서 돈을 잃고 만다. 하지만 그 불안감은 결국 수전노 자신의 상상이었던 것으로 드러나자 씁쓸한 웃음을 짓는다.

희곡의 대본만 봐도 그렇듯이 그 웃음과 함께 자신이 가졌던 불안을 떨쳐버림으로써 스스로도 모르게 존재의 해방감을 느끼게 된다. 아르빠공과 달리 우리는 주는 것 없이 받기만 하면 오히려 불안해하는 경향이 있다. 쓸데없는 빈곤에 대한 불안을 가진 채 살아가는 수전노를 살펴보면 냉정한 시각으로는 생각하기 어려운 좀 더 포괄적인 결론이 나온다. 바로 이런 원시적 불안이 단지 자신의 상상 속에만 존재할 뿐이고 실제로는 아무런 이유 없이 그냥 나타나는 것처럼 다른 모든 종류의 불안감들 또한 그럴 것이란 의견이 나오게 된다.

하지만 수전노에 대해 그렇게 웃어넘길 때 동시에 떠오르는 의문이 몇 가지 있다. 수전노의 불안은 도대체 어디서 오는 걸까? 그 불안감 뒤에는 무엇이 감춰져 있을까? 자세히 들여다보면 파멸의 심연이 모습을 드러낸다. 수전노가 불안해하는 이유는 바로 지위와 명성을 잃게 될까 봐 아니면 자신의 존재가 무의미해지거나 남에게 의존해야 하는 상황이 올 수도 있지 않을까 하는 생각 때문이다. 또한 그보다 더 불안한 것은 자신의 결정권이나 자신과 다른 사람들을 통제할 수 있는 능력을 잃어버리지나 않을까 하는 것이다. 아주 옛날부터 신학자들이 비난했던 것처럼 수전노는 하느님을 믿고 따르는 대신 자기 존재를 지켜줄 수

테이블 위에 값비싼 도구들과 터질 듯한 돈주머니가 놓여 있고 그 앞에는 매우 여윈 한 노파가 서 있다. 그녀의 몸에는 온통 인색함과 탐욕이 배어 있는 듯하다. 그녀의 냉정함은 천국으로 가는 길을 가로막는다. 그녀와 마찬가지로 그림 앞쪽에 있는 두 명의 상인들에게도 천국의 문은 닫혀 있다. 그들은 자기 보물만 뚫어져라 쳐다보고 있다. 그에 반해 두 명의 경건한 기도자들 앞에는 후광으로 빛나는 그리스도가 나타난다.

아우구스티누스Augustinus의 작품 〈신의 국가에서〉에 관한 삽화, 무명의 프랑스 예술가, 1478년, 리익 메르만노 베스트레니아눔 박물관Rijksmuseum Meermanno Westreenianum, 덴 학Den Haag.

있는 모든 연결 고리를 돈에다 걸어 놓고 있다. 그것은 심리학적으로 돈만이 다른 사람들의 공격으로부터 수전노 자신을 지켜줄 수 있다고 믿기 때문에 자기 돈에만 매달린다는 결론이 나온다. 수전노들에게 돈은 수단이 아니라 목적이 되어버렸다는 짐멜의 의견에 한 가지만 덧붙인다면 이러한 심리학적 주장은 충분히 수긍할 수 있다. 수전노들은 자신이 다른 사람들에게 의존하지 않고 자기 목적을 이룰 수 있도록 도와주는 것이 바로 돈이라고 생각한다.

그 때문에 수전노는 자기 자신만을 믿는다. 신앙에서도 가능한 한 최소의 비용으로 하느님과 관계를 유지하려 한다. 아무리 적은 것이라도 하느님을 위해 쓴다면 구원받을 수 있지 않을까 생각하기 때문이다. 수전노에게는 신과 같은 최상의 존재도 자기 자신과 같은 모습으로밖에는 상상할 수가 없다.

수전노는 자신이 여느 사람들과 다른 이유가 도덕적 우월성 때문이라고 생각하지만 확신하지는 못한다. 그렇기 때문에 자신이 수전노라는 것을 눈치 채지 못하게 하려면 악명 높은 사기꾼들과 마찬가지로 위장술에 능해야 한다. 그는 돈을 내놓아야 하는 상황을 피할 수 있게 끊임없이 변명거리를 만들어야 한다. 구실로 삼는 이유들은 신중하게 연구하여 다른 사람들 눈에는 정상으로 보여야 하며, 고상한 이성과 도덕성까지 모두 나타낼 수 있어야 한다. 그래서 수전노가 요구를 거절하기 위해 주로 사용하는 기피 전략은 도덕적 측면에서 그 요구보다 더 높이 평가될 수 있을 만한 이론적 이유를 제시하는 것이다.

예를 들어, 비용이 많이 드는 파티를 요구받을 경우, 파티보다는 힘든 노동을 하면서, 또는 파티 음식을 먹기보다 금식을 하면서 세상의 배고픈 자들과 함께하는 것이 더 뜻 깊은 일이 아니겠느냐고 주장하는 것이다. 하지만 위장에 성공할 수 있는 이유들은 몇 가지로 한정되어 있는 데다 시대정신에도 맞아떨어져야 한다. 그래서 수전노들이 지켜야 하는 최상의 계율은 항상 경계를 늦추지 않고 주의하는 것이다.

사실 수전노는 근본적으로 불가능한 것을 이루려 하고 있다. 많은 재산을 가지기 원하고 그것으로 자기 자신을 따로 지키려 하면서도 다른 사람들이 똑같은 사회 일원으로 받아들여주기를 바라고 있다. 스스로도 남과 다름을 알고 있기 때문에 다른 사람들과 공동체 일원이 되려면 술책을 써야 한다는 것도 알고 있다. 그러므로 어떤 불미스러운 일이 생기더라도 다른 사람들이 그에게 압박을 가하지 않도록 하기 위해 최대한 자신의 위치를 감출 수 있는 겉치레가 꼭 필요하다. 다른 사람들이 그의 귀중한 재산에 대해 알게 된다면 늑대 무리들처럼 달려들 것이다. 그래서 수전노는 끊임없이 위장을 해야 하는 괴로움을 감수한다. 그러나 이런 위장 연기는 요구를 거절하기 위한 연기보다 더욱 범위가 넓고 녹초가 될 정도로 피곤한 일이다.

자신의 전략이 계획대로 되지 않아 위장술로도 더 이상 은폐할 수 없게 되면, 그때는 정말 솔직하게 거절하고 나서야 한다. 그때 다른 사람들의 무리한 요구를 거절할 수 있으려면 정말 설득력 있는 근거를 제시해야만 한다. 가장 성공적인 경우는 수전노 자신의 원칙과 상반되는 일을 하게끔 고집스럽게 주장하는 사람들에게 그가 거절할 수밖에 없는 정당성을 잘 표현하여 그 사람들의 마음에 불안감까지 불러일으키는 이유를 제시할 때이다. 예를 들어 불안한 시국을 고려하면서 노후를 걱정한다거나, 아이들에게 안정된 미래를 보장해줄 수 있어야 한다거나, 고용자들에게 안정된 일자리를 확보해줘야 한다는 주장들은 거절 전략 중에서도 예로부터 많이 사용되어 온 중요한 변명거리들이라 할 수 있다.

그 밖에도 21세기 초에는 기후변화에 따른 재난과 과도한 소비 국면으로 치닫는 사회에 대해 도덕성의 근거를 들며 자제를 촉구하는 방법들이 새로이 등장하고 있다. 거절할 때 자주 쓰이는 상투어와 마찬가지로 개개인의 인색함을 치장하는 변명거리도 시대가 변하면서 나타나는 가치 체계의 변화에 따라 항상 달라질 수 있다. 또한 상대방이 어떤 상황에서 양심의 가책을 느끼는지에 따라서도 달라진다.

그러나 결국 수전노 자신의 잘못으로 그의 꿍꿍이가 무엇인지 금방 탄로가 난다. 왜냐하면 아무리 애를 쓴다 해도 완전히 자연스러워 보이는 변명이란 있을 수 없기 때문이다. 이런저런 변명을 해봐도 결국에는 항상 되풀이되는 주제의 변형에 불과한 것이다. 그래서 수전노는 무의식적으로도 자신이 애쓸 필요 없이 정말 편안하게 지낼 수 있는 상황을 만들어낸다. 즉, 그에게는 경건하게 혼자 있는 것, 터무니없이 무리한 요구에서 해방되어 지출을 강요당하지 않아도 되는 호사를 누리며 완전히 혼자 있는 시간이 가장 행복한 것이다.

이렇게 해서 하나의 기념비 같은 존재가 생겨난다. 신을 모독한 죄인으로 낙인 찍혀 다시금 신학적으로 골칫덩어리가 된다 하더라도 수전노는 자신의 보물만 바라볼 수 있다면 만족한다. 그의 표정은 성스러운 신자가 천국에서 영원히 같이 있게 될 하느님을 바라보며 짓는 모습과 너무나도 유사하다. 형언할 수 없는 기쁨에 미동도 않고, 황홀한 나머지 어안이 벙벙한 모습으로 여한 없이 자신의 보물을 바라보는 것이다. 어떤 관점에서도, 탐욕을 채우려 할 때는 아주 적극적인 모습을 보이지만, 자신의 보물을 향유하는 모습은 무척 여유만만하다. 신학자들의 눈에는 화면을 보는 듯이 그 모습이 선하게 떠오른다.

그처럼 돈과 같이 비열한 물질에 매달려 있는 영혼은 파멸하게 되어 있다. 그들은 스스로에게 속고 있다. 수전노는 황금의 반짝임이나 돈 세는 소리에 제일 기뻐하는 것이 아니다. 그것은 단지 화려한 외형일 뿐이고 수전노가 지닌 만족에 대한 심오한 의미는 다른 데 있다. 그것은 바로 다른 사람들과 그들의 끊임없는 요구에 분명한 선을 긋는 것이다. 돈은 수전노를 행복하게 해준다. 그에게 돈이란 영원불변의 것이기 때문이다. 게오르그 짐멜의 말을 빌리면 수전노에게 돈이란 말로도 표현할 수 없을 만큼 황홀한 하나밖에 없는 존재이다. 신앙이 깊은 자들에게 최상의 요소는 바로 하느님이고 그들의 최고 목표는 창조주와 하나가 되는 것이다. 이런 관점에서 본다면 수전노에 대한 신학자들의 생각은 옳다. 수전노는 그의 돈을 신격화하고 있다. 그것만이 그에게 내면세계의 영원을 약속해주기 때문이다.

돈과 종교 사이에는 유사점이 한 가지 더 있다. 포기를 통해 얻게 되는 기쁨이 바로 그것이다. 수전노는 돈을 모으기 위해 인생에서 얻을 수 있는 다른 종류의 기쁨은 모두 포기한다. 그러면서 그는 홀가분한 기쁨을 느낀다. 돈을 쓰면서 기쁨을 얻고자 하는 것은 죄를 짓는 일이기에 그 유혹에 절대 넘어가지 않으려고 애를 쓴다. 유혹에 넘어가지 않았다는 사실보다 자기 스스로 극복해냈다는 점을 의식하면서 더욱 큰 만족감을 느낀다. 경멸스러운 욕구를 힘들게 이겨낼수록 자기 만족감은 더욱 커질 수밖에 없다. 또한 지출이란 '고상하고 매력이 넘치는 단념'이라고 위장하여 완곡하게 거부한다. 수전노가 느끼는 행복 체험의 순간이 바로 이 때다. 하지 못하게 말리는 힘과 관대함을 부추기는 힘과의 갈등에서 그는 쾌락주의자의 경향을 극복하고 성공적으로 이겨내고 만다. 그는 이 성공이 오랜 자기 훈련이 거둔 쾌거라 생각하며 스스로를 영웅인 양 착각한다. 이런 수전노의 모습에 종교적 동기로 자학하는 사람들과 어떤 유혹에도 굴하지 않는 사막의 은둔자들과 유사한 면이 있다는 것이 우리의 시선을 끈다.

모든 사람이 자학하는 자와 은둔자의 생활을 한다면 아마 수전노에게도 낭비하는 습관이 생겼을지 모른다. 하지만 게오르그 짐멜에 따르면 수전노와 낭비자, 이 두 극단자들은 서로 아주 밀접한 관계에 있다. 돈의 씀씀이에서 절도를 지키는 '중립성'이 둘 다에게 없기 때문이다. 다시 말해 한 쪽은 과대평가를 하는 반면 한 쪽은 과소평가를 한다. 그러므로 외부 세계에서 시행되는 지출과 보상 사이의 적정한 관계를 자기 뜻대로 움직일 수 있게 된다면 그것이 바로 수전노에게는 최상의 기쁨을 느끼게 해주는 또 하나의 기회가 되는 것이다. 세상의 불합리한 가치 관념을 자신이 바로잡는다는 생각으로 수전노는 즐거워하고, 또한 값비싼 물건을 쉽게 가졌다는 것에 기쁨을 누리게 될 뿐만 아니라 마침내 경제 질서를 올바르게 바로잡았다는 승리감에 그는 벅찬 순간을 맞이하게 된다. 이렇게 흔치 않은 3박자의 결합에 관해서는 석유 갑부로 예술품 수집가인 장 폴 게티의 이야기(제10장)에서 더 자세히 언급하겠다.

수전노에게는 다른 사람들과 맞지 않는 자신만의 진리가 있다. 그래서 그는 성당에서 다른 사람들과 함께 미사를 보지 않고 자신의 보물 창고 안에 있는 조그마한 예배당에서 혼자 보충 미사를 볼 수밖에 없다. 또한 그가 세상을 보는 관점과 세상이 그를 보는 관점도 일치하지 않는다. 수전노가 확신하는 것은 세상이 자신에게 무언가를 주었다기보다는 많은 빚을 지고 있다는 사실이다. 다시 말해 세상은 그에게 요구하는 정도를 넘어서서 훨씬 더 많은 것을 강탈해가려 한다고 생각한다. 그래서 수전노에게 보이는 세상은 늘 불균형 상태에 있고 그는 공정한 세상을 재건해야 한다는 믿음에 사로잡혀 있다. 그의 관점에서 도덕적으로 여겨지는 저항 경제란 자신에게 부과된 부담을 조정하자는 것, 바로 신과 피조물, 양자의 요구가 모두 반영된 세계 질서를 재건하는 것을 상징한다. 수전노는 다른 사람들의 저항에 부딪혀야 하는 선교사인 셈이다. 문제는 바로 수전노가 이러한 저항을 이겨내기 위해 자신이 하는 행동이 모두 정당하다고 믿어버리는 데 있다. 일반적으로 죄악이라고 낙인찍힌 행동양식 즉, 거짓말, 사기 그리고 중상모략까지도 그에게는 정당한 것이 되어버렸다. 그 때문에 신학자들이 인색함을 일곱 가지 죄악에 포함시킨 것은 타당한 이유와 의미가 있다고 할 수 있다(제1장). 수전노는 십계명의 어느 것이든 수시로 위반한다. 여섯 번째 계명만 빼고 말이다. 간음은 너무 비싼 대가를 치러야 할 때가 있기 때문에 수전노들이 피하는 일이다.

수전노에게 하느님과 이웃보다 더 중요한 것은 바로 돈이다. 그것이 아무리 더럽고 치사하게 얻은 것이라 할지라도 말이다. 그렇기에 수전노는 자신의 보물들을 지키기 위해 기본적으로 항상 훔치거나 속일 태세가 되어 있다. 나아가 다른 사람들을 시기하고 다른 사람들의 물건까지 욕심내며 극단적인 경우에는 살인까지 할 수 있다.

어떻게 하면 사람이 그렇게까지 인색해질 수 있는 것일까? 이 책에

마구간과 창고가 모두 가득 차 있는 것으로 보아
집주인은 부자에다 인색한 수전노일 것이다.
그래서 인색과 탐욕의 세 악마들은 죽음 직전에
놓여 있는 이 부잣집 신사와의 게임에서
아주 쉽게 이길 수 있다. 악마들은 단순히
그 수전노의 귓전에다 대고 자신의 보물을
생각하라고 속삭이기만 하면 된다.
슬픔이 가득 찬 눈빛으로 서 있는 경건한 가족들은
그림 귀퉁이로 밀려나 있다.
〈죽음의예술 *Ars Moriendi*〉에 관한 삽화, 쾰른, 1475년.

서 소개하고 있는 실제 이야기에는 가난하게 태어나 출세한 사람들에
서부터 아주 유복한 가정의 아들들, 영주들이나 왕들에 이르기까지 다
양한 계층의 사람이 등장하고 있다. 그 이야기들은 모두 인색함에 지배
당해 마침내 몰락하는 내용이다. 가난하게 태어나는 것은 일평생 사치
와 탐욕에 허덕이게 할 수 있지만 한편으로는 무욕의 경지를 창출할 수
도 있다. 그러므로 탐욕의 생성에 관한 사회역사학적 이론은 존재할 수
없다. 또한 이 책에서는 모든 심층심리학적인 해석과도 거리를 두고 이
야기하려 한다. 탐욕을 유아기에 나타나는 특성으로 귀착시킨 지그문
트 프로이트Siegmund Freud의 주장은 꽤 신빙성 있는 듯이 보이지만 사실

상 역사적으로 무용하다. 유아기에 사랑을 많이 받지 못한 이는 세상이 그에게 너무나 많은 것을 요구하면서도 정작 주는 것은 너무 적다고 생각하게 된다는 주장, 다시 말해 부모의 관심을 받지 못한 아이들에게는 애정 결핍증 탓에 탐욕이 생겨난다는 주장 또한 증명될 길이 없다. 그러한 해석을 비웃자는 얘기는 아니다. 그저 이런 의견을 믿고 안 믿고는 스스로가 판단할 일이고 이 책에서 우리가 추구하는 목표에는 아무런 도움이 되지 않기 때문에 별 상관이 없다는 것이다. 과거에도 사람들은 그들의 심리에 대해 끊임없이 분석을 했지만 결국 아무것도 알아내지 못했다. 하지만 가장 중요한 것은 바로 인간의 심리적 기본 구조역시 역사 변화에 기초를 두고 있다는 점이다.

인색함과 사회

그렇다면 예전부터 지금까지 철학자, 시인, 화가 그리고 서민들이 관찰한 것과 귀납적 추론으로 모아진 탐욕의 이미지에서 우리가 얻을수 있는 것은 도대체 무엇인가? 우리는 확실하게 대답할 수가 없다. 이책에서는 예전부터 지금까지 역사적 변화에도 변함없이 늘 똑 같은 성격을 보여주는 수전노라는 것이 실제로 존재하는지에 대한 대답은 아직 남겨 두고자 한다. 어쨌든 여기서 언급된 가정들을 정리해볼 때 많은 점에서 수전노와 같은 이상형이 계속 존재해왔다는 사실과 일치한다. 그러나 역사 속의 인색함과 수전노가 어떠했는지 그 묘사와 해석은사실 그다지 중요하지 않다. 과거에도 사람들이 수전노와 그의 전략에저항해야 한다고 굳게 믿었다는 사실만으로도 수전노의 존재와 그에 대한 인식은 충분히 알아차릴 수 있기 때문이다. 수전노는 늘 우리 안에 같이 살고 있고, 그런 성격은 선천적으로 타고 난 것이라고 생각하는 믿음은 어느 시대에나 존재했으며, 인색함이란 사회적, 문화적, 그리고 정신적인 역사에서 하나의 '고질적' 요소가 돼버렸다. 정상에서 벗어난 행동으로 정의되는 인색함은 관습과도 깊은 연관이 있다. 그러므로 인색함을 법률 위반으로 인정하고 규정짓기 전에 먼저 그 시대의 사회 규범을 이해해야 한다.

그렇다면 인색함과 탐욕은 그 근원이 같을까? 오늘날까지 가장 선동적으로 여겨지는 고대 유럽의 명망 높은 국가이론가 니콜로 마키아벨리Niccolò Machiavelli는 공명심과 탐욕이 인간을 지배하는 근본 본능이라고 보고 있다. 그 둘은 똑같은 힘에서 나오지만 서로 대조적인 방향으로 밀려나와 맞부딪치게 된다. 인색함은 공명심이 이루어낸 것을 필사적으로 지키려고 한다. 그 결과 지도층 엘리트들은 자신의 권력을 절대로 자진해서 양도하지 않는다. 기껏해야 작은 부분만을 넘겨줄 때도 그냥 주지 않는다. 꼭 자신이 넓은 아량을 베푸는 것처럼 보이게 하는데, 자신의 통치권을 굳건하게 만들려는 이유 단 하나 때문에 그렇게 행동한다.

하지만 영향력과 부에 대한 욕심은 쉽게 충족되기 어렵고 끝이 없다. 통치자들은 값비싼 옷을 입고 화려한 궁전을 지어 자신의 사회적 지위를 과시하려 든다. 또한 자신의 권력을 키우는데 필요한 자본을 국민들에게서 착취하려 한다. 지배당하는 자들이 약간의 통찰력만 가지고 있었다면 자신들이 사기당하고 있음을 금세 알아차릴 수 있을 것이다. 그들은 허상과 속임수로 둘러싸인 인생이란 게임이 공명심과 탐욕의 지배를 받고 있다는 것, 그리고 영원히 계속되리란 것을 알지 못한다. 언젠가 그들이 이 사실을 알게 될 때는 상류층의 고귀함이란 단지 자신들 머릿속 상상에서 인위적으로 만들어졌음을 인정하게 될 것이다. 그러고는 통치자들을 궁전에서 쫓아내고 자신들이 그곳에서 살려고 한바탕 소동을 벌일 것이다.

마키아벨리에 의하면 딱 한번 정치적 사건의 전개가 평소와는 다르게 진행된 적이 있었다고 한다. 고대 로마 공화국의 지도층 엘리트들과 서민들이 서로 맞서 투쟁하던 시절, 군주정치와 귀족정치, 그리고 민주주의가 뒤섞인 양식에 못마땅해하던 그들이 권력의 분배와 이해관계를 위해 결국 연합을 이루게 된 것이었다. 그 공화국의 정치권력은 명문 귀족들과 서민들 사이에 균등하게 나눠졌고 그 결과 온 세상을 정복할 수 있었다. 또한 국외적으로는 그들의 속국들에게 정부의 몫을 나눠주지 않고도 문제없이 지배할 수 있는 능력을 갖게 해줬다. 역사상 있었던 일들을 분석해본 결과 탐욕에 관해 두 가지 결론을 추리해볼 수 있다. 우선 사람들은 무언가를 소유하게 되면 더욱 욕심이 많아질 뿐아니라 인색해지기도 한다. 하지만 명석한 정치가는 자신의 명성과 유용한 인맥을 쌓기 위해 아낌없이 투자한다. 사회적 자산은 모든 종류의 빈곤에 대처하는 가장 확실하고 좋은 보험이 되기 때문이다.

그러나 보통 사람들은 이렇게 생각하는 경우가 드물다. 이것은 바로 일반의 의견과 다르기로 알려진 사람들의 생각에 그칠 뿐이다. 서민들에게는 자신들만이 그리는 공평한 세계 질서와 체계, 경제 질서가 있었다. 그들의 눈에 훌륭한 통치자란 욕심이 없고, 인색함과는 거리가 먼 사람이며, 자신이 가진 것만으로도 늘 만족할 수 있는 사람이었다. 자신이 가진 것보다 더 많은 권력과 돈을 열망하는 자는 하느님의 눈 밖으로 벗어나게 될 것이고, 나아가 하느님이 가장 아끼는 피보호자인 가난한 이들에게 죄를 짓는 것이었다. 서민들의 관점에서 훌륭한 통치자는 서민들을 위해 아낌없이 관대하게 돈을 써야 마땅했다. 그들을 부양하기 위해 통치자는 아무런 불평도 하지 않고 자신의 자산을 무제한으로 쓸 수 있어야 한다. 빚을 지지 않기 위해 항상 자신의 수입을 염려하는 것은 가장 무례하고, 비열하다 못해 가증스러운 탐욕과 인색함의 표상이다. 이러한 인색함 때문에 국민들은 더욱 더 통치자를 경멸하게 되고 결국에는 터무니없이 극단적이고 불공평한 결과를 초래하게 된다.

이것이 바로 오늘날까지 이어져온 인색함에 대한 모습이다. 서민들의 관점에 초점을 맞춘다면 훌륭한 통치자란 역사 속에서 거의 찾아 볼 수 없다. 중세시대 후반부터는 권력자들이란 항상 인색하다고 비난받고 고발당했다. 그들은 새로운 세금제도를 만들어 끝없는 탐욕의 늪으로 빠져 들어갔다. 빵의 가격이 점점 오르고 가난한 이들이 굶주릴 때에도 권력자들은 아무 조치도 취하지 않고 그저 바라보고만 있을 뿐이었다. 하지만 그보다 더 심한 것은 다른 곳에 있었다. 탐욕과 인색함에 빠진 그들은 가난한 이들의 삶을 더욱 비참하게 만들고 자신의 이익을 얻기 위한 음모를 꾸미기에만 정신이 없었다. 이러한 음모에 대한 군중의 총체적인 두려움의 힘은 결국 왕들의 정통성까지도 박탈할 수 있을 만큼 커져만 갔다. 그 예로는 디트리히 플라데의 이야기(제4장)를 들 수 있다. 마녀사냥꾼으로 알려졌던 플라데는 결국 서민들에게 마술사로 고소당해 화형에 처해졌다. 모든 사람이 궁핍에 찌들어 있던 시절에 플라데만은 부유한 생활을 누리고 있었는데, 그것이 바로 불행을 초래한 원인이었다. 그는 다른 이들의 곡식을 탈취하여 혼자만 부유해지려 했다는 죄를 뒤집어썼으며, 인색하고 탐욕스럽다는 이유로 고소당했다.

　반대로 민중의 경제윤리가 수전노에게 좋은 기회를 가져다주는 경우도 있었다. 그 예로는 인색하기로 유명했던 왕의 이야기가 있다. 그의 인색한 생활은 한 국가의 가장으로서 국민의 안정을 배려하는 절약 정신으로 간주되어 일종의 보호수단으로 인정받았다(제3장). 루이 12세는 신하들과 값비싼 구경거리를 보며 떠들고 노는 것을 피하려고 조촐하게 식사를 마친 후 모두 일찍 잠자리에 들게 했다. 이런 군주가 서민들에게는 바로 훌륭한 통치자로 여겨졌고 결국 루이 12세는 많은 서민의 기억 속에 훌륭한 군주로서 영원히 남았다. 생전에는 그의 지나친 인색함 때문에 정치적으로뿐 아니라 군사적으로도 거의 파멸 직전까지 이르게 된 적도 있었다. 하지만 그런 사실은 완전히 잊힌 듯 국민들의 사랑을 잃기는커녕 반대되는 결과를 가져왔다. 그에게는 순교자라는 영예까지 주어졌다. 그 수전노는 자신이 생전에 잃어버렸던 사회적 지위를 세상을 뜬 뒤에 되찾았다. 밀라노를 정복하려고 고용했던 스위스 용병들에게 돈을 지불했던 것을 후회했던 루이 12세의 인색함은 왕의 힘을 위축시키는 역할을 했다.

　다른 한편으로 인색함은 끊임없는 영리 행위를 독려하는 능력을 지닌다. 그것은 프란체스코 다티니Francesco Datinis의 삶이 증명해준다. 그는 14세기 후반 가난한 집안의 아들로 태어났지만 나중에 유럽에서 가장 부유한 도매상인으로 떠올랐다(제2장). 그의 이야기야말로 탐욕과 인색함이 어떻게 악순환으로 연결되는지를 보여주는 단적인 예다. 돈이 많아지면 많아질수록 그 모든 것을 다시 잃어버릴지 모르는 두려움이 다티니를 더욱 더 끔찍한 고통으로 몰아간 것이다.

수전노가 취하는 일반적 태도 중에 거지근성과 식객근성이 있다. 그는 세상이 그에게 진 빚을 돌려받기 위해 자신이 그러한 근성을 갖는 것은 아주 당연하다고 생각한다. 수전노는 아무리 작은 지출이라도 다른 사람을 위해 써야 하는 상황이 오면 악마가 성수를 혐오하는 것만큼 싫어한다. 그래서 다른 사람이 자신을 대신해서 돈을 지불하게끔 만드는데, 바로 그런 점이 인색함과 관련된 대부분의 에피소드에 소재가 되고 있다. 그 예로는 글로스터의 엄청난 재산을 가진 은행원 제임스 우드의 이야기(제9장)를 들 수 있다.

그는 시 의회가 베푸는 연회에 한 번도 빠지지 않았는데, 바로 자신의 돈을 한 푼도 들이지 않고 배를 가득 채울 수 있었기 때문이다. 그가 스스로 자신의 돈을 들여 이러한 잔치를 벌일 마음은 전혀 없고 당연히 있을 수도 없는 일이었다. 시장 선거에 나선 후보들은 마땅히 자신의 유권자들을 호사스럽게 접대해야 하므로 그는 시장도 될 수 없었다. 이러한 행동이야말로 수전노의 의식이 말 그대로 얼마나 불합리하고 바보스러운지 극단적으로 보여준다. 인색함은 정확히 이 점에서 사회 질서, 즉 주고받음의 상호호혜관계를 방해하기 시작한다. 일반적으로 다른 사람이 자신을 대신하여 돈을 지불하도록 하는 것은 자신이 그 사람에게 종속되어 있거나 그를 주인으로 모실 때 가능한 일이 아닐까? 수전노는 이렇게 행동함으로써 자신이 이익을 본다고 생각하며 실제로 계산적으로만 본다면 맞는 말이다. 하지만 다른 관점으로 보면 자신의 명예와 평판을 잃게 된다는 사실은 알지 못한다. 이 손실의 결과는 사회성 결핍과 고립으로 나타나게 된다. 이러한 고립과 고독은 자급자족을 추구하는 수전노에게 한편으로는 크게 환영받을 만한 일일지 모르지만, 다른 한편으로는 자신의 수많은 재산을 강력히 위협하기도 한다. 이러한 예로 다티니의 경우를 들 수 있다.

인색함의 진단은 다른 이들과 비교하는 데서, 다시 말해 사회적 상호작용에서 분명해진다. 상호관계에 대한 불문율의 계약을 파괴한 것으로 간주되는 인색함은 여러 면에서 반발을 부른다. 다른 사람들이 그렇게 반발하는 이유는 더 이상의 탐욕을 방지하고 수전노의 인색함이 끼치는 영향으로부터 자신을 보호하기 위함인데, 극단적인 경우에는 그보다 더 강하게 대응할 수도 있다.

사실 수전노는 자신이 인색하게 구는 이유는 잘 알고 있지만 그런 행동이 다른 사람들로부터 어떤 반응을 이끌어낼지에 대한 생각은 전혀 하지 못한다. 다시 말하면, 수전노가 지출을 거부함으로써 전달하는 메시지는 그로 인해 피해를 입은 당사자들에게는 정반대로 받아들여져 반동을 불러일으킨다. 이런 식으로 프랑스의 왕 루이 12세는 스위스 용병들의 보수를 줄임으로써 그들의 명예와 자존심을 실추시켰다. 신에게 선택받은 왕인 자신만이 보수를 결정하고 용병들은 그저 주어지는

수전노의 심장은 돈의 소유이기에 돈과 함께 악인과 고리대금업으로 보내진다. 간단해보이는 이 그림은 사실 수전노의 모든 것을 나타내고 있다.

〈미덕의 책〉 삽화, 아욱스부르크Augsburg 1484년.

것만 받으면 된다고 말이다. 하지만 스위스 인들은 이 구두쇠 같은 인색함을 경멸의 표현으로 이해하여 그 수전노가 의도했던 바를 훨씬 뛰어넘는 결과를 초래하고 말았다.

　고객의 원칙, 다시 말해 후원과 영향력을 주고받는 원칙은 오늘날에도 정치를 하는 데 필요한 가장 중요한 기반으로 다뤄지고 특히나 민주주의에서는 더할 나위 없는 것이다. 하지만 수전노에게는 무언가를 나눠준다는 것은 있을 수 없는 일이므로 그는 결코 정치적으로 성공할 수 없다는 결론이 나오게 마련이다. 또한 수전노는 사회적으로뿐 아니라 정치적으로도 고립되는 것이 당연하다는 주장이 점점 더 강력한 힘을 얻는다. 그 주장은 특별한 형태의 천벌, 즉 인색함이라는 죄악에 대해 응당 내려야 할 형벌이란 인상을 주기 때문에 더욱 더 많은 관심을 끈다.

이런 내용으로 유럽의 문학자들과 윤리철학자들은 실제로 많은 시를 쓰거나 논쟁을 하기도 했다. 예를 들어 몰리에르의 수전노는 결국 자신의 광란과 편협한 시야 탓에 다른 이들의 노리갯감이 되었다. 이러한 경우를 수전노가 현세에 받고 있는 하느님의 벌이라 결론짓는다면 모든 것이 쉽게 이해될 수 있을 것이다. 하지만 역사 속 이야기를 둘러봤을 때도 이런 결론이 정말 진실이라고 할 수 있을까?

인색함의 정의

인색함은 자신만의 고유한 진리를 가지고 있다. 다른 이들의 눈에는 끔찍한 실패로 보이더라도 수전노의 기준에서 봤을 때 스스로는 성공했다고 생각할 수 있다. 이렇듯 은행원이었던 제임스 제미 우드James Jemmy Wood(제9장)는 건전한 사회의 눈으로 바라보면 이상하다 못해 슬프고 끔찍한 인물이었지만 스스로는 자신이 굉장히 순수한 사람이라고 생각했다. 온 세상이 궁핍에 허덕이던 시절에도 '젠틀맨 흉내만 내며' 살고 있던 다른 많은 사업가들과는 반대로 그는 자신의 지불능력을 계속 유지했고, 그 덕분에 서민들의 자산까지 지켜줄 수 있다고 생각했다. 나아가 그는 자신이 서민들의 영웅이라고까지 굳게 믿었다. 이렇게 수전노는 사회 각계각층에 흩어져 있는 모든 사회 자본을 다 날려버리는 것을 막아주기도 한다. 그런 면에서 보면 도덕적 경제의 척도가 너무 모순된 것 같기도 하다. 국민의 좋은 군주로 계속 기억되고 있는 루이 12세만 봐도 알 수 있다. 하지만 수전노의 존재가 위험해지는 때는 유용한 인맥관리에 투자하기를 거부함으로써 권력자들 사이에서 자신의 위치에 걸맞은 명성과 권위를 잃게 되는 경우다. 프라토Prato의 크로이수스(Kroesus, BC 6세기 리디아의 최후의 왕, 큰 부자로 유명함—역주)라 불릴 만큼 큰 부자였던 프란체스코 다티니는 항상 계속되는 불안 속에서 살았다. 자신을 적대시하는 피렌체의 시 정부가 세금을 너무 많이 매기거나 탈세로 고발하여 자신을 파멸시킬까봐 항상 두려워했다. 그로부터 400년이 지난 뒤에도 마찬가지로 모든 정치 관료와의 관계를 거부했던 제미 우드가 있다. 그 또한 자신의 인색함 때문에 모든 인맥관리에 투자하기를 거부했지만 국가 차원에서 특별히 부정적인 보복은 걱정하지 않고 지낼 수 있었다. 세상은 단지 제미 우드를 조롱하는 것으로 복수를 그쳤다. 19세기와 20세기에 와서는 진보적인 법치 국가의 교육으로 인색함이 점차 관대하게 받아들여졌고 특히 오늘날에는 예전과 비교할 수 없을 만큼 더욱 더 관대해졌다. 그 이유는 아마도 벤자민 프랭클린의 얘기가 가르쳐주듯(제8장), 자본주의의 근본가치가 모든 신분에 맞춘 기준으로 발전됐기 때문이다. 프랑스 혁명 전에는 정상에 대한 기준과 그에 벗어나는 기준을 정하는 규정 자체가 신분에 따라 상당히 다르게 되어 있었다. 이러한 규정을 만드는 발판이 되는 가치체계는 예전부터 계속 이어져오고 있었다. 즉, 옛날의 법과 새로운 법이 서로 교차되거나 논의된 것이다. 이런 경우는 15세기 이탈리아에서도 나타난다. 그 시대 인본주의자들은 필요에 따라 후하게 돈을 베푸는 관용정신을 권력자들의 의무로 만들려고 한 적이 있었다. 하느님에 의해 선출된 정당한 군주는 고대의 인문학적 연구뿐만 아니라 조형예술을 위해 아낌없이 후원해야 마땅하다는 것이 그들의 주장이었다. 만약 지배자에게 주어진 모든 임무 중 가장 고귀한 과제인 이런 일을 거부하고, 천부의 소질과 재능을 타고난 이들에게 돈을 베풀지 않는 자가 있다면 권력을 행사할 수 있는 자격을 의심받을 정도였다.

이러한 관념이 흔쾌히 받아들여지고 지지를 얻게 되자 15세기 중반부터 권력자의 새로운 의무가 생겨났다. 바로 귀족들과 신하들에게 아낌없이 베풀고 화려한 연회를 열어 그들의 눈과 입을 즐겁게 해주는 것이 하나의 규정처럼 되어버린 것이다. 처음에는 그래도 많은 사람이 이러한 사치에 반대했는데, 그 이유는 바로 도덕적이지 못했기 때문이었다.

그 밖에 사치를 가로막았던 것은 바로 옛날의 법이었다. 그 법은 새로운 규정과는 달리 훨씬 더 검소한 방법으로 자기 권력을 표현하도록 지시했다. 하지만 피렌체의 권력을 장악했던 코시모 데 메디치Cosimo de Medici는 이 문제를 풀 방법을 알고 있었다. 그는 교황들의 회계사로 일해 모은 재산을 자신의 정치적 신봉자를 만드는 데 누구보다 많은 투자를 할 수 있었다. 그래서 그는 1434년에 드디어 자신의 꿈을 이룰 수 있었다. 제일 먼저 그가 한 일은 인문주의의 요구에 맞춰 자신의 어마어마한 재산 중 일부를 이곳저곳에 기부했던 것이다. 돈이 많이 드는 공공건물을 짓는 데 자금을 제공했고, 그 시대 저명했던 학자들에게 생활비로 상당한 보조금을 지원했다. 서민이 감히 한 공화국의 귀족행세를 한다는 비판이 나오지 않도록 하려고 그 똑똑한 회계사는 도처에 후원금을 널리 뿌렸으며, 그 외에도 다른 누구와 비교할 수 없을 만큼 많은 돈을 교회와 수도원에 투자했다. 그가 생각했던 방법은 개방된 현대인들과 보수적인 동시대인들을 모두 똑같이 만족시키는 것이었다. 두 개의 상반되는 도덕적 경제관념을 서로 타협시켜 균형을 이루려 했던 이러한 시도가 성공했는지는 미지수로 남아있다. 한 가지 확실했던 점은 피렌체의 서민들에게는 그 어떤 것도 아무 도움이 되지 않았다는 것이다. 어쨌든 그들은 변함없이 권력자들이 화려한 연회를 베푸는 것을 불신감을 갖고 바라봤다. 이것은 서민들의 대변인이라 할 수 있었던 지롤라모 사보나롤라Girolamo Savonarola의 말에서 알 수 있다. 고해 신부였던 그는 15세기 말에 나타난 귀족들의 자기과시는 무신론자의 개인숭배와 같다며 비난했다.

이제 군주들은 휘황찬란한 대접을 원하는 왕궁의 경제와 배려와 보호를 원하는 서민들 가계 사이에서 중간 길을 추구해야 했다. 이것은 항상 추락의 위험이 따르는 정치적 모험이었다. 한쪽에서는 인색하다는 비난이 쏟아졌고 다른 한쪽에서는 낭비를 자만과 교만의 표현으로 간주하여 빗발치는 호소를 계속했다. 그래서 16세기 초에는 책임감 강한 영주라면 자신의 재정을 어떻게 관리해야 하는지, 또한 어떠한 경제규율을 따라야 하는지 등에 대해 적극적으로 활기차게 논의해야 했다. 하지만 한 가족의 가장으로서 절약 정신과 왕궁의 호화스러움을 일치시키는 문제는 결국 해결되지 않았다. 왜냐하면 그것은 일치될 수 없는 두 사회의 관심사를 문제로 삼고 있었기 때문이다. 이러한 깨달음은 피렌체의 정치가이자 역사가, 국가정치 사상가였던 프란체스코 베토리 Francesco Vettori의 글에 예리하게 나타난다. 그의 주장은 세상의 자원은 한 정되어 있고 인간의 탐욕은 끝이 없다는 사실에서 딜레마가 생긴다는 것이었다. 그렇기 때문에 이 문제는 냉혹하고 무자비한 분배싸움으로 이어질 수밖에 없다. 이 싸움에서 이해득실이나 도덕은 전혀 통하지 않았다. 여기서 이기는 자는 그저 운이 좋은 소수일 뿐이고 다수는 항상 패배하게 되어 있었다. 승리자들은 윤리적이고 신앙적 근거를 내세우며 그들의 재산은 자신의 노력으로 얻은 것이라 주장하지만 사실 재화의 분배는 아무런 규칙 없이 완전히 제멋대로 이루어지고 있었다. 정치로써는 이러한 구제 불능의 세상에 존재하는 모순을 완전히 해결할 수 없었다. 하지만 신중한 경제 조정을 통해 최소한 완화시킬 수는 있었다. 훌륭한 군주는 자신의 명예를 손상시키지 않는 범위에서 자신의 왕궁에 드는 지출을 줄이고 세금을 낮춤으로써 국민들을 돌볼 수 있는 것이다.

이것도 단순히 이론으로만 가능할 뿐이다. 실제로 근대 초기 통치자들에게는 다른 선택의 여지가 없었다. 왕궁의 지배수단에는 양자택일이 있을 수 없었던 것이다. 군주는 자기과시를 위해 귀족들을 초대하여 즐거움을 선사했으며, 그들에게 반드시 참석하도록 의무를 부여하여, 내부적으로나 외부적으로 그들의 특권을 만들어내는 데 헌신했다. 왕실 사회에서 하나로 융화된 군주와 귀족들은 이렇게 긴장감 넘치는 공생관계로 연결됐다. 그들 내에서는 화려한 사치의 법이 적용되어 자신만을 위해 돈을 사용하는 수전노와 같은 자는 경멸을 당했다. 이렇듯 왕궁과 인색함은 서로 배제될 수밖에 없었다. 하지만 이 또한 이론적인 주장일 뿐이다. 역사에서는 왕궁 생활 속에 인색함이 동시에 나타나는 경우가 자주 있다. 일례로 시골귀족 신분에서 나중에 선제후가 된 헤센 Hessen 주 빌헬름Wilhelm의 이야기를 들 수 있다(제7장). 한편에서는 값비싼 성을 짓고 많은 첩을 거느리고 있던 그였지만, 다른 한편에서는 반귀족적이고 반궁궐적인 경제원칙에 온몸과 마음을 바쳐 헌신했다. 다시 말해 그는 모든 수단을 동원하여, 이익을 올릴 가망성이 매우 희박한 일이라도 놓치지 않고 소득을 올리려고 했고, 지출할 때는 무슨 일이 있어도 한 푼이라도 더 아끼려고 노력했다. 그로 인해 그는 생전의 인기와 사후의 명성은 포기해야 했지만 통치권만은 계속 유지할 수 있었다. 그 같은 결과는 루이 12세나 장 폴 게티의 경우도 마찬가지다. 고귀한 가문에서 태어나 신봉자와 충성이라는 자산을 얻은 자들은 자신의 높은 지위에 따라 사회적, 경제적 교류에 대한 규칙을 스스로 결정할 수 있다. 그렇기에 그들에게는 주고받음의 관계가 터무니없는 불균형을 이루는 것도 허락된다.

그렇지만 프랑스 혁명 이전에 만들어진 규정 중에 각자 신분에 맞게 올바른 살림을 꾸려나가야 하는 규칙은 달라질 수 없다. 귀족들이 반드시 지켜야 했던 엄정한 법률은 바로 자신의 신분에 맞는 품위 유지를 위한 지출을 해야 한다는 것이었다. 그들은 아무리 자신의 수입이 보조를 맞추지 못하더라도 자신의 품위를 제대로 유지해야만 했다. 이처럼 능력 이상으로 사치를 하게 만드는 분위기는 새로이 떠오르는 계급에 의해 더욱 강화됐다. 이는 바로 서민 출신에서 제 2의 엘리트로 급부상한 자들이었다. 유럽의 많은 나라에서 나타난 이들은 경제적으로 예전의 귀족들을 능가하여 귀족들의 품위를 무색하게 만들어버리는 일이 흔했다. 귀족들에게는 엄청난 경쟁의 압박이 생겨버렸다. 졸부들의 발걸음에 보조를 맞춰나가기 위해 결혼식에서 더욱 더 많은 혼수를 준비해야 했고, 더욱 더 화려해진 성, 빌라, 묘지 예배당을 만들어야 했으며, 더 많은 하인들을 고용해야만 했다. 막대한 빚이 꾸준히 쌓이면서, 급기야 파산 직전까지 가는 한이 있더라도 그렇게 해야만 했다. 하지만 엄격한 절약정신의 윤리를 인색함으로 여겨 비웃었던 몰리에르의 이야기(제5장)에 분노한 서민들이 일으킨 봉기를 계기로, 자신의 것도 아닌 것을 마구 써오던 귀족들의 지출은 많이 줄어들게 됐다(제6장). 그 이유는 사실 귀족 사회가 리슐리외Richelieu 공작과 같은 똑똑한 낭비자에게 새로운 자원을 개척하여 자신의 손실을 다시 회복할 수 있도록 거의 무한한 기회를 주었기 때문이다.

다른 한편으로 그 공작은 서민들의 공격을 막을 방법으로 호화로운 사치 경제를 아주 체계적으로 추진했다. 많은 사람들의 말로는 그의 잔치도 인색해보일 정도로 계획적이었다고 한다. 귀족들이 자기 아들에게 자신만을 위해 돈을 쓰지 말라고 교육시켰다면, 18세기 서민들은 오히려 검소한 경제를 추구하도록 가르쳤다. 기쁨은 미덕과 학식에서 얻으려고 해야지 외부에서 얻으려 해선 안 된다는 것이 서민들의 주장이었다. 또한 지출과 그에 따르는 효과를 통제할 수 있도록 엄격하게 가르쳤다. 하지만 귀족, 특히 왕궁과는 너무나 상반되는 경제 원리였기에 그들의 교육은 위태로웠다고도 할 수 있다. 결국 미덕으로 간주되는 절약정신과 죄악으로 여겨지는 인색함의 기준은 이제까지 어느 유럽역사에서도 볼 수 없을 만큼 점차 완화되기 시작했다. 그 기준선은 개화된 서민들이 인색함이란 근본적으로 칭찬할 만한 행동으로 볼 수 있는 절약정신이 조금 정도를 넘어선 것일 뿐이라고 생각하게 될 때까지 점점 밀려나게 됐다. 이제 인색함이란 우리 생활에서 그저 가끔 일어날 수 있는 현상이라고 받아들여지게 됐다. 인색함에 대한 이런 새로운 관대함은 특히 교양있는 시민들 사이에 널리 퍼졌다. 너무나 적은 보수로 대가족을 거느려야 하는 가장들인 신부나 교수들에게 아끼는 것 외에 달리 어떤 방도가 있겠는가?

오늘날의 인색함

이런 주장도 비판적인 동시대인들을 설득하기에는 근거가 불충분했다. 가난한 사람들도 인색할 수 있다는 것이 바로 예전 사람들의 주장이었다. 그들이 자신의 위치에서 지켜야 할 기본 의무를 받아들이려 하지 않는다면 어떻게 될까. 예를 들어 자기가 어려울 때 많은 도움을 받았던 사람이 다음에 국가가 곤란한 상황에 빠졌을 때 나서서 돕지 않는다면 가난한 이들도 분명 인색하다는 비판을 받아야 할 것이다. 하지만 18세기와 19세기 교양 시민들에게 가장 중요했던 것은 즐거움을 추구하는 생활을 이성적이지 않다고 판단하여 거부할 수 있는 것이었다. 그렇게 항상 새로운 상황에서도 확실한 도덕적 능력을 발휘할 수 있는 것을 미덕이라고 여겼다. 반대로 소비를 거부하는 것이 도덕적 우월성과 관계가 없다고 보는 사람들에게는 바로 이러한 행동 또한 인색한 것으로 간주됐다. 이렇게 생각하는 이들에는 귀족들뿐 아니라 은행원들이나 상인들도 포함돼 있었다. 이러한 상업 시민과 교양 시민 사이의 갈등은 오늘날까지 계속되고 있으며 관념적으로는 예전보다 훨씬 더 격렬하게 대립되고 있다. 자신의 신분을 유지하기 위한 목적으로 사치스럽게 소비를 하는 경제행위와 '물질적' 향유뿐 아니라 상업적인 활동 또한 저급한 것으로 단정짓는 도덕적 경제 사이의 대립은 특이한 방향으로 나아가 급기야 68운동(1968년을 기점으로 나타난 기존 사회질서에 대한 거대한 저항운동—역주)으로까지 발전되어갔다. 18세기 젊은 교양 시민의 조상들이 윤리에 어긋나는 행동이라 여기며 절제하고 거부했던 것들은 이제 자본주의라는 상위 개념이 등장하면서 다르게 해석됐다. 그것은 바로 정치적인 착취 탓에 짓눌리고 뒤틀어진 경제행위였던 것으로 치부됐다. 하지만 200년이 지나도록 꾸준히 지속되는 것은 제멋대로 행동하고 관리하는 기업가들에 대한 불신, 모든 것을 통제하고 조정하는 국가, 그리고 교양 있는 시민의 역할을 담당하는 이들에 대한 찬사라고 볼 수 있다.

21세기 초에 들면서 도덕적으로 유익한 경제규범이란 과연 어떤 것인가에 대한 논쟁에서 놀라운 반전이 일어났다. 우선 제 3세계의 개발도상국에게 적정한 배려를 하고자 하는 행동이 나타났는데 바로 공평한 상업의 원칙이 적용된 것이다. 개발도상국에게는 똑같은 물건을 보다 저렴하게 넘겨주려는 배려로서 인간적인 관용정신의 원칙이 시대에 맞게 발전된 모습으로 볼 수 있다. 그런 점에서 이는 인색함과 극단적 대조를 이루고 있다고 할 수 있다. 게다가 이러한 원칙에는 예전에 신학자들이 내세웠던 요구사항이 받아들여져 있다고도 할 수 있다. 바로 돈이 많은 자들은 가난한 이들의 자존심을 다치지 않는 범위에서 도와줘야 한다는 것이 그들의 요구였던 것이다. 이익을 남길 수 있는 거래 기회를 악용하거나 조작하여 가격을 정하지 않고, 윤리 원칙에 따르는 행동은 그리스도적이고 귀족적이면서도, 어찌됐든 반자본주의적인 내용까지 포함하고 있다.

이 외에도 결연한 교양 시민들이 지향하는 경제윤리의 구성 요인들이 함께 모여 있는 것을 알 수 있다. 도덕적인 근거로 사치를 거절하는 것과 생태학적 이유를 바탕으로 한 절약에 대한 찬미가 바로 그들이 추구하는 것이기 때문이다. 이 모든 규칙과 그에 맞춰진 행동방식들은 인색함과는 전혀 관계가 없다. 단지 이성적인 절약의 경계를 너무 좁히거나 넓힐 경우, 또는 이같이 선한 행동을 하는 척하면서 나쁜 행위를 저지르는 경우는 당연히 인색함에 따른 것이라 할 수 있다. 만화가나 카바레 무대에 서는 개그맨들의 말을 들어보면 떠벌리는 자선과 인색함은 큰 연관성을 갖는다.

개발도상국을 돕는 것처럼 위장하는 구두쇠의 전형적인 모습을 예로 들어 보자. 사람들 앞에서는 공정한 거래를 외치지만 뒤로는 아무도 몰래 할인 매장에서 싸구려 물건을 산다. 그 물건들은 아주 적은 임금을 받고 일하는 노예들에 의해 만들어진 것이고, 유럽의 공장들이 비용 절감을 목적으로 아시아로 옮겨가는 결과를 부추긴다. 냉정하게 바라봤을 때, 영향력은 크지만 통계적으로 증명할 수 없는 이런 나쁜 사람들이 있다는 것은 서로 경쟁하는 경제윤리의 대리인들 사이에서 얼마나 격렬한 싸움이 오늘날까지 이어지고 있는지를 증명해주고 있다. 이러한 모습은 예를 들어 대형전자상가에서 내건 〈인색함은 끝내 준다〉라는 광고 슬로건이 대중적 인기를 끄는 데서 찾을 수 있다. 이에 대한 흥분의 파고는 점점 높아져만 가는데 그 이유는 바로 죄악이 정당하다고 말해주는 느낌을 주고 그 때문에 금기가 깨어진 듯 느껴지기 때문이다. 이에 대해 보수적인 문화비평가들은 서구의 몰락이 시작됐다고 말한다. 이 용감한 표어는 모든 점에서 여러 가지 해석이 가능하다. 만약 절약 자체를 〈끝내 준다〉고 바라본다면 사실상 인색함은 사회적으로 충분히 용납될 수 있다. 하지만 반대로 〈물건을 싸게 살 수 있다〉는 원리를 담아 더 많은 소비를 하는 기회로 해석한다면 단순히 쾌락주의를 칭송하는 격이 되고 만다.

그러므로 사람들이 인색함에 대해 어떻게 반응하는지에 따라 사회가 어떤 부분에서 귀족적으로 치우치고, 어떤 부분에서는 서민층에 속하는지 구별할 수 있다. 이렇게 반전된 사회의 모습은 21세기 들어서도 변치 않고 지속되고 있다. 테오도르 폰타네Theodor Fontane의 산문시 「하벨란드Havelland에 있는 리벡Ribbeck에서 온 리벡의 신사」에서도 이미 변해버린 시대의 경향이 나타난다. 나이 많은 귀족 출신의 한 신사는 마을 아이들이 자신의 배나무에서 열매를 따 먹을 수 있게 허락한다. 하지만 시간이 흐르면서 이같은 베풂의 경제는 최고조의 위협을 받기 시작한다.

"그는 이제 죽었네. 이제 누가 우리에게 술을 선사하나?"

이렇게 아이들은 호소하였네. 이것은 공평하지 못하네-

오, 그들은 늙은 리벡을 너무 모른다네…

그 새로운 이는 당연히 아끼고 절약하네,

공원과 배나무를 소중히 보호하네.

한마디로 그 새로운 이는 인색하다. 하지만 옛 노인의 아량은 죽지 않고 단지 죽은 이들의 장소, 즉 묘지로 옮겨 갔을 뿐이다. 그 곳에서 새로운 배나무가 자라고 그와 함께 옛 아량도 다시 무덤에서 자라난다. 도덕적으로는 기쁜 종결이지만 경제의 기준과 그로 인한 인색의 기준이 다시 되돌릴 수 없게 사라진 것은 어쩔 수 없다.

실제로 오늘날 사람들이 인색함을 어떻게 받아들이는지 또는 거부하는지는 디즈니 만화동산의 상상 속 도시에 나오는 관계에서 볼 수 있다. 인색한 초자본주의자인 다고베르트 덕은 사실상 만화동산의 본보기 인물이며 청소년들에게도 그렇다. 그가 아무리 변덕스럽고, 때때로 변덕의 정도가 너무 지나쳐 종종 고통스러울 만큼 큰 손실을 가져온다고 해도 그의 교활함은 매우 탁월하다. 항상 사치스런 생활을 하며 졸부처럼 거드름을 피웠던 다고베르트 덕이 제 아무리 스크루지 영감의 최대 라이벌이라 내세워도 스크루지 영감의 교활한 전략에는 당할 수 없었다. 그 수전노는 올바른 원칙을 과도하게 내치지 않을 줄 알았기 때문이다. 중도의 길을 걷는 것이란 바로 백만장자가 자신의 금고 안에 축적된 지폐들을 보면서 아무리 좋아해도 디즈니 도시의 공원을 아름답게 꾸미기 위한 돈도 기부할 줄 아는 행동이다. 공공심을 이런 식으로 많이 증명해보인 뒤에야 인색함은 정당화 될 수 있다. 어쨌든 백만 장자인 팝스타들에게서도 이런 정당한 인색함의 사례를 보게 된다. 그들은 원칙적으로 호텔이나 레스토랑에서 팁을 주지 않는다고 공식 발표했지만 그에 대한 항의가 빗발치는 것이 아니라 오히려 그 정도의 인색함은 조용한 가운데 칭찬을 받았고 요즘은 모범으로 여겨져 유행이 되었다고도 할 수 있다.

이 책에서는 이러한 주장을 강화하고자 하지 않는다. 그렇다고 호소를 하려는 것은 더욱 아니다. 여기서 보여주려는 것은 그저 여러 시대별로 보았을 때 받아들여질 수 있는 베풂의 억제, 즉 절약과 인색함 사이의 경계선은 어디였는지 하는 것이다. 어떻게 보면 인색함은 이미 석기시대 동굴집에서도 나타났다고 할 수 있다. 원시시대 한 씨족이 둘러앉아 같이 사냥하여 잡은 짐승을 맛보는 동안 수전노는 어두운 구석자리에 아무도 모르는 비상양식을 모아뒀던 것이다. 이 비상양식이 있어 그는 다른 이들에게 의존하지 않고 독립할 수 있었다. 그리고 이미 고대 그리스와 로마시대 도덕주의자들 또한 회피와 속임수의 전략을 가진 수전노의 전형을 보여주고 있음을 알 수 있다.

그럼에도 불구하고 인색함의 역사를 중세 시대에서부터 시작하는 데는 중요한 이유들이 있다. 첫째로 인색함이란 하느님의 구원을 방해하는 죄를 짓게 하는 가장 큰 죄악 중의 하나로 여겨졌다. 그래서 몇 세기가 지나는 동안 그리스도 인들은 그 규정을 실행시키고 내면화함으로써 인색함의 기준을 새로이 정의해왔다. 또 다른 이유는 석기시대 동굴생활을 보면 알 수 있듯이 인색함이 꼭 돈의 경제와 연관되지 않는다

해도 자립 경제였던 원시시대에서는 훨씬 더 구분짓기가 어려운 것이 사실이다. 반대로 말하면 은행과 대출사업의 역동적인 전개와 그에 따른 재산구조 및 사회적 위상의 변화 때문에 결국 인색함은 공공연한 사회 현상의 하나가 되었고 수많은 논쟁의 대상이 되기에 이르렀다. 셋째 이유는 이러한 변화의 결과로서 도시 서민들과 귀족들의 경제윤리 사이에 긴장감이 조성되면서 인색함은 서로 다르게 정의되곤 했다. 이런 식으로 인색함과 탐욕을 대하는 환경에 대한 논쟁은 시대의 본질적 특성을 반영하고 있다. 그래서 인색의 역사는 6세기에 걸쳐 산책로처럼 펼쳐지게 된다.

그 산책로의 첫 부분에는 히로니무스 보쉬의 그림에 나타나는 인색함이 소개된다. 여기서 인색함은 중세시대 신학에서 말하는 일곱 가지 죄악 중 하나로 소개되고 있다(제1장). 루이 14세 시절의 프랑스에서는 인색이 어떤 의미였는지, 그리고 특히 17세기 시민들에게 어떤 의미였는지는 몰리에르의 수전노를 다루고 있는 제5장에서 잘 보여주고 있다. 그에 대해 리슐리외 공작의 견해와 삶은 정반대의 극단을 비유적으로 표현하고 있다. 다시 말해, 이미지 관리를 위한 지출이 가장 가치가 높다고 생각하는, 유용하면서도 공평한 경제에 대한 귀족적인 이해를 서술하고 있다(제6장). 마지막으로 제8장은 존 칼뱅Jean Calvin과 벤자민 프랭클린Benjamin Franklin의 경제윤리에 대해 묻고 있으며 그와 함께 칼뱅주의와 자본주의의 관계도 언급하고 있다.

그 외에도 이 책에는 수전노의 전형적인 행동과 생활 습관, 그의 신들린 듯한 광기, 그럼으로써 세상과 부딪치게 되는 지속적인 갈등이 전반적으로 펼쳐진다. 인색함을 보여주는 나머지 6개 수전노의 인생에 관한 이야기는 역사적 상황과 그에 따른 규범을 보여준다. 이 가운데 프란체스코 다티니는 중세시대 후기의 표준시스템을 대변하는 은행가 이자 대상인으로(제2장) 해석될 수 있고, 루이 12세는 위대한 유럽 정치 와 르네상스 시대의 마키아벨리즘을 보여주는 왕(제3장)이라 할 수 있 다. 또한 디트리히 플라데는 근대의 마술과 마녀 사냥을 경험하게 하는 인물로 등장한다(제4장). 헤센 주의 수전노 빌헬름의 이야기는 프랑스 의 절대주의 체제 정부 후기, 프랑스 혁명, 나폴레옹 시대 그리고 대륙 구체제의 부활에 이르기까지의 변혁을 설명해주고(제7장), 반면에 제임 스 우드는 일관성과 도덕적 양심을 가지고 있는 영국에 상대되는 세계 에 대한 증인으로 제시되고 있다(제9장). 마지막 장은 석유 재벌이었던 장 폴 게티의 놀라운 생애로 장식된다. 그는 예술품 거래뿐만 아니라 자신의 손자를 유괴한 범인과의 거래에서도 자신이 먼저 가격을 결정 하고 따르도록 명령했다(제10장). 이러한 인생 이야기는 한편으론 인본 주의적 기준이 20세기에도 계속 유지되어가는 모습을 보여주고, 다른 한편으로는 예전과 새로운 세상의 구성요소라 할 수 있는 인색함의 종 합적인 모습을 설명해준다. 그 밖에 인색함에 어떤 의미가 있는지는 앞 으로 계속될 세계화로 가는 과정에서 보게 될 것이다.

이처럼 인색에 대한 엄격함과 관대함의 단계는 인색함의 정의를 내 리는 작업에서도 드러나게 된다. 그 결과 역사적인 전체 그림의 윤곽이 그려진다. 14세기와 15세기에는 점점 더 역동적으로 되어가는 돈의 경 제가 하느님이 원하는 질서를 방해하고 있다는 의견, 특히 인색함이 혐오스러운 시대정신, 말하자면 냉혹함과 현세에서의 부당한 성공을 보여주고 있다는 신학자들의 판결이 줄지어 나타났다. 그러나 종교개혁의 세기에 들어서면서 이러한 관점은 근본부터 바뀌기 시작했다. 거지들에게 돈을 주고 자선사업을 하는 것은 더 이상 의무가 아니며, 나아가 구원을 받을 수 있는 선한 행동으로조차 받아들여지지 않게 됐다. 받는 사람의 상태에 따라 자선의 여부가 결정됐다. 게으름만 피우는 자는 누군가가 자신에게 너그럽게 베푸는 일이란 아예 없을 것임을 알아야 한다. 돈이 많고 힘 있는 자는 예술과 학문을 아낌없이 후원할 의무가 있다고 말하는 인본주의자들 또한 개혁적 환경에서는 더 이상 힘을 발휘할 수 없게 됐고, 그들의 완고한 원칙은 너무나 엄격하다는 주장마저 나타났다. 그렇다고 개혁적 생각을 지닌 사람들이 인색함을 찬미했다는 것은 아니다. 그저 모든 화려한 연회 문화에 큰 거부감을 가졌던 것뿐이다.

이리하여 절약정신이 처음으로 미덕의 하나로 여겨지게 되고 인색함의 기준도 좁아지고 한정됨으로써 그에 대한 새로운 정의가 나타나게 된 것이다. 16세기 중반부터 나타난 이 새로운 경제윤리는 가톨릭의 개혁에서도 변화된 형태, 즉 대부분 약해진 형태로 나타나기 시작했는데, 도시서민들뿐 아니라 상인들과 수공업자들에게도 깊은 인상을 남기게 된다.

이에 맞서는 입장에서는 완전히 상반되는 귀족들의 가치체계로 발전됐다. 비열하게 돈을 버는 행위와 그 더러운 돈 자체를 경멸했고, 통장 잔액을 늘려가는 대신 관대함과 너그러움을 가져야 한다는 것이 바로 귀족들의 생각이었다. 이러한 귀족과 서민 사이의 경쟁은 프랑스의 절대주의 체제 정부 때부터 프랑스 혁명까지 계속 이어져왔다. 말하자면 18세기에는 절약정신에 대한 찬미뿐 아니라 사치스러운 소비에 대한 찬사도 같이 한 목소리를 냈던 것이다. 예를 들어 베르나르 만드빌 Bernard Mandeville은 쾌락중독이라는 개인적 죄악이 대중에게는 유용하다고 거꾸로 평가하기도 했다. 왜냐하면 낭비는 일자리를 창출해내는 방법의 한 가지로 바꿔 생각할 수 있기 때문이다.

이러한 이론은 개혁자들뿐 아니라 특히 은행원들과 기업가들의 사랑을 받는다. 그들 중 일부는 돈을 즐기는 데 써버리지 않고 회사에 다시 투자한다는 기본원리대로 경영을 했다. 그래서 19~20세기에 새로이 부상한 졸부들은 예전에 귀족들이 차지하고 있던 명예와 규정을 결정할 수 있는 특권을 대신 차지하게 됐다. 그 결과 인색함에 대한 생각은 완전히 가지각색이 돼버렸다. 교사, 신부들 그리고 교수들이 낭비라 생각하고, 교육을 받지 못한 자들이나 저지르는 비도덕적인 행동의 증표로 여기는 것들이 관리자나 기업가들에게는 자기 자신의 지불능력과 지위에 따른 합목적적인 행위의 반영이라 간주됐고, 이러한 소비를 거절하는 것이야말로 인색함이라 여겼다. 하지만 21세기가 시작되면서는 제한적으로 인색함이 사람들 의식에서 사라지는 듯이 보인다. 더 나아가 사람들이 아예 인색함에 대한 생각을 철저하게 배제하려는 경우도 있는 것 같다.

아무쪼록 독자들은 이 책에 의존하지 않고 자기 자신만의 결론을 내리길 바란다.

CHAPTER
01

"신과 돈의 사이에서"

히로니무스 보쉬Hieronymus Bosch와
〈일곱 가지의 죄악〉

죄악의 순환

히로니무스 보쉬(1450~1516)가 일곱 가지의 죄악을 소재로 그린 그림 속 장면들을 바라보고 있으면 세상의 본래 모습, 예전부터 지금까지, 그리고 미래에도 변함 없을 세상의 모습이 어떤지를 알게 된다(49페이지 그림). 이 그림은 둥근 원의 모습으로 죄악의 순환을 나타내고 있다. 모든 것이 악마의 리듬대로 항상 똑같이 돌아가고 움직인다. 이 세상은 바로 악마에 의해 움직이고 있다는 뜻이다. 사람들은 본능을 억제하지 못하고 결국에는 끊임없이 돌아가는 회전목마처럼 사악한 행동을 멈추지 않는다. 이렇게 계속되는 이승의 삶 뒤에 마지막으로 우리를 기다리고 있는 것이 네 가지 있다. 그것은 바로 죽음, 최후의 심판을 위한 부활, 지옥 그리고 낙원이다. 이것을 아는지 모르는지 삶의 중력은 이 정점과는 전혀 관계없이 움직인다. 변함없이 순환하는 이 일곱 가지의 죄악은 모든 이들이 맞게 될 이 네 가지를 오히려 잊어버리게 할 목적으로 더 빨리 돌아가는 듯하다. 인간은 영원히 계속될 자신의 마지막 정점을 잊기 위해 충동적이고 본능적으로 발광한다. 구원은커녕 변태적인 죄악의 굴레에서 빠져나올 생각은 조금도 하지 않고 더욱 열심히 죄를 지을 뿐이다.

그렇다고 사람들에게 주는 경고가 모자라는 것도 아니다. 그림의 한가운데 하느님의 눈이 너무나도 뚜렷하게 빛나고 있지 않은가! 그 눈 속에는 인류를 위해 겪은 수난의 표징으로 자신의 상처를 보이고 있는 예수님의 모습이 비춰진다. 그렇다고 해서 하느님의 눈빛이 슬퍼 보이지는 않는다. 오히려 그 반대인 것 같다. 하나님의 눈 위에 세 개의 경

히로니무스 보쉬의 화폭에는 일곱 가지 죄악들 사이에서 이리저리 옮겨 다니고 있는 악마의 모습이 보인다. 불길한 죄악의 소용돌이 한 가운데에는 하느님의 눈동자가 있고 그 속에 인류를 위해 수난을 겪은 그리스도가 부동의 자세로 서있다. 죄인들은 난폭한 행동을 끝내려는 모습이라고는 전혀 보이지 않고 오히려 그리스도의 주위를 둘러싼 채 빙빙 돌고 있다. 하지만 아무리 그렇게 난동을 피운다 해도 마지막에 그들을 기다리고 있는 것은 달라질 리 없다. 죽음, 최후의 심판을 위한 부활, 낙원 그리고 지옥은 정해진 운명이기 때문이다.

〈일곱 가지의 죄악과 마지막 네 가지〉, 프라도Prado, 마드리드Madrid.

고가 새겨져 있다. 첫째는 주의하라, 하느님께서 보고 계신다고 하며, 둘째는 주의, 이성 그리고 통찰력을 잃어버린 인간에 대해 호소하고 있다. 마지막에 쓰인 경고문은 하느님께서 악마의 길을 선택한 자에게 더이상 눈길을 주지 않을 것이란 위협을 담고 있다.

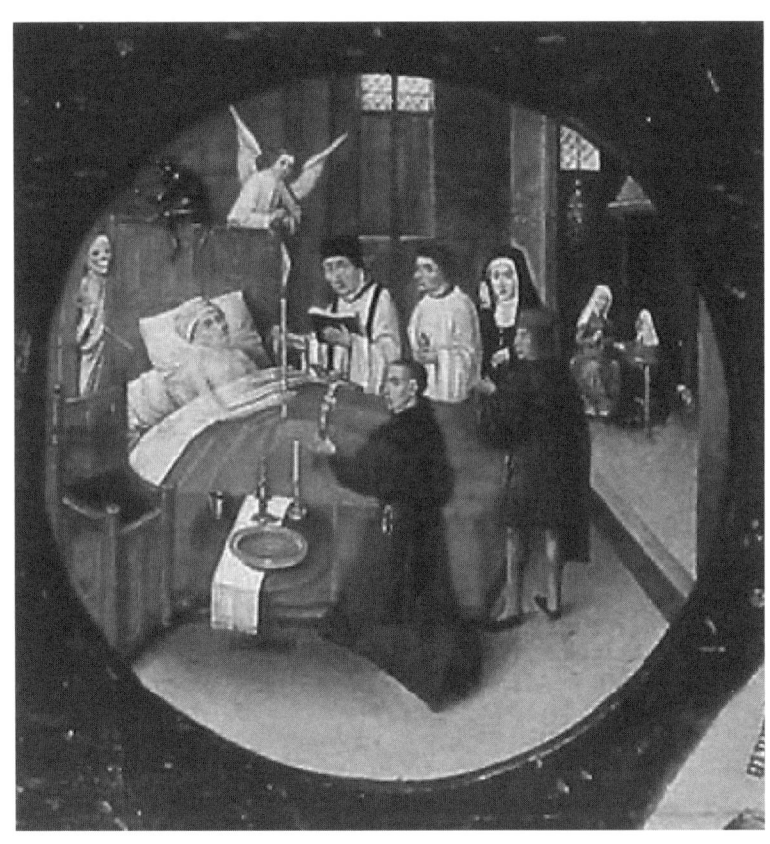

저 뒤에서 해골의 모습을 한 지옥의 사신이 슬금슬금 나타난다. 죽어가는 영혼을 두고 악마와 천사가 씨름을 벌이고 있다. 이 싸움의 결과는 희망적이다. 악마가 혐오를 느끼며 사라지는 것으로 보아 날개달린 천사와 교회의 성직자가 결국 승리를 거둔 듯하다.

히로니무스 보쉬의 화폭 중 한 부분 (49페이지 참고).

하지만 이러한 경고도 그들에게는 전혀 쓸모가 없다. 도대체 무슨 방법이 있겠는가? 사악한 열정에 사로잡혀 이곳저곳을 쫓아다니는 이들은 아무것도 듣지 않는다. 그래도 히로니무스 보쉬는 그림의 임종 장면에서 수전노에게도 아직 마지막 희망이 남아있음을 보여주려 한다. 빈사상태의 환자 방에는 의심할 나위 없이 많은 신성한 도구들과 성직자들이 자리하고 있다. 두 분의 신부님 그리고 수녀님과 수도사가 하나님의 구원기관을 대신해왔다. 그들 외에 자리를 함께한 자들 속에는 세속적인 옷차림을 하고 온 신사도 있다. 그는 아마도 임종의 방과는 달리 활발한 생활이 계속되는 방 밖의 대기실에서 비즈니스를 하기 위해 왔을 것이다. 어쨌든 사람이 죽기 전에 해야 할 일은 재산분배이고 상속인들에게 부자의 죽음은 하나의 비즈니스나 다름없는 것이다.

하지만 경쟁은 상속인들 사이에서만 벌어지는 것이 아니라 악마와 천사도 죽어가는 환자를 두고 씨름을 벌여야 한다. 이제 결정의 순간이 점점 다가온다. 죽음은 도둑처럼 한밤중에 나타나 저 뒤에서 슬그머니 모습을 드러낸다. 아직은 때를 노리며 기다리고 있지만 곧 운명의 시간이 다가올 것이다. 그렇지만 이 환자의 영혼은 도대체 어디로 보내져야 할까? 천국 아니면 지옥? 죽어가고 있는 환자에게 제일 먼저 다가온 것은 천사이고 그에게 악마는 혐오를 느끼며 사라진다. 그 말은 결국 그가 생전에 좋은 일도 많이 했기 때문에 낙원으로 갈 수 있다는 뜻이다. 이 재판에서 중심이 되는 이는 어쨌든 수난을 겪었던 그리스도였다. 그는 인간을 죄악의 굴레에서 구원해주기 위해 자비심으로 자신의 피를 희생했다. 오직 그리스도만이 빠져 나올 수 없는 악마의 소굴로부터 인간을 구제할 수 있는 것이다.

인간이 계속해서 죄를 짓게 만드는 근본 죄악은 어떤 것인지, 정말 '죄악'으로 불릴 수 있는 것은 어떤 것인지에 대해서는 이미 4세기 말부터 열심히 분류되어 목록으로 만들어졌다. 그 목록들 중 후세까지 이어져오고 합법으로까지 인정되는 것은 교황 그레고리우스(590~604)에 의해 만들어진 것이다. 그것을 바탕으로 그려진 히로니무스 보쉬의 그림을 바라보면 제일 먼저 분노가 눈에 띈다. 분노는 부질없는 파괴의 원동력으로 나타나 있다. 한 농가 앞에서 두 사람이 온갖 무기와 도구를 가지고 싸움을 벌인다. 그들은 분노에 눈이 멀어 정신을 차리지 못하고 감정을 억제할 수도 없다. 한 사내 옆에는 싸움을 말리려는 아낙의 모습도 보인다. 결국 소용이 없는 그녀의 시도는 두 사내들이 가지지 못한 억제를 상징한다. 분노와 같이 파괴적인 죄악의 모습은 교만의 장면에서도 비유적으로 나타난다. 교만은 허영에 들떠 거울 앞에 서 있는 여인의 형태로 표현된다. 그녀의 얼굴 바로 앞에 세워진 거울에는 방금 지옥에서 온 추악한 한 형체가 모습을 내밀고 있다. 열려 있는 보석함 속에는 목걸이와 금장식 벨트 등이 넘쳐흐르고 있다. 그 보석함은 꼭 관처럼 검은 색깔의 긴 형태이다. 서랍장 위에는 값비싼 꽃병과 높은 잔들이 진열되어 있다. 이 그림은 부자들이 자신의 영혼을 빼앗기면서까지 숭배하는 아름다운 물건을 상징적으로 표현한다.

다음에 연결되는 장면도 앞에 나오는 여인과 똑같은 계층의 사람, 즉 상류층 귀족들이 방탕에 빠져 즐기고 있는 모습이다. 그들은 방탕한 생활을 즐기려 도시에서 시골로 장소를 옮긴 듯하다. 초원에서의 아침 식사 장면에는 상류층 귀족들의 모든 속성이 나타난다. 우아하게 차려진 테이블, 광대, 악기 그리고 금실로 만든 천막 등이 거기에 속한다. 뒤쪽에는 한껏 멋을 부린 두 명의 귀족이 유희를 즐기고 있다. 그들은

지옥은 용광로, 물 끓이는 솥, 쇠꼬챙이로 환하게 빛나고 있다. 이승에서 신의 말에 귀를 기울이지 않았던 자들이 이곳에서 고통을 당하게 된다. 여기가 바로 일곱 가지의 죄악 뒤에 따르는 도착지이다. 지옥은 악마의 승리를 뜻한다.

히로니무스 보쉬의 화폭 중 한 부분(49페이지 참고).

화려한 식사시간을 끝내고 육욕의 환락으로 넘어가려는 참이다.

　다음 그림은 완전히 대조되는 생활환경으로 넘어간다. 태만의 장면에는 신앙적이고 도덕적이어야 하는 성직자 한 명이 안락한 난로 앞에 잠들어 있다. 게으르게 퍼질러 있는 모습이 꼭 자신의 발밑에 있는 작은 하얀 강아지와 같은 꼴이다. 이런 태만한 자세는 네발짐승에게만 허락되어 있지 인간에게는 죄악이 된다. 그 사실은 도의를 저버린 그림 속의 이 성직자도 스스로 알고 있을 것이다. 묵주와 기도서를 든 한 수녀가 그의 꿈속에 찾아온다. 그녀는 그가 본래 해야 할 일을 보여주려는 것 같다.

그 다음에는 폭식의 장면이 이어진다. 이미 비정상적으로 뚱뚱한 남자가 식탁 위에 차려진 만찬을 마구 집어 먹고 있다. 그의 옆에는 역시 상당히 살이 찐 한 아이가 음식을 집으려는 그를 거칠게 방해하고 있다. 뿐만 아니라 그 남자는 한 여집사가 급하게 들고 나오는 닭과 불에 구운 소시지도 먹어 치우려 한다. 식탁의 오른편에는 한 알코올 중독자가 자신의 욕구를 충족시키고 있다. 쇠약한 몸에 누더기를 걸치고 있는 그는 주전자에서 흘러나오는 액체를 목구멍뿐 아니라 어깨 너머로 다 새어나가도록 게걸스럽게 마시고 있다. 본능의 욕구를 충족시키기 위해 허덕이고 있는 동물적인 두 장면은 웃음을 자아낼 지경이다.

물욕과 탐욕을 나타내는 다음 장면에도 다른 그림들과 같이 아무런 희화적 요소가 없다. 여기에 맞는 설명이 없다면, 이 그림은 타락을 표현하는 하나의 삽화로 여겨질 것이다. 보리수나무 밑 벤치에 부패한 한 판사가 앉아있다. 가련한 청원자 한 명이 그에게 다가가 온갖 비굴한 몸짓을 다해 자비를 구한다. 하지만 판사는 이러한 애원을 거절하고 있다. 심지어 그는 어두운 표정을 지으며 막대기로 그 가엾은 이를 위협하기도 한다. 거절당한 청원자는 자신이 왜 거절을 당했는지 모르겠지만 그림을 보고 있는 우리는 그 이유를 단번에 알 수 있다. 그림의 오른

편 가장자리에 또 한 명의 청원자가 비굴한 몸짓으로 다가오고 있다. 그는 법이란 것이 현실에서 무엇을 의미하는지 이해한 듯하다. 자신의 의무를 저버리고 손을 뒤로 뻗어내민 판사의 손 쪽으로 청원자가 동전을 내밀고 있다. 뒷전으로 밀려났던 첫 번째 청원자는 바로 뇌물을 바쳐야 한다는 사실을 눈치 채지 못했기에 실패했다. 배심원으로 보이는 두 개의 어두운 형체들이 왼쪽 가장자리에 서 있다. 그들 또한 판사와 한 편이 되어 이 비열한 게임에 참여한다. 한 명은 청구인의 정당한 요구를 증명하는 서류를 손에 들고 있고 다른 하나는 그것을 조롱이라도 하는 듯 손으로 그 서류를 가리키고 있다. 서류나 도장은 돈이 가진 설득력에 비하면 아무런 소용이 없음을 말해주고 있다.

누가 이익을 얻고 누가 손해보는지는 그림의 앞과 뒷배경에 나타난다. 앞쪽에 보이는 독서대 위에 펜과 잉크병이 놓여있고 그 옆에는 책 한 권이 나란히 펼쳐져 있다. 어쩌면 그 책은 선고를 내린 판결들의 기록일지도 모른다. 하지만 뇌물을 좋아하는 판사가 자신의 수입을 적어둔 통장과도 눈에 띄게 비슷하다. 뒤쪽에는 무너지기 직전의 오두막이 보인다. 거절당한 청원자의 집인 것 같다. 벽에는 여기저기 금이 가 있고, 문 앞에는 아사 직전의 개 한 마리가 짖어대고 있다. 세상은 가난한 사람들을 착취하는 나쁜 사람들의 손아귀에 떨어졌다. 그림의 중간에 서 있는 나무도 이 메시지를 상징적으로 표현하고 있다.

그 나뭇잎 바로 밑에는 깊은 홈집이 나있고 거기서 예수의 상처에서 나오는 피처럼 송진이 흘러내리고 있다. 더 많은 것을 소유하려는 충동은 억제하기 어렵고 오히려 정의를 웃음거리로 끌어내린다. 그 때문에

수전노와 마찬가지로 시기하는 자도 늘 더 많은 것을 원한다. 또한 죄에 쉽사리 빠지게 만드는 자신의 불만 탓에 얼마나 많은 것을 잃고 있는지도 알아차리지 못한다. 〈네 이웃의 소유를 탐내지 말라〉하지만 십계명은 이 죄악의 굴레 안에서 완전히 무시된다.

히로니무스 보쉬의 화폭 중 한 부분(49페이지 참고).

끝없는 물욕은 세상의 균형을 깨뜨려버리고 만다. 타락의 장면에서는 지독한 구두쇠의 모습도 표현돼 있다. 그 부패한 판사는 자신이 받아야 할 것보다 더 많은 것을 원하고, 나눠줘야 할 것은 내놓지 않는다. 부자들과 권력자들이 아무것도 내놓지 않음으로써 재화의 교환이 중단돼버린다. 한 쪽에서 넘치면, 다른 한 쪽은 말라붙게 마련이다. 결국 정의를 갈망하는 자는 고사할 지경이 된다.

재화의 불균형한 분배라는 주제는 질투 장면에서도 다뤄지고 있다. 방패로 장식된 보기 좋은 집에서 한 중년 부부가 탐욕스러운 눈으로 거리를 내다보고 있다. 그 둘은 자신들이 가지지 못한 무언가를 응시하고 있다. 바로 귀족과 그의 부유함의 형체로 나타나는 고귀함이다. 귀족의 고용인으로 보이는 한 사람이 불룩한 자루를 등에 짊어지고 간다. 그 모습은 바로 부를 의미한다. 튼튼한 성벽 뒤에는 궁전 같은 건물이 눈부시게 빛나고 있다. 이 건물은 질투하는 이들의 열망과 자극, 그리고 좌절이 함께 뭉쳐진 하나의 돌을 상징한다. 즉, 이 호화로운 홀에서 군주같이 살고 싶은 것이 그들의 욕망이며 그것이 이뤄질 수 없음은 그들의 괴로움이다.

그들을 현혹하는 자극이 눈을 찌른다. 집 앞에 서 있는 두 마리 개들은 남자의 손에 있는 먹음직스런 뼈다귀를 갈망하고 있다. 그들에게 군 것질거리가 주어졌음에도 불구하고 더 큰 것을 원하는 개들처럼 시기하는 자들도 자신들이 가지고 있는 것에는 눈도 돌리지 않는다. 시기하는 자들은 자신에게 없는 것에 큰 가치를 두고, 자신이 가지고 있는 것은 사소하다고 생각한다. 이러한 생각이 바로 치명적인 결과를 초래한다. 남의 보물에 마음을 빼앗겨, 정작 같은 시간에 자기 집에서는 무슨 일이 일어나고 있는지조차 보지 못한다. 그들은 질투와 뇌물수수의 결과가 무엇인지 전혀 알아차리지 못하고, 넋을 잃은 채 밖만 내다보고 있다. 바로 옆에서 그들의 딸이 한 젊은이의 구애에 넘어가고 있다. 그의 허리띠에 거대한 돈 보따리가 휘황찬란하게 달려 있는 것으로 보아 그는 자신에게 기회가 왔음을 명확하게 파악한 듯하다.

이 일곱 가지의 주된 죄악들과 세상을 지배하는 유일한 추진력을 연결하는 것이 도대체 무엇인지는 너무나 확실하다. 그것은 바로 결과를

모든 그림의 전통을 뒤엎는 이 탐욕의 장면에서는 냉정, 뇌물, 사기가 판을 치고 있다. 탐욕이라 불리는 사악한 게임을 같이 하지 않는 이는 집과 농장을 잃게 된다.

히로니무스 보쉬의 화폭 중 한 부분(49페이지 참고).

고려하지 않는 자아의 절대화이다. 결국 분노, 오만, 방탕, 태만, 폭식, 탐욕 그리고 질투는 단지 하나의 주제에 대한 일곱 개의 변형일 뿐이라는 것이 분명해진다. 이 죄악들은 모두 인간애와는 거리가 멀고, 다른 사람이나 그 어떤 것을 위해 한 치도 내놓을 수 없는 배타성으로 인간을 사로잡고 있다. 모든 악행의 배후에는 자신의 이익을 위해서라면 품위 있는 예의법칙은 생각할 수도 없이 모든 것을 무력화시키는 끝없는 이기주의가 버티고 있다. 이 거리낌 없는 자기중심적 삶은 정도와 균형을 상실하게 되고 결국에는 신과 멀어지는 결과를 낳고 만다.

당시의 신학자들이 지치지도 않고 쉴 새 없이 펼친 설교처럼 진실된 생활방침은 세상의 재화를 적절하게 사용하는 것이다. 돈을 쓰는 것만 즐기지 말고, 한순간일 뿐인 돈의 덧없음과 결함에 대해 한결같은 의식을 가지라는 말이다. 재물의 소유에 집착하지 말고 베풀 줄 아는 자만이 진정한 재화, 다름 아닌 천국에서 신의 자비를 얻게 된다.

이러한 의미에서 욕심은 악한 자의 기본공식이며 구원을 잃게 하는 주된 원인이 된다. 편한 마음으로 세속의 소유물을 버릴 수 있는 자만이 하늘에 오를 수 있다. 일시적인 자산에 욕심을 내는 자는 최후의 심판에서 트럼펫이 울리는 마지막 순간에 빈손으로 서 있게 된다. 그 이후에 그를 기다리고 있는 것이 무엇인지는 지옥의 그림에서 정확하게 나타난다(53페이지 그림 참고). 인생이란 시험에서 합격하지 못한 자는 이곳에서 영원한 형벌을 받게 된다. 이글거리는 고통의 용광로가 비추는 지하세계에서 모두 자신이 저지른 죄에 합당한 벌을 받는다. 폭식자의 식사로는 두꺼비와 뱀이 주어지고, 불륜을 저지른 사람들은 악령에게 애무당하며, 시기하는 자들은 배고픈 야수에게 산 채로 뜯어 먹힌다. 분노와 태만도 이에 못지않은 끔찍한 벌을 받는다. 분노의 죄를 지은 자는 고문의자에 앉혀 고통을 받고, 나태한 자는 채찍판 위에 놓여 사지를 잡아 찢기게 된다. 이에 비해 오만에 빠진 젊은 부부는 육체적 고통을 가하는 이러한 고문에서 벗어난 듯하다. 지상에서와 같이 그들의 얼굴 앞에는 악마가 거울을 대고 있다. 하지만 자신들만의 환상에 빠지는 것은 더 이상 불가능하다. 거울에 비치는 모습에 그들은 경악하게 되고, 오만한 자부심이 그들을 어디까지 오게 했는지 알게 된다. 그것은 바로 영원한 파멸이었다. 그들의 고통이 정신적인 것이라면, 탐욕자들에게는 가장 소름 끼치는 육체적 고문이 기다리고 있다. 그들은 괴물에게 둘러싸인 채 거대한 기름솥 안에서 산 채로 끓여진다. 말 그대로 자신의 국물에 삶아지는 것이다. 살아가는 동안 이기적으로 쌓아온 자신의 보물들이 이제는 모두 그들에게서 등을 돌린다.

결과적으로 이 화폭의 그림이 전하려는 메시지는 가치 전도이다. 생전에 자신이 잘못된 가치를 좇고 있었다는 것을 인식하지 못한 자들은 그 교훈을 후생에서, 즉 이미 너무 늦은 때에 배우게 된다. 전 세계가 질곡에 빠져 있는데 어떻게 하면 이 죄악의 힘을 물리칠 수 있을까? 이 작품의 회전 그림에는 그에 대한 명확한 답이 나와 있지 않다. 이 그림이 반교권적인 경향을 보여주는 것은 아니라 해도, 교회의 성격이 모호한 입장에 서 있는 것은 확실하다. 우선 태만의 장면에서 신앙을 게을리하는 신부의 모습이 나타난 것은 교회의 입장에서 보면 좋지 않다. 하지만 다른 한 편에서는 삭발을 한 남자, 즉 수도승의 모습이 천국으로 가기 위해 부활한 자들 사이에 나타난다. 그 때문에 이 그림을 반교권적이라고 할 수는 없다. 신학적 교리에 나와 있는 악에서 벗어나는 방법은 고독한 은둔자의 생활을 함으로써 악에 전염될 위험을 피하는 것이다. 이것은 또한 보쉬의 여러 그림 속에서도 나타나고 있다. 하지만 보쉬의 그림에는 은둔자의 삶에 도사리고 있는 위험의 가능성도 함께 보인다. 한 예로 사막에 사는 안토니우스를 들 수 있다. 악마는 그와 같은 경건한 은둔자들에게 그 어떤 것과도 비교할 수 없을 만큼 참기 힘든 유혹을 시도한다. 세상에서 가장 매혹적인 보물들을 선보일 뿐만 아니라 그것을 은둔자들 머리 위로 쏟아 붓기까지 한다. 결국 장소를 옮겨 은둔자의 삶을 사는 것 또한 사실상 소용이 없다는 뜻이다. 악이란 사람들이 살아가는 세상 곳곳에 숨어 있을 수 있다. 그러나 악을 꾸준히 위협하는 그 힘은 바로 인간의 영혼 안에 살아있다.

수전노의 죽음

어떻게 하면 그 위협적인 힘에서 벗어날 수 있을까? 히로니무스 보쉬는 자신의 작품 〈일곱 가지의 죄악〉 이후 오랜 시간이 흐른 뒤 다시 한 번 탐욕에 대한 그림을 그렸다. 여기에서는 탐욕이 모든 죄악의 발생지로 나타난다. 세 폭으로 된 성단 장식 그림과 한 쌍을 이루는 이 작품에는(63 페이지 참고) 단 한 개의 장면으로 모든 것을 말해주고 있다. 모든 것이 단 하나의 순간에 집중됐는데, 그것은 바로 모든 것을 결정하는 죽음의 순간이었다. 다른 모든 죄인들처럼 수전노에게도 자신의 죄를 뉘우치고 돌이킬 수 있는 기회가 마지막 순간까지 주어진다. 헤아릴 수 없이 과분한 신의 은총으로 그들의 죄는 너무나도 쉽게 용서받을 수 있다. 이 그림에서는 환자의 눈빛이 치명적인 화살을 손에 들고 있는 창백한 해골에게로 쏠려 있다. 이 세상의 보물은 다음 세계로, 즉 영원한 세계로 들고 갈 수 없다는 것을 극단적으로 보여주는 장면이다. 게다가 죽어가는 이의 옆에는 한 천사가 무릎을 꿇고 앉아 전력을 다해 구원의 신호를 보내고 있다. 저 높은 곳에 있는 창문 사이로는 십자가에 매달린 구세주 그리스도가 나타나고 그의 상처에서는 광선이 뚫고 나오고 있다. 아직까지도 탐욕에서 벗어나지 못하는 환자를 되돌리기 위한 그 빛은 과연 그에게 닿을 수 있을까?

하지만 그 방에는 단 한 명의 천사 밖에 눈에 띄지 않고 그에 비해 악마들의 수는 너무나도 많다. 지옥에서 온 악마들은 그 수전노를 데리고 가기 위해 노력을 아끼지 않는다. 침대 위쪽에는 한 악마가 숨어서 때를 노리고 있다. 천사와는 반대로 환자에게서 거리를 두고 떨어져 있는 모습은 아마 그만큼 자신이 있다는 뜻인 것 같다. 그 악마를 도와주러 온 다른 다섯 명의 지옥의 사신들은 너무나 열심히 일하고 있다. 그들은 죽어가는 환자에게 유혹적인 물건들을 보여주면서 즐거워한다. 그렇지만 그들이 제시하는 것들은 천사가 주려는 구원과는 전혀 다른 속된 물건들이다.

내면의 눈으로만 볼 수 있는 십자가와는 달리 악마들이 내놓은 보물들은 그냥 맨 눈으로만 볼 수 있을 뿐 아니라 손으로도 만질 수 있는 속세의 물건이었다. 한 악마가 죽어가는 이의 침대 옆에까지 다가가는 데 성공한다. 그 악마는 터질 듯이 가득 찬 돈주머니를 내밀어 수전노의

낙원 아니면 지옥?
〈일곱 가지의 죄악〉 중 가장 첫 번째로 나온
임종장면(50페이지)과는 달리 나중에 그려진
히로니무스 보쉬의 그림 〈구두쇠의 죽음〉에는
모든 희망이 사라진 듯 보인다.
그리스도는 너무나 작게 나타날 뿐 아니라
저 먼 곳에 서 있는 반면 악마의 무리들은
온통 널려 있다. 그림 앞쪽에 서 있는 한 위선자는
죽어가는 이의 보물을 탐욕스런 눈으로
예의주시하고 있다.
루브르박물관, 파리.

탐욕스러운 손을 유혹한다. 수전노의 오른손은 그 돈주머니를 향해 거의 반사적으로 손을 뻗는다. 그의 왼손마저도 천사가 구원을 위해 내민 손을 무시해버린다. 그 대신 그 손은 죽음의 화살을 막으려 시도하고 있다. 죽음을 앞둔 그 환자는 불가능한 것을 바라는 듯하다. 그는 계속해서 더 살기를 원한다. 그 이유는 바로 더 많은 보물을 쌓기 위해서이다.

그는 죽음의 경계를 넘나들면서도 아직까지 탐욕에 마음을 빼앗기고 있다. 이 그림에서는 그가 살아있는 동안 탐욕 때문에 저지른 일들을 볼 수 있다. 일곱 가지의 죄악을 담은 화폭에 나오는 환자와는 달리 이 그림 속 환자는 선한 사람들과 교회의 성직자들에게조차 버림을 받은 듯하다. 하지만 그보다 더 슬픈 것은 바로 임종의 방에 유일하게 나타난 방문객의 모습이다. 그는 묵주와 십자가를 준비해오긴 했지만 사실 그의 목적은 완전히 다른 데 있다. 그의 열망은 온통 더러운 돈에만 쏠려 있는 것이다.

뚜껑이 열려있는 큰 자루 안에 한 악마가 앉아서 방문객에게 돈자루를 내민다. 방문객이 몸에 지니고 있는 안전 열쇠로 보아 그는 죽어가고 있는 수전노와 의식에서는 한 통속이라는 것이 증명된다. 그 열쇠의 아랫부분은 일곱 겹이나 되는 마디로 촘촘히 엮여 있는데 그것은 분명 은밀한 보물창고가 도난당하지 않도록 확실하게 잠그려는 것이다. 그가 이곳에 온 동기는 확실하다. 성직자처럼 보이게끔 옷을 차려 입은 그 탐욕자는 바로 유산을 얻고자 했던 것이다. 그는 죽어가는 이의 보물이 이미 제 것인 양 바라본다. 그렇지 않고서야 그 보물 속에 자신의 동전을 던져 넣는 이유가 도대체 무엇이겠는가? 그가 혼자서만 이 방을 찾아온 이유 또한 생각해볼 만하다. 일반적으로 죽어가는 이는 친척들과 친구들의 도움을 받는다. 하지만 이 그림 속에 죽어가는 환자는 오직 유산이나 노리는 사기꾼 같은 자와 이승에서의 마지막 시간을 보내고 있다. 그 모습은 인색함이 어떤 결과를 초래하는지 보여준다. 바로 외로운 고독이다. 다른 사람에게 아주 조그마한 것조차도 정말 주고 싶어 하지 않는 자는 결국 혼자만의 세계에 고립되거나 아니면 그보다 더한 결과를 맞게 된다. 바로 자신과 똑같은 사람들만이 들끓는 사회에서 있게 되는 것이다. 인간이란 치유될 수 없는 본능을 가지고 있는 존재로서 하나의 고립된 섬이라 할 수 있다. 사람들은 끊임없이 무언가를 갈망하다가 혼자 죽게 되는 것이다.

이 장면이 소개되는 무대는 또 한 명의 악마에 의해 값비싼 천으로 장식되고 있다. 이 세상에는 사기, 허위 그리고 교활한 간계를 소재로 하는 똑같은 연극이 항상 상연되고 있다. 하지만 그 주제 속에는 모든 것을 지배하려는 본능, 바로 세상에게 아무것도 주지는 않으면서 그로부터 점점 더 많은 것을 얻어내려고만 하는 욕정이 숨어 있다. 그 외에 다른 가치를 지닌 것들은 그 뒤로 물러나야 했다. 칼, 방패, 헬멧, 창 그리고 무사들의 보호용 가죽 장갑 등은 무대 위에 한 번 올라와 보지도 못하고 무대의 장막 뒤로 밀려난다. 이 물건들은 관용을 베풀고 사욕을 차리지 않았기에 얻게 된 보상품으로서 고귀함의 표시로 볼 수 있다. 하지만 죽어가는 이는 이러한 물건을 잡으려고 손을 내미는 것이 아니라 돈을 붙들려 한다. 그와 같이 많은 귀족들은 고리대금업자가 돼버렸고, 탐욕은 더 이상 귀족만의 죄악이 아니라 인류 전체의 죄악으로 자리 잡게 됐다.

이렇듯 보쉬는 설교에서 주로 들을 수 있는 훈계는 물론 그보다 더 많은 것을 포괄하는 비판적인 교훈을 그림으로 그려냈다. 교회에서 말하는 인색에 대한 가르침의 중심에는 돈을 빌려주는 사람이 문제로 나타난다. 그들은 필요한 사람들에게 돈을 빌려주면서 고리를 강요했다. 이로써 그들은 아무것도 바라지 말고 선한 마음으로 이웃들을 도와주라는 성경의 기본원칙에 어긋나는 행동을 했다. 돈을 빌려주고 이자를 받는 자들은 카리타스^{caritas}, 즉 이웃사랑과 신에 대한 사랑이 현저하게 모자라는 것으로 의심을 받았다.

이런 식으로 해서 13세기와 14세기부터 힘차게 발전해온 은행업이라는 중소기업은 탐욕에 대한 일괄적인 판단으로 가장 혐오스러운 대상이 돼버렸다. 하지만 모순되게도 바로 그 시기에 교황청이 은행업 관리자들의 도움을 점점 더 절박하게 필요로 했다. 그들에게 도움을 얻을 목적으로 신학자들과 주교좌성당 참사회원들은 원래 금지되어 있던 것들을 합법화시켰고 교회들도 적법한 규칙들을 생각해냈다. 그래서 그들은 은행업과 대부들에게 복잡한 어음조직을 만들라고 강요했다. 그 이유는 어음거래를 할 때 따르는 위험을 들어 수수료를 받는 것을 정당화할 수 있었기 때문이다. 그 외에도 교회 쪽에서는 돈거래를 방해하는 여러 조건들을 만들어냈다. 이런 방식으로 교회의 우두머리들은 세상의 재화를 모으려고 점점 더 거리낌 없이 행동했다. 하지만 돈거래의 제한은 은행원들을 더욱 더 분노하게 만들었고, 급기야는 더 많은 속임수를 쓰게 만들었다.

　돈을 모으기 위해 온갖 수단과 방법을 가리지 않기로 유명했던 자로는 교황 요한네스 22세를 들 수 있다. 그는 72세의 나이에 베드로의 후계자로 선출되어 모든 사람들의 기대와 달리 1316년부터 1334년까지 꼬박 18년간을 교회의 우두머리로서 직권을 휘둘렀다. 그 교황은 아비뇽에서 거주하며 촘촘히 짜인 연결망을 만들었다. 유럽 전역에서 들어오는 모든 교회의 세금을 조직적으로 거두어 들였고 그로 인해 어마어마한 재산을 끌어 모았다. 수전노와 고리대금업자로서의 그의 명성은 너무 끔찍했다. 그 시대 피렌체의 유명한 시인이었던 단테 알리기에리 Dante Alighieri는 이 교황의 파렴치한 행동을 지옥 이야기의 소재로 만들었을 정도였다.

　다시 그림으로 돌아가 쓸모없이 내동댕이쳐진 무기들을 살펴보자. 이 장면은 인색함과 탐욕 때문에 고리대금업자가 되어버린 한 귀족의 모습을 풍자한 것일 수도 있다. 하지만 계속해서 바라보면 최소한 귀족이란 자신의 지위와 직업적 이유만으로도 인색함과 탐욕에 맞서 투쟁했어야 함에도 불구하고 오히려 그 속에 빠져버린 세상을 비유한 그림이란 걸 알 수 있다. 단지 하느님이 원한다거나 또는 다른 사람들이 원해서가 아니라 스스로를 위해 좋은 것이 무엇인지 이해한다면 분명 그 투쟁이 필요했음을 알게 될 것이다.

　과연 사회적으로 고립되더라도 가득 채워진 금고만 있으면 만족할 수 있는 걸까? 이 세상의 보물들이 그렇게 모을 만한 가치가 있는 것일까? 그 대답은 당연히 아니라고 해야 한다. 하지만 수전노들은 눈이 멀어 자신에게 정말 유용한 것이 무엇인지 알아차리지 못한다. 나아가 그들은 되돌릴 수 없는 자신의 파괴, 다시 말해 구원의 기회를 놓치게 하는 위협을 막을 능력이 없다. 탐욕은 신앙보다 더욱 강하다 못해 그 믿음을 아예 완전히 없애버리고 만다. 그렇기 때문에 그 파괴 속에 가장 깊은 죄악이 들어 있고, 탐욕이야말로 모든 죄악으로 가는 발판이 되는 죄라고 할 수 있다.

이처럼 그림의 메시지는 너무 비관적이다. 방 안의 창문에는 그리스도가 십자가에 못 박혀 있는 형상이 걸쳐져 있고 그 곳에서 한 줄기 광선이 임종의 방으로 뚫고 들어온다. 그 빛은 끝까지 들어오지 못하고 중간에서 끊어져버린다. 그리고 죽어가는 이는 점점 가까워지는 죽음의 공포와 함께 유혹하는 보물의 모습에 사로잡힌다. 이제 그의 결정은 내려졌고 의지는 앞서 설명한 그림에서 보는 장면과 같다. 바로 그의 의지는 탐욕에 지배당한 것이다. 그렇게 지배당한다는 말은 수전노가 자유롭지 못하다는 것을 뜻할까? 사람들은 그를 불쌍히 여겨야 할까? 그는 자신의 광란에 갇힌 불쌍한 포로이던가? 이 질문들에 대한 대답은 이 그림에 명백하게 나타난다. 절대로 그렇지 않다!는 것이 대답이다. 이 그림 속에 나타나는 이 세상은 악마에 의해서만 지배되는 것이 아니라 천사에 이끌려 나타나는 하느님의 은총 또한 항상 존재하기 때문이다. 하지만 구원으로 이끄는 천사의 도움을 받으려면 올바른 의지를 추구하려는 노력이 필요하다. 이러한 신의 은총이 없었다면 이 상황을 구할 수 있는 가망성은 없었을 것이다.

아담과 이브의 원죄 사건 이후로 인간의 본성은 너무나 손상되었기에 죄를 지으려는 경향은 피할 수 없게 됐다. 그렇지만 그리스도의 순교로 올바른 길을 가려는 의지를 보여주는 것만으로도 인간은 하느님의 은총을 받을 수 있게 됐다. 또한 그 하나님의 막강한 후원으로 해를 입지 않고 삶의 위험을 헤쳐나갈 수도 있다. 바로 이런 사실이 보쉬가 그린 죽어가는 수전노의 그림 속에 나타난다. 이 그림에 보이는 모든 것 하나하나가 신학적 관점으로 보았을 때 전통에 충실했다 할 수 있다. 빈사 상태의 그 환자가 마지막 순간까지도 주어진 기회를 거절하고 탐욕의 노예로 머문다면 그것이야말로 더 이상 용서받을 수 없는 죄로 간주되어 지옥에 떨어지고 만다. 그러므로 그의 탐욕은 곧 그에게 천국을 만들어주는 동시에 지옥으로 향하는 길도 만들게 된다.

　신학적으로 올바르게 여겨지는 것은 바로 교회에서 정확히 규정지은 방식으로 재산의 집착에서 벗어나는 일이다. 그 말은 생전에 지은 죄를 나중에라도, 즉 마지막 순간에라도 씻어내고 구원을 받고자 하는 고리대금업자는 자신의 재산을 가난한 자들, 바로 교회를 위해 기부하는 것이 마땅하다고 할 수 있다. 교회에 기부하는 것이야말로 확실한 공로가 될 만한 업적이고 그렇게 해야만 지은 죄를 용서받을 수 있다. 가장 중요한 것은 당연히 자신의 죄를 정말로 후회하는 것이다. 보쉬의 그림이 완성되었을 때쯤 교회는 죄를 구원받을 수 있는 또 하나의 다른 방법을 제시했다. 고인을 위한 기회! 그것은 바로 후손들이나 친구들, 그를 불쌍히 여기는 다른 영혼들이 이미 죽은 고인을 대신하여 돈을 기부하거나 비슷한 업적을 수행하는 것이었다. 이러한 경우 고인이 지옥에서 지내야 하는 끔찍한 시간을 그 업적에 맞춰 줄여줄 수 있다는 것이 교회의 의견이었다. 물론 이러한 제안은 신학적으로 보았을 때 몹시 다루기 어려운 점이 있었기에 신학자들 사이에서 논란이 됐다.

신학적인 관점으로 인간은 천국과 지옥 사이에서 자신의 길을 스스로 결정할 수 있다. 하지만 이 그림에서는 약간의 차이가 보인다. 그림 안의 수전노는 자신의 전 생애 동안 탐욕의 지배를 받아왔기 때문에 임종의 자리에서도 다르게 행동할 수 없는 듯하다. 그 말은 수전노에게 다가오는 선과 악에 대한 인식이 탐욕 탓에 완전히 뒤바뀌었다는 것이다. 그렇다고 그것이 무죄를 받을 수 있게 하는 변론이 되는 것이 아니라 오히려 그 반대다. 수전노의 의지가 아무리 탐욕 안에 갇혀 있다고 해도 스스로가 그 길을 택했다는 것이다. 그 결과 지옥이 그를 기다리는 것은 당연하고 정당하다고 할 수 있다.

그는 다른 결정을 내릴 수도 있었다. 다시 말해 보쉬의 그림은 인문주의자들이 그리는 인간상, 즉 성실한 노력을 기울이는 자는 자기완성을 이룰 수 있는 능력을 가진다는 내용을 부정하지 않는다. 다만 그의 〈수전노의 죽음〉 그림은 하나의 질문에 대한 비관적인 대답으로 생각할 수 있다. 그 질문은 바로 현실세계에서 자비를 베풀고 구원을 받을 수 있는 많은 기회 중 실제로 얼마나 많은 사람들이 얼마나 자주 그 기회를 이용하는가 하는 것이다. 그에 대한 보쉬의 대답은 '아주 적다'이다. 그 때문에 인간이 아니라 신에게는 아무런 죄가 없음을 나타내고 있다.

오늘날의 죄악

500년이란 시간이 지난 지금, 제대로 된 은행만 자기 편으로 만든다면 다른 사람들을 누르고 내 집, 내 말, 내 요트를 가지기란 식은 죽 먹기라고 말하는 여러 웹사이트들의 약속을 살펴보자. 보쉬의 그림에 나타나는 "영원한 죽음에 이르게 하는 죄악"은 이제 미덕으로 변환된 지 오래라는 것을 알 수 있다. 질시에 관해서도 마찬가지다. 텔레비전에 나오는 연예인들은 자신은 살면서 단 한 번도 팁이란 것을 내 본 적 없다면서 맘껏 자랑하고 있다. 이런 식으로 탐욕은 더 이상 대수롭지 않게 취급된다. 분노조차도 사회생활을 하는 데 전혀 문제가 되지 않는다.

모든 분야에서 자칭 삶의 협력자라고 하는 이들은 감정을 있는 그대로 내뱉으며 살라고 조언한다. 그리고 태만은 어차피 오래 전부터 공공연히 인정받은 일상의 한 모습이다. 인색함과 반대로 순수한 정신과 영혼은 더 이상 멋지지 않다. 오히려 그 반대이다. 학자들은 기껏 좋게 말해서 비현실적인 노인네일 뿐, 대체로 상아탑 속에서 살아가는 자폐자라고 할 수 있다. 그보다 더 시세의 흐름을 많이 타는 것은 우월감, 다시 말해 교만이다. 인생의 조언자들은 모두 자신의 본질, 즉 불완전한 자기 자신을 그냥 받아들일 뿐만 아니라 서슴없이 향로를 피우고 숭배해야 한다고 내세워 수많은 청중들의 마음에 깊은 인상을 남긴다. 나는 지금 모습 그대로 충분히 훌륭하다. 이러한 만트라(주문)를 가지고 사람들은 수직 상승한다. 요리 쇼와 요리대회가 텔레비전에 방영되는 이 시대에 '과식'은 그 의미를 사전에서조차 설명할 필요가 없을 만큼 정도를 벗어나고 있다. 쾌락주의 시대의 '관능적 쾌락'도 시대에 뒤진다 할 수 없고 특히 성생활이 자유분방한 사람들이 다니는 클럽은 언급할 필요조차 없다.

최종 결론을 내려보면, 일곱 가지의 '죄악'은 웹사이트에서 알 수 있듯이 더 이상 예전의 의미로 받아들여지지 않고 완전히 삶의 기쁨으로서 인정받고 있다. 이러한 미미한 경계조차도 지키지 못하고 보쉬가 언급한 죄악들 중 한 가지에 중독이 되고 마는 소수의 사람들에게는 그에 맞는 치료법까지도 웹사이트에서 기다리고 있다. 그 동안 탐욕은 과도한 구매중독으로 변했다. 쇼핑 조언자들은 해결방안을 약속한다. 사람들은 인터넷에서 죄악-테스트를 해볼 수도 있다. 당신은 과식형일까 아니면 관능적 쾌락형일까?

이것이 바로 시대정신일까? 이러한 발언은 과감하고도 위험한 주장이다. 웹사이트들은 모든 면에서 그 시대의 경향을 반영한다. 하지만 이러한 경향이 완벽하게 명백하고 뚜렷하다고 볼 수는 없다. 한 예로 최근 인색이 커다란 이슈로 부상했던 경우를 살펴보자. 2008년 5월 중국에서 심각한 지진이 일어났을 때였다. 관공서의 요청으로 기부금을 기꺼이 낼 준비가 되어 있는 사람들의 목록이 웹사이트에 올라왔다. 그것은 그 땅의 많은 부자들에게 도와야 할 의무가 있음을 간접적으로 밝힌 셈이었다. 그들은 자신의 애국심을 보이기 위해 그 의무를 실행했다. 당연히 운동선수나 연예인들 같이 돈을 많이 벌기로 소문난 자들도 포함됐다. 그들 중 정말 적은 액수만 기부한 이들은 탐욕가로서 공식적으로 조소의 대상이 되고 말았다.

반대로 유럽에서는 모순적인 현상이 나타난다. 억만장자들이 싸구려 할인 매장에서 물건을 산다고 고백했을 때 그들은 가벼운 조롱만 받았을 뿐 격심한 비난을 받지는 않았다. 그렇다. 과거에는 탐욕으로 낙인찍힌 것들이 이제는 거의 허용될 수 있는 행동양식으로 승인된 것이다. 이렇게 개개인에게는 지출보다 수입을 더 많이 올려 절약하는 것이 허락된다. 하지만 국가에게는 절대 허용돼선 안 된다. 독일연방공화국이 가진 정부 당국의 빚만 해도 1조5천억 유로보다 더 많은 걸로 나타났다. 그로 인해 엄청난 이자를 지불해야 하고, 다음 세대에도 경제적 여유를 회복할 수 없을 만큼 최고치에 도달해 있다. 하지만 그토록 많은 빚을 짊어지게 된 것은 국가 통치의 중요한 임무를 맡은 정치가들뿐만이 아니라 절대 다수인 국민들 또한 이에 동의했기 때문이다.

CHAPTER
02

"상인"

프란체스코 다티니Francesco Datini, 돈 그리고 불안

가치 측정의 천재

프란체스코 디 마르코 다티니가 살던 때는 천재의 시대라 불릴 정도로 많은 유명인사들이 이탈리아에 살고 있었다. 세대마다 정말 넘칠 정도로 많은 이들이 섬세한 지성과 탁월한 재주를 가지고 태어났다. 그 예로 우선 고전 라틴어를 재발견했던 프란체스코 페트라르카Francesco Petrarca를 들 수 있다. 그는 자신의 이상형이라고도 할 수 있는 키케로Cicero와 베르길Vergil 같은 위대한 자들을 공경하면서도 그들과 경쟁도 했던 것이다. 콜루치노 살루타티Coluccio Salutati와 레오나르도 브루니Leonardo Bruni는 고대의 인색 철학을 널리 알리고자 노력했던 자들로서 하느님의 마음에도 들고 이웃에게도 도움이 되는 일상생활의 모습을 가르쳤다. 문헌학적 통찰력을 가졌던 로렌초 발라Lorenzo Valla는 그리스도교 군주들의 주권이 교회 소유라는 것을 뒷받침해주는, 소위 콘스탄티누스 대제의 증여문서가 위조라는 사실을 폭로함으로써 언어의 역사성을 증명했다. 또한 조각가 도나텔로Donatello는 많은 사람들이 죽어가고 불안에 떨고 있는 시절에 힘이 넘치는 동상들을 만들었을 뿐 아니라 낙관주의를 창출해냈다. 그의 동상들은 오늘날까지 아름다움의 모델로 여겨지고 있다.

사실 프란체스코 다티니는 이렇게 피어나는 학문과 예술에 대해 별로 알지 못했고 아무런 관련도 없었다. 그렇지만 다티니 또한 특출난 재주를 가진 축복받은 자, 경우에 따라선 고통을 받은 자라고도 할 수 있는 특별한 인물 중 한 명이었다. 그는 그 시대에 존재했던 거의 모든 물건들이 얼마만큼의 가치를 가졌는지 정확하게 구분하여 자신에게 이익이 되게 이용하는 신기한 재주가 있었다. 하나의 물건에 상인이 책정한 도매가격과 소비자가 평가한 가격의 대비, 또한 생산 국가에서의 물건 가치와 가장 많은 이익을 남길 수 있는 유통 영역에서의 가격 비교를 아주 잘 하는 것이다. 동시대 사람들은 섬뜩하게 여길 정도였던 이런 능력은 계속 발전했다. 자신이 구입해야 하는 경우에는 물건의 가치를 떨어뜨려 싼 값에 사면서, 똑같은 물건에 관심을 갖는 소비자에게는 정도 이상으로 탐낼 만한 것이라고 설득하여 비싸게 팔아치우는 데까지 도달한 것이다. 나아가 이렇게 특이한 능력은 결국 특정한 물건의 미래 수요 가능성, 다시 말해 시장 가능성을 예측하고 그에 맞게 물건을 준비하여 이윤을 산출할 수 있게 해준다.

다티니가 지닌 재능은 결국 같은 인간을 착취하려는 것이며, 심지어 초라하고 하찮은 것이라고 이의를 제기하는 사람도 있을 수 있다. 엄격한 도덕주의자들은 실제로 그렇게 생각하겠지만 다티니 자신은 아마도 그에 맞서서 하고 싶은 말이 많았을 것이다. 창고에 있는 수천 개나 되는 물건의 종류를 하나하나 기억하는 것, 한 개의 단추가 없어진 것까지도 확실하게 알아차릴 수 있다면 그것은 도대체 예술이 아니라 무엇이란 말인가? 메마른 사막, 폭풍이 몰아치는 바다와 같은 온갖 자연의 장애에도 굴하지 않고 세상이 준 자산을 여기저기 나누어준 것, 신이 만들어낸 위대한 창조물로 사람들을 행복하게 해주는 것이 최고의 찬사를 받을 만한 일이 아니고 무엇이겠는가? 또한 발렌시아Valencia, 마요르카Mallorca 등 이곳저곳에 고용할 지점장을 현명하게 선출하고, 그들이 단 한 푼의 돈도 횡령하지 않도록 관리하기 위해 인간의 마음속까지 꿰뚫어 볼 수 있다면 수준 높고 성숙한 정신을 증명하는 것이 아니겠는가?

해적들과 절벽, 태풍 그리고 바다의 괴물 등 모든 위험을 헤치고 자신의 배를 지정된 항구에 안전하게 정박시키는 것이 가난해진 기사가 덜거덕거리는 갑옷을 입고 목조 창으로 시간을 허비하는 것보다 훨씬 더 고귀하고 매력적인 일이 아닌가? 왕궁의 시인들이 말로만 떠들어대던 세상을 휘젓고 다니는 모험을 자신은 실제로 경험하지 않았던가? 며칠 밤을 빵 한 조각만 먹고 굳은 몸으로 거래편지를 쓰고, 계산하고, 예산을 세우며 지새우는 것이 끊임없이 오락만을 즐기려는 군주에게 몸을 바치고 아첨을 떠는 것보다 훨씬 더 고귀한 영웅 정신이 아닌가? 온 유럽에 무역거래소와 무역업무 관련의 촘촘한 연결망을 만들어 물건과 돈이 질서정연한 흐름으로 이쪽저쪽 거래될 수 있게 하고 공급과 수요를 정확하게 맞춰내는 것은 가치 있는 예술작품이라 할 수 있지 않은가? 세상의 이치를 이해하고 별들의 의미까지 안다고 주장하지만 사실 자기 힘으로는 그럴 듯한 수입조차 보장할 수 없는 철학자들의 사상 누각들, 뿐만 아니라 환상만을 만들어낸 화가들의 지난 그림들도 다티니가 만든 그 예술작품에 비하면 아무것도 아니지 않은가? 세상이 자신에게 진 빚을 힘들게라도 다시 얻어내는 방법을 아는 이는 오직 자신의 능력을 자유자재로 발휘할 수 있었던 다티니 뿐이었을 것이다. 어쨌든 아주 특별한 이 천재가 보는 세상의 관점은 대략 그러했다.

이렇게 보면 돈이 되지 않는 것은 모두 경멸했던 프란체스코 다티니는 그 시대 교육정책에 기여했다고도 할 수 있다. 그가 가진 자신만의 독특한 웅변술은 설사 인문주의자들의 세련된 라틴어와는 동떨어졌다고 해도 설득력에서는 전혀 뒤떨어지지 않았다. 그의 말투는 대략 이러했다. '명심해라!', '잊지 마라!', '그러기만 해 봐!' 이러한 어법을 상대방이 복종할 수밖에 없을 때까지 그들의 머릿속에 주입시키는 경우가 자주 있었다. 하다못해 나중에는 고용인들조차 사무실과 식품창고의 문을 제대로 닫았나 하는 걱정을 계속 하도록 길들여졌고, 그 점에서 다티니는 과연 최고의 조련사였던 것이다. 그는 다른 이들도 자신과 같은 목표를 가질 때까지 자신의 신기를 그들에게 불어 넣기도 했다. 그 목표는 다름 아닌 돈이었다. 그는 자신 나름의 방식을 가진 교육자이기도 했다. 그의 훈령은 그의 밑에서 근무해야 하는 운명을 가진 이들의 머릿속에 깊이 새겨졌다. 그의 사업 목표를 따르는 이들은 행복하게 살 수 있지만 다른 길을 가는 자들은 화를 입게 될 것이었다.

특이한 재능에는 항상 단점이 따르게 마련이다. 삶의 저주라고도 할 수 있는 다티니의 개인 문제는 바로 물건의 가치를 너무나 정확하게 알기에 아무것도, 아무리 사소하고 작은 것이라도 놓치려 하지 않는 피곤한 성격으로 드러났다. 하지만 그러한 성격으로 사소한 것까지 하나하나 다 수집해놓은 덕분에 후세에 우리들은 편하게 일을 할 수 있게 되었다.

14만 통이 넘는 편지, 넘쳐나는 메모장 그리고 500장 이상이나 되는 계산서들이 우리 시대까지 전해 내려왔다. 이 모든 수집품들이 보관될 수 있었던 것은 당연히 우연과는 거리가 멀다. 그 도매상인은 자신의 죽음을 넘어서까지 그 물건들을 놓을 수 없었고 놓아주고 싶지도 않았다. 그는 자신의 유언 집행인까지도 직접 발탁했다. 법무관 직위를 갖고도 호인이었던 라포 마쩨이Lapo Mazzei는 다티니의 친구이자 도덕적인 조언자로서 그에게 어마어마한 재산을 조용히 교회에 기증한 뒤 눈을 감으라고 권했다. 그러한 상상에 다티니는 매혹되면서도 동시에 격분하기도 했다. 하지만 그가 내린 단순한 최종 결론은 '나는 그렇게 할 수 없다'였다. 그의 인격은 죽음 앞에서도 바뀌지 않았고 그 때문에 지금까지 그의 유산이 거의 완전하게 남아있을 뿐 아니라 그의 인물됨에 대한 흔적 또한 찾을 수 있다.

다티니의 성격에서 가장 두드러지는 특징은 바로 불안이었다. 그 불안은 대부분 자신의 재산을 다시 잃어버리지 않을까, 다시 가난해지지 않을까 또는 아무것도 없었던 처음으로 되돌아가는 것은 아닐까 하는 것이었다. 그것은 나아가 공포심으로까지 연결됐고 결국 그를 인색하게 만드는 요인이 되고 말았다. 피렌체에서, 아니 유럽에서, 아마도 세상에서 가장 부자인 그가 포도주스를 담은 단지 하나가 엎질러졌다는 것 때문에 하루가 멀다 하고 몇 주일 내내 호통을 칠 정도로 그를 소심하게 만들었던 것이다. 뿐만 아니라 그 불안은 그가 죽은 후까지도 지속되는 힘을 가졌던 것 같다. 그 늙은 상인이 마지막에 설립한 재단의 재산은 도대체 없어지지가 않았다. 여전히 그의 뜻에 따라 관리되는 그 재단은 아주 특별한 축복을 받았거나 아니면 인색의 저주를 받고 있는 듯이 보였다. 어쨌든 600년이 지난 오늘날까지 다티니의 고향인 프라토에 사는 가난한 이들은 엄청난 천재였던 그의 재산에 복리로 불어나는 이자 덕으로 살고 있다.

하지만 돈을 많이 번 자에게 돈이란 그를 행복하게 만들어주기는커 녕 오히려 그 반대의 상황을 만들어낸다. 더욱 더 많은 돈이 쏟아져 들 어올수록 그만큼 두려움만 커져갈 뿐이었다. 다티니는 놀랄 만큼 엄청 난 재산을 가지고도 세상에 만족하지 못했다. 그의 친구들과 가족들이 기록한 내용을 보면 알다시피 그는 자신이 빨리 죽어야 하는 것에도 세 상을 원망했다고 한다. 죽음의 순간에도 그는 왜 하필이면 자기가 지금 죽어야 하는지 너무나 의아해했다. 그 시점에 다티니는 75세였고, 실제 로 당시에는 수명이 매우 긴 사람이라고 할 수 있었던 데도 말이다. 그 는 일곱 번이나 큰 페스트 전염병에서 살아남았고 주변의 환경 재해로 부터도 해를 입지 않고 놀랍게도 잘 피해왔다. 그의 곁에는 부인과 절 친한 친구도 있었고 60년 동안 벌였던 거의 모든 사업을 성공시켰다는 것만 해도 충분히 만족할 이유가 있다. 그가 탈세를 했다는 이유로 받 았던 징역의 위협도 갚아야 하는 돈의 일부만 내고 막을 수 있었다. 그 렇게 성공을 했는데도 불구하고 정작 인생의 끝에 서서 뒤를 돌아봤을 때 그에게는 감사할 만한 기억이란 하나도 남아있지 않았다.

오히려 정반대였다. 정말 이것이 전부였단 말인가? 세상이 나에게 진 빚은 너무나 많고 아직 다 돌려받지도 못했는데 정말 이것이 끝인 가? 이 말들은 바로 그의 감정과 모든 삶을 표현해주고 있다. 그는 이 제 더 이상 돈을 벌 수 없고 이 세상을 떠나야 한다는 생각에 너무나도 비통해했다. 돈이 자신의 불안을 초래함에도 불구하고, 아니면 바로 그 처럼 불안하기 때문일지도 모른다.

다티니에게 자신의 통장잔고는 신의 축복에 대한 증표도 아니었을 뿐더러 구원을 받을 수 있는지를 말해주는 것도 아니었다. 완전히 반대로 불안만 쌓이게 하는 존재였다. 자신이 돈을 더 많이 가지면 가질수록 시기하는 자들, 도둑들, 사기꾼들 그리고 국가, 한 마디로 힘들게 모아놓은 돈을 다시 빼앗으려는 적들에 대한 불안감만이 점점 더 커져갔다. 그 불안을 떨쳐내려고 더욱 더 가차없이 돈을 버는 데만 전념하고 아낄 수 있는 만큼 무엇이든 절약하는 수밖에 없었다.

이것이 정말 사는 것이라 할 수 있을까? 그 자신의 표현에 따르면 이것은 정말 비참한 개만도 못한 생활이었다. 걱정과 우울함에 시달리지 않고는 하루도 그냥 지나가는 법이 없었다. 도대체 왜 그럴까? 그의 주장은 바로 사람들이 악하다는 것이었다. 이것은 철학자나 국가 이론가의 말이 아니다. 반세기 동안 이 세상에서 가장 값비싼 재화라 할 수 있는 돈을 가지고 사람들과 거래를 했던 실천가의 말이었다. 62세가 되는 해에 나이 든 그 상인은 한 젊은 고용인에게 이런 글을 썼다. '너는 아직 젊지만 언젠가 내 나이가 되고 나처럼 많은 사람들과 거래를 하고 나면 그제야 알게 될 것이다. 사람들과 관계를 맺으면 그들이 얼마나 위험한 존재인지를 말이다.' 이 편지에는 훈훈한 노년의 지혜가 아니라 지혜의 나무에 쓰디 쓴 열매가 비쳐지는 듯했다. 인간이란 잠들어 있는 괴물이다. 그러므로 부자들은 외로운 것이다. 부자는 그의 보물, 그의 돈을 안전하게 보호하고 가능한 한 더 불릴 수 있도록 인색함 속에 스스로를 가둬야 한다. 다른 이들의 재산을 탐내는 인간의 고약함은 부자들이 외롭도록 저주를 하고 만다. 그렇지 않으면 그는 다시 그가 시작했던 곳으로 돌아오게 된다. 그곳은 바로 아무것도 없는 곳이다.

재벌의 상승

프란체스코 디 마르코 다티니는 1335년 프라토에서 가난한 술집 주인의 아들로 태어났다. 여기서 언급하는 가난이란 표현은 문헌에 나타나 있는 것으로 예전이나 지금이나 상대적일 뿐이다. 다티니의 아버지는 훗날 그의 아들과 비교했을 때 가난하다고 볼 수 있다. 그는 1340년, 자신의 부인을 저 세상으로 끌고 간 흑사병이 창궐한 해에 세상을 떠나면서 다티니에게 자그마한 땅을 하나쯤은 남겨줄 수 있는 정도였다. 고아가 된 소년은 사랑이 넘치는 양어머니 밑에서 2년을 지냈다. 다티니는 양어머니가 세상을 떠나기 전까지 35년 동안 연락을 이어갔다.

15세가 되던 해 그는 피렌체에 속한 작은 도시 프라토에서 세상과 동떨어진 전원생활을 하며 평온하게 사는 것을 더 이상 참을 수 없었다. 사실 이곳에서 검소하게 생활하면서 계속 살 수도 있었지만 젊은이는 거기서 벗어나고 싶었다. 그는 세상으로부터 더 많은 것을 원했던 것이다. 더 많은 것을 보고, 더 많이 소유하고 싶은 마음이 가득했다고 하겠다. 다티니는 유산으로 받은 재산을 몽땅 팔아서 남긴 50굴덴이라는 작은 종자돈을 가지고 재산을 불릴 수 있는 조건이 갖춰진 도시로 떠났다. 그곳은 바로 아비뇽Avignon이었다.

그곳에는 40년 전부터 교황과 교황청, 다시 말해 사치에 익숙한 만큼 구매력도 왕성한 추기경들이 거주하고 있었다. 모든 교회 군주들은 자신만의 왕국을 가지고 있었고, 여러 군주 국가들 사이에서 화려한 수행원들을 이끌고 다니는 사신들의 왕래가 잦았다. 아비뇽은 경기가 좋았고 너무 많은 인구가 몰려 폭발할 지경이었다. 도덕가이자 이탈리아

국수주의자였던 페트라르카는 그곳의 번잡함을 타락한 생활의 구렁텅이라 표현하면서 교황청이 당장 로마로 돌아가지 않는다면 그 속에 빠질 위험이 있다고 주장했다. 하지만 그런 날이 그리 빨리 올 리는 없었다. 그래서 부자들과 귀족들에게 사치스런 물건을 팔고 터무니없는 이자를 받아 항상 부족한 현금을 메워왔던 도매상인들은 마음을 놓을 수 있었다. 거기에다 폐허가 되어버린 도시, 로마의 생활은 매우 안전하지 못했고 프랑스 추기경들의 입김이 너무나 강했다.

이러한 전망은 다티니에게도 전달됐고 그는 아비뇽에서 사업을 벌이기로 결정했다. 그 다음에 그는 사람들이 필요로 하는 것과 수요를 신중하게 탐색하기 시작했다. 가장 높은 수익을 보면서도 위험부담은 적은 사업은 무엇일까? 장래성이 있는 사업은 어떤 것일까? 겨우 15세였던 소년의 진단은 그의 선견지명, 지혜로움을 증명해주었다. 항상 존재하는 것에는 무엇이 있는가? 그것은 바로 전쟁이었다. 인간이란 불화를 일으키도록 만들어졌기 때문에 늘 전쟁이 일어나게 된다. 그 이유가 인간이 원래 태어날 때부터 그런 것인지 아니면 신학자들이 주장하는 원죄 때문인지 다티니에게는 전혀 상관없었다. 그에게 중요한 건 단한 가지, 바로 무기를 가지고 사업을 할 수 있다는 것이었다.

전쟁은 영국과 프랑스 사이에서 계속 일어났고 이탈리아의 많은 도시국가들 사이에서도 전쟁은 거의 끊임없이 계속될 것만 같았다. 돈을 벌어 생계를 유지하려고 온 유럽을 휩쓸며 전쟁터로 나갔던 용병중대들만 봐도 사업은 장래성이 확실했다. 이러한 전쟁은 특히 교황청에서 관여했고, 그들은 세상의 협상에 간섭할 뿐 아니라 심지어 이를 유도하기도 했다. 전쟁에 투자하는 이들은 항상 안전한 편에 서지만, 그래도 가장 안전한 방법은 양편을 다 돌보는 것이었다.

그리하여 그 젊은 상인의 창고는 곧바로 방패들, 갑옷, 창, 투구들로 가득 차게 됐다. 상업의 천재로 너무 빨리 성숙해버린 다티니는 자원을 확보하는 자가 두 배로 돈을 벌 수 있다는 사실도 재빨리 알게 되었다. 곧이어 철과 구리 사업에도 뛰어들어 이익을 얻었다. 사람들이 필요로 하는 것에는 또 어떤 것이 있을까? 동시에 항상 수요가 있는 물건들은 어떤 것일까? 다티니는 다른 사람들의 생각을 꿰뚫어 볼 수 있어야 했다. 결과적으로 영원한 것은 바로 불안이 아니었던가. 대부분의 사람들은 죽음에 대해 불안해하고, 그 결과 사후의 생에 대해서도 불안해한다. 여기서 다티니는 결론을 찾아낼 수 있었다. 경건한 그림들은 항상 잘 팔리지 않는가! 그는 신성한 그림들, 제단들 그리고 관들 뿐 아니라 신앙심을 불러일으키는 예배용 성물과 양초 등 모든 종류의 부속품들을 주문했다. 이 물건의 가치는 아름다움이 아니라 신성함이었다. 그렇기 때문에 그것들은 유명한 장인들이 만든 비싼 것일 필요가 없었다. 마음을 감동시킬 수만 있으면 되는 것이었다.

이러한 원리에 따라 그 젊은 상인은 소금과 와인도 같이 팔게 됐다. 포도주를 팔기 위해선 스스로 술집을 차리는 것이 훨씬 나았다. 술을 싸게 직접 팔게 되면 두 배나 더 많이 벌 수 있었다. 몇 년쯤 지나자 다티니의 창고에는 사람들이 살아가는 데 필요한 것과 사람을 죽이는 데 필요한 거의 모든 것들이 채워지게 됐다. 거래 물건에는 돈도 있었다. 물론 성직자들은 돈거래에 대해 경고하듯 손가락질을 했다. 이자를 받는 것은 무거운 죄이기 때문이었다. 이러한 비난을 피하려고 사람들은 대출을 허가받은 은행이라는 이름으로 거래해야 했다. 그 일환으로 다티니는 자신의 어음거래소를 열었다.

이렇게 하여 프라토에서 온 다티니는 많은 돈을 벌었지만, 아직까지 아주 큰 거상이 됐다고 할 수는 없었다. 상품과 대출 시장을 장악하고 있는 자는 교황청과 거래를 하는 자들이었는데, 다티니는 아니었다. 하지만 다티니의 회사는 최소한 중산층 수준에서 돈벌이가 되는 틈새시장을 정복하게 됐다. 다른 사람들의 눈에 크게 띄지 않고 사업을 하는 것은 사실 상당한 장점이기도 했다. 그 이유는 세계적 규모의 사업가들은 그 당시 의결자치권을 어쩔 수 없이 상실해버렸기 때문이다. 이는 바로 다티니가 평생에 걸쳐 필사적으로 방어했던 것이다.

정말 큰 사업가들은 정치와 그에 연루된 갈등들에서 벗어날 수 없었다. 그들은 왕관을 쓴 자들이 전쟁 뿐 아니라 헤아릴 수 없이 많은 다른 사업에 들인 대출금을 해결해줘야 했던 것이다. 또한 그 일이 잘못됐을 때 돈을 잃고 분노하는 자들이 제일 먼저 찾아가는 이는 그 사업가들이었다. 만약 다티니에게도 합법적인 아들이나 후손이 있었다면 가장 먼저 자신이 평생 동안 완강하게 지켜온 격언을 가르쳐주며 주의를 시켰을 것이다. 이 세상의 권력자들과는 절대 거래를 하지 말라! 그들은 절대 믿을 만한 놈들이 아니니! 이 외에도 권력자들은 실패를 했을 때 복수심에 불타는 경향이 있다. 결과적으로 의심 많은 다티니조차도 자신이 스스로 정한 원칙을 항상 지킬 수는 없었고 다티니가 지금까지 차지한 관직 중 제일 높은 직위로는 프라토의 시장 정도였다.

이렇듯 정치와 떨어져 행동을 조심하는 것은 자신의 사업에는 이득이 될지 몰라도 그에 따른 단점도 무시할 수 없었다. 그렇다, 그 뒤에는 심각한 위험부담이 내포되어 있었던 것이다. 정치에 거리를 둔다는 말은 국무를 결정하는 영향력이 강한 인물들의 네트워크에서 멀어진다는 뜻이었기 때문이다. 그러므로 그 영향권의 바깥에 머무는 자는 항상 세금 문제로 압박받을 수 있다는 것을 예상해야 했다. 지도층에 있는 자들은 자신들을 신봉하는 자들이 국가 세금 문제에서 해방될 수 있도록 보호해주었다. 그 돈은 다른 이들이 내게 할 수 있었다. 하지만 다티니가 사회적 인맥이 부족함에도 불구하고 자신의 재산을 세금 압박으로부터 보호할 수 있었던 것은 사실 그의 인생에서 정말 기적이라 할 만했다. 두 세대만 지났더라도 그런 일은 불가능했을 것이다.

대형 은행의 경영인이자 정치가였던 코시모 데 메디치Cosimo de Medici의 경우를 보자. 사업적으로 성공을 했을 때는 절대적으로 자신에게 헌신하는 신봉자의 사회적 자본과 정치적 힘을 위해 같이 나눠 가져야 했다. 그것은 바로 수익금을 시기하는 자들과 경쟁자들로부터 안전하게 보호받기 위해서였다. 또한 부와 영향력을 분배하는 규정을 통제할 수 있도록 하기 위해서였다.

아비뇽에서 성장해가던 상인 다티니는 자신의 회사를 위해 권력자들에 맞서 엄중한 방어를 했다. 그렇지만 회사에 사람이 없이는 제아무리 다티니라 해도 사업을 계속 해나갈 수 없었다. 회사의 모든 것을 관리하고 완전히 장악하기 위해 더욱 더 필요한 것이 바로 사람이었던 것이다. 다티니의 사원들은 늘 자기 자산의 일부분만을 기업에 투자했다.

거기에 가능한 한 다티니는 자신과 친척관계에 있거나 처가 쪽 사람들을 채용했고, 항상 자신과 동향인 토스카나 사람들만 뽑았다. 이같은 행동은 사람들에게 충성심을 불러일으킬 수 있을 때만 그들의 악의를 억누를 수 있다는 격언을 의식한 것이었다. 가족관계에서든 출신지로든 같은 뿌리를 가진 사람들의 끈처럼 단단한 것은 역시 아무데도 없었다. 물론 그것도 절대적인 신뢰를 보장하는 것은 아니었고 어느 정도 불신은 늘 존재했다. 그래서 다티니는 자신의 사원들과 고용인들을 늘 감시했다.

이처럼 불평등한 관계는 돈과 힘에 대해서만이 아니었다. 다티니는 고용인들에게 절대적인 충성을 요구했지만, 사원들은 다티니의 성실성을 결코 믿을 수 없었다. 물론 다티니는 고용인이 아프면 진찰을 받을 수 있도록 돌봐주었다. 고용인들이 일을 할 수 없거나 죽어버리면 결국 자산을 잃어버리는 것이었기 때문이다. 하지만 그는 양심의 가책이라고는 몰랐고 기회만 있으면 그들의 보수를 깎으려고 했다. 한번은 정말 충실했던 고용인의 부인이 과부가 되자 자신의 억울한 상황을 호소하기 위해 법의 도움을 구하는 일도 있었다. 법정은 만족할 줄 모르는 다티니에게 확실하고도 엄중한 징벌을 내리려했다. 왜냐하면 법원은 다티니가 그 기소인에게 요구한 손해배상금이 분명히 지나친 것이라고 판결을 내렸기 때문이었다.

1370년도 중반에 들어서면서 아비뇽의 전성기가 마침내 끝나가는 징조가 점차 나타나기 시작했다. 교황청이 티버Tiber로 옮기게 된 것이다. 다티니는 자신의 통찰력으로 현명한 판단을 내려 재산과 사업관계뿐 아니라 주거지도 옮기는 쪽으로 방향을 잡았다. 그래서 그가 이사를 간 곳은 바로 프라토였다. 사람들은 그를 황금의 서쪽나라에서 출세하여 돌아온 도시의 큰 아들로 우러러보며 놀라움을 감추지 않고 반겼다. 하지만 만 2천 명의 주민밖에 없는 그 지방 도시에서의 정착은 단지 일시적인 해결방법에 지나지 않았다. 패션의 도시라 불리는 프라토에서 다티니는 섬유제품의 생산과 유통 사업에 투자를 했다. 그것은 요즘도 돈 많은 프라토의 부자들이 하고 있는 일이다. 그는 늘 그랬듯이 항상 주의를 기울이고 조심하며 작업을 했다. 그에게 중요한 것은 한 가지에만 모든 걸 걸어서는 절대 안 된다는 것이었다. 이러한 원리는 그의 도매무역사업에도 적용됐다. 그래서 당시 새로운 사업체였던 다티니의 배들은 보험에도 들었다. 하지만 섬유업체가 아무리 프라토의 상황에 알맞은 일이고 명성을 가져다준다 해도 다티니는 애초에 만족감이라고는 모르는 사람이었고, 8 내지 9퍼센트의 수익은 그에게 너무나 적은 것이었다.

만족할 줄 모르는 다티니는 활기차고 다양한 무역수도인 피렌체로 회사를 옮겼다. 여기에 와서야 비로소 그의 회사는 사업적으로 크게 성장할 수 있었고 결국 세계적 지배권을 가지게 됐다. 너무나 눈 깜짝할 사이에 높은 자리에 올라서게 되어 정말 합법적으로 해낸 것인지 많은 사람들이 의아해할 정도였다. 다티니는 곧 모든 중요한 동업조합을 대변하게 되면서 이제껏 해왔던 장사와는 비교도 되지 않을 만큼 더욱 더 세계적으로 뻗어나가 많은 이익을 얻었다. 바로 흑해에서부터 발칸지방을 넘어 이베리아 반도까지, 북아프리카에서부터 지중해의 스페인

령에 있는 발레아렌Balearen을 지나 브뤼게Brügge와 런던까지 뻗어나갔던 것이다. 무기와 신성한 예술작품들도 계속 팔았지만 새로 거래를 시작한 공급품에는 양념, 밀, 납, 색소 그리고 노예거래까지도 추가됐다. 이제 곧 60세가 되는 다티니는 피렌체에서의 사업도 아비뇽에서와 같은 성공의 법칙을 따랐다. 그것은 바로 양심의 가책을 느끼지 않고 거리낌없이 거래를 하면서도 조심하고 주의하는 것. 참으로 보기 드문 그러한 결합이 바로 그의 법칙이었다. 가장 높은 이익을 가져다준 것은 남녀 구분 없는 노예장사였다. 다티니는 그들을 주로 북아프리카에서 데려왔고, 육체적 장점과 노동력에 따라 평가하여 구분했다. 임신을 했거나 다른 이유로 〈손상됐다〉고 판단되어 값어치가 떨어지는 이들은 절대로 사지 않았다. 다티니에게 영업상의 관심사는 단지 그의 물건들이 손상되지 않고 잘 도착해 자신에게 이익이 되게 파는 것이었다. 그 이상은 아무 관심이 없었다.

그동안 다티니 개인의 삶은 결혼을 하여 근본적으로 달라졌다. 다티니의 공증인이자 평생을 함께해온 친구로 그가 절제를 할 수 있도록 옆에서 항상 충고를 해주던 라포 마쩨이가 오래 전부터 결혼을 권했던 것이다. 그는 다티니가 점점 나이 들어가자 더욱 절실하게 충고했다. 이제는 제발 결혼을 해라, 너의 사업을 이어나갈 아이를 빨리 낳아서 너는 이제 좀 쉬도록 해라! 마쩨이가 이런 충고를 한 것은 자신의 경험 때문이었다. 그는 14명의 아이를 낳았고 그 중 벌써 다섯 명은 나이가 찼다. 그들은 마쩨이의 자그맣고 욕심없는 세상의 중심이었다. 그는 다티니의 재산에 아무런 흥미도 없었고 오히려 세계적으로 뻗어나간 친구의 사업을 놀라움, 경탄 그리고 혐오가 뒤섞인 눈으로 바라볼 뿐이었다. 이처럼 마쩨이는 아무 욕심도 없었기에 다티니는 신뢰할 수 있었다. 그의 조용한 위엄은 남에게 아무것도 주기 싫어하는 다티니조차도 스스로 정원에서 직접 키운 채소들 같은 조그마한 선물을 하게 만들었다. 약속된 선물이 오지 않을 때 농담으로 빈정대며 말할 수 있는 사람은 마쩨이 뿐이었다. 그럴 때면 주기로 약속했던 손으로 만든 치즈 대신 모짜렐라 치즈가 가득 든 한 바리의 짐이 마쩨이의 창고로 굴러들어오기도 했다. 이것으로 보아 다티니는 선물을 할 때도 보통의 기준치를 벗어났고 지나치게 굴었다고 할 수 있다. 적지도 많지도 않은 중간선을 지키고 조용히 만족하는 것에 대한 칭송은 다티니에게는 전혀 관심이 없었다. 그가 가장 우선적으로 생각하는 것은 전혀 다른 것이었기 때문이다.

부부사이의 격론

다티니는 결혼과 관련하여 라포 마쩨이의 충고를 받아들였다. 늙어가는 그 도매상인이 선택한 자는 자신보다 25세나 어린 신부였고, 그녀는 두 가지 관점에서 투자나 다름없었다. 첫째로 그녀는 다티니에게 자신의 이름을 따르고 자신의 회사를 계속 이끌어나갈 후계자를 만들어야 했다. 다른 한편으로는 그녀는 최소한의 관리비로 유지하는 하나의 노동력으로 이용할 수 있었다. 아무도 신뢰하지 못한 다티니는 신용, 효율, 그리고 절약정신에 대한 자신의 견해를 함께 나눌 수 있는 인물이 필요했다. 그의 아내 마르게리타Margherita는 아이들의 엄마 역할을 맡고 집에서는 다티니의 대리인 역할을 하도록 정해졌다. 어떻게 보면 다른 부부들 사이에서도 아내들의 역할은 마르게리타와 거의 같다고 할 수 있다.

하지만 다티니의 이러한 투자는 부분적으로만 성공했다고 볼 수 있다. 확실히 마르게리타는 시간이 흐를수록 다티니의 마음의 문을 열어 갔고 그 결과 다티니가 줄 수 있는 범위 내에서 최대한 많은 믿음을 얻었다. 하지만 문제는 그녀가 아이를 낳지 못했다는 것이다. 그 때문에 비극이 시작됐다. 그 도매상인은 자신이 원하는 것들은 항상 이루어내는 데 익숙했기 때문이었다. 그리고 아이가 없는 것이 자신에게 문제가 있어서가 아니라고 증명할 수도 있었다. 그 증거로서 자신의 딸 지네브 라Ginevra가 있다. 그와 한 노예 사이에서 태어난 그녀는 가치로 따져보면 사실 그다지 높지 않았고 좋은 집안과의 결혼 가능성도 희박했지만 프라토에 있는 모든 이들이 지켜보는 가운데 엄연히 살고 있었던 것이다. 몇 년 동안 이어진 격렬한 부부 싸움은 늘 두 가지가 원인이었다. 첫째는 아직 얻지 못한 자손이었고 둘째는 최대한의 이익을 생각하고 가능한 한 절약하는 습관을 가져야 한다는 다티니의 원칙 때문이었다.

이런 일들도 보통의 부부사이에서 일상적으로 일어나는 모습으로 볼 수 있다. 하지만 다티니는 다른 남편들보다 더 많은 것을 요구했다. 그는 자신의 노동력이 놀고 있는 것을 참을 수 없었고 더군다나 낭비되는 것은 엄격히 막고자 했다. 그는 자원을 최대한 이용하기 위해 마르게리타에게도 읽고 쓰는 것을 배우게 했다. 집안의 안주인이 장부를 기록할 줄 모른다면 그것은 잘못된 투자라 생각했기 때문이다. 또한 다티니는 기장법(簿記)에 대해서라면 그 시대의 어느 누구보다 잘 알고 있었다. 그것은 회사에 두 배나 더 많은 성과를 가져다줄 뿐 아니라 모든 거래내역을 한 눈에 볼 수 있고 성공적인 경영의 효력을 지녔던 것이다. 그래서 그의 회사에서는 이유 없이 새어나가는 돈이 하나도 없었다. 그가 지금까지 받은 편지들 또한 아무리 사적인 것이라도 답장을 보냈는지 아닌지 표시가 돼 있었다. 글을 읽고 쓸 줄 아는 마르게리타 덕분에 능력 있고 그만큼 비싼 인력을 절약할 수 있었다. 하지만 이러한 계산은 그녀가 회사의 이익을 위해 자신의 새로운 능력을 사용한다는 전제 하에서만 유효했다.

하지만 다티니가 예상하지 못했던 한 가지는 바로 교육으로 인해 이제 마르게리타가 권리주장뿐 아니라 그 외에도 많은 골칫거리를 만들어낸다는 것이었다. 마르게리타 다티니는 이제 집안의 친구인 라포 마쩨이에게도 편지를 쓸 수 있었고 무엇보다도 둘의 이해관계가 커져갔다. 도대체 무슨 편지를 쓴단 말인가! 그 주인은 이를 수다스럽고 불필요한 것으로 생각했고, 더욱이 자원과 시간을 낭비한다고 여겼다. 하지만 그는 어린 신부가 자신에게 맞서 대드는 걸 어떻게 할 수 없었다. 가끔은 전혀 어이가 없을 정도로. 그녀 또한 강철 같은 의지를 가지고 있어 그 위대한 상인에 대항하여 자신의 생각을 굽히려 하지 않았다. 같이 살기 시작한 지 몇 해가 지나는 동안 그녀의 분노는 너무나 격렬히 타올랐고 이제는 이혼 협박까지 하기 시작했다. 그녀는 음식점의 하녀처럼 살아야 할 바에는 수녀원에 가는 것이 더 낫다고 주장했다. 이것은 분명히 위협적인 공격이었다. 그녀의 남편에게는 아주 진지하게 받아들여야 할 문제였다. 정말 이혼을 한다면 그가 이제껏 투자해온 그 많은 교육과 그 많은 노하우는 모두 낭비가 돼버리기 때문이었다. 다티니는 마르게리타와 같은 조건의 노동력을 절대로 다시 찾을 수 없다는 걸 알았다.

그들은 결국 경영은 계속 같이 하되 따로 떨어져 살기로 합의를 봤다. 자손이 더 이상 생기지 않을 것이 확실해진 후 부부 관계가 깨지는 것을 막을 수 있는 최선의 방식은 그 한 가지뿐이었다. 결혼 후에 프라토 시내에 지은 멋진 집에서는 마르게리타가 살기로 하고, 프란체스코 다티니는 피렌체에 있는 사무실에서 지내기로 했다. 쉬지 않고 항상 일만 하는 다티니에게는 사실 이렇게 떨어져 사는 것이 사업 면에서는 더 좋았다. 하지만 한편으로는 끊임없이 정신적으로 고통을 받는 일이기도 했다. 왜냐하면 이제 그는 자신의 값비싼 소유물들이 어떻게 되어가고 있는지 더 이상 직접 관리할 수 없었기 때문이다. 자신이 없는 사이에 얼마나 많은 낭비가 있을지 모르는 일이었다. 포도들은 썩어 들어가기 십상이고, 과실주는 너무 많이 발효되어 언제든지 버릴 수도 있으며 계란들은 알다시피 쉽게 깨어질 위험이 있었다. 모두 다 그러한 끔찍한 상상뿐이었다.

그 상황을 개선할 수 있는 방법이 전혀 없는 것은 아니었다. 마르게리타에게 글을 읽을 수 있게 가르쳐 놓지 않았던가! 그녀는 최소한 부재중인 주인의 지시를 글로 된 형식으로나마 받아들이고 따라야 했다. 거의 매일 피렌체에서 프라토로 편지가 오고 갔다. 그 글들은 모두 이런 식이었다. 이런 것도 했는가, 이렇게 하진 않겠지, 이건 잊지 않았겠지, 이런 것을 주의해라, 이런 것을 위해 미리 준비해두어라! 프라토에서 피렌체로 가는 답장은 항상 이랬다. 당연히 이런 것은 다 했지, 이건 벌써 다 생각하고 있었다, 이런 것은 최상의 상태로 해두었다, 이런 것에는 이제 제발 좀 나를 믿어달라!

매일같이 계속되는 감시와 복종을 둘러싼 싸움은 결국 무승부로 끝이 났다. 다티니는 계속해서 그런 식으로 통제를 했다. 어쨌든 그는 자기의 창고가 잘 잠겨 있고 재고로 있는 밀들은 통풍이 잘 되고 있으며 와인 또한 잘 보살펴 진다는 확신 속에서만 잠을 청할 수 있었다. 하지만 마르게리타 또한 그녀만의 자유를 만끽하고 자기의 품위를 지키기 위한 생활을 계속하고 싶어 했다. 그래서 그녀는 다티니의 집을 지키는 보호자로서 점점 더 남편에게 없어서는 안 될 존재로 자신을 만들어나갔다. 다른 한편으로는 그의 말을 들어줄 수 있는 자신의 한계가 어디까지인지를 항상 깨우쳐주고, 자신의 독립성을 규칙적으로 보여주는 것 또한 잊지 않았다.

어쨌든 그녀는 귀족 출신이었기에 사교생활이 필요했다. 그녀의 가족은 어떠한 법적 명의를 가지든 상관없이 어느 정도의 기품을 요구했고 고귀한 품격을 지니기 원했다. 그리하여 마르게리타는 자연스럽게 우아함과 고상한 생활 방식을 가지게 됐다. 이 싸움에서 그녀는 술집주인의 아들이었던 다티니를 큰 차이로 이길 수 있었고 그의 약점까지 찌른 것이다. 왜냐하면 큰 재산을 가진 남자는 아무리 불만스럽더라도 자신이 살고 싶은 대로 그냥 살 수는 없었고 다른 사람들의 기대에 맞춰야 했다. 수전노에게는 끔찍스러운 일이었지만 그들은 자신의 부를 세상에 알려야 했고 자신의 재산을 다른 이들과 나눠 갖는 것이 마땅했다. 즉 성대한 잔치를 열어 사람들을 초대하고, 기부금, 옷, 아름다운 것들을 다른 이들과 나눠야 했다.

하지만 다티니가 좋아했던 생활방식은 완전히 달랐다. 자신의 지위에 맞게 살림을 꾸려나가는 것을 이를 갈며 마지못해 따르기보다는 혼자서 노예보다 더 나쁜 환경에서 사는 것을 선택했던 것이다. "나는 지금 겨우 빵 한 조각만 먹고 이틀 동안 밤낮으로 쉬지 않고 꼬박 편지를 쓰고 있다." 이러한 진술은 성공한 사업가의 거만한 자기과시가 아니라 다티니가 원했던 삶의 조건을 솔직하게 보여준다. 살아생전에 그는 하루 4시간 이상 잠을 잔 적이 절대로 없었다. 그의 근본적인 생활방식에 속하는 것의 하나는 그가 받은 사업 관련 편지 중 아주 소수에 불과했던 나쁜 소식들은 재빨리 널리 알리는 것이었다. 사실상 사업하는데 별다른 지장도 주지 않는 거래였더라도 실패했을 경우에는 그의 사원들이 온 도시를 휘젓고 다니며 프란체스코가 정말로 파멸 직전까지 왔다고 널리 알렸다. 이렇게까지 한 이유는 바로 훗날에 탈세를 합리화하기 위한 한 방편이었다. 사업을 하다보면 불가피한 적자가 생기게 마련이지만 다티니에게는 그다지 중요한 것이 아니더라도 신경이 쓰이는 일이었다. 그래서 조그마한 적자라도 생기면 그는 더욱 더 열심히 일을 하곤 했다.

하지만 왜 그럴까? 도대체 누가, 아니면 무엇이 그를 그러한 감옥에 가둔 것일까? 그를 그렇게 억누르는 것 중 하나는 바로 사물의 가치에 대한 너무나 뛰어난 지식이었고 둘째는 거기서 나오는 탐욕, 정말 아무것도 다른 사람에게 나눠주지 않으려는 인색함 때문이었다. 다티니는 즐길 수 있는 능력을 완전히 상실했다. 그 뿐만이 아니었다. 자신이 조그마한 기쁨이라도 느끼게 되는 뭔가를 했다고 생각될 때마다 스스로에게 너무나 냉정한 벌을 주었다. 예를 들어 그가 예전에 자기 집을 짓는 데 몇 년이나 너무 신경을 쓴 것, 즉 '편한 생활'에 대해 속죄해야 한다고 너무나 굳게 믿고 있었다. 사실 그 일 또한 매일 사무실에서 최소한 18시간이나 일을 한 뒤 자신의 '여가 시간'에 한 일인데도 불구하고 말이다. 이제 그는 65세였고 충실한 친구였던 라포 경은 예전보다 더 완강하게 다티니가 일을 줄이도록 말렸다.

'쾌락을 즐기지 말라!'는 것은 누구에게나 신성한 의미로 다가오는 말이지만 다티니에게는 그렇지 않았다. 그의 경우에는 쾌락이 불안을 초래했던 것이다. 그 불안은 더 나아가 공포의 형태로 나타났고 방탕한 생활은 결국 빈곤이라는 결과를 가져온다고 생각하게 만들었다. 하지만 왜 그렇게 자신을 학대해야 했을까? 살아있는 계산기라고도 볼 수 있었던 만큼 다티니는 생활의 쾌적함을 위해 몇 푼의 돈을 더 쓴다고 해서 자신의 재산이 줄어들지 않는다는 것도 너무 잘 알고 있었다. 왜냐하면 그가 죽기 직전에 가지고 있었던 재산은 현금만 해도 자신의 집의 가치보다 70배는 더 갖고 있었다. 자신을 질투하는 자와 운명이 자신을 시기할 것이라는 공포감 외에도 자신이 큰 성공을 누릴 자격이 없다는 불안함이 있었던 것일까? 자신의 상승을 혼자서 감당해내려고 고민한 것일까? 이 질문은 미해결인 채 남아있다. 영혼을 분석하기 위해 14세기의 사람을 해부대 위에 누일 순 없기 때문이다.

다행히도 다티니는 자신의 속마음을 자주 밖으로 내보이는 인물이었기에 그의 특성을 어느 정도 추측할 수 있다. 프라토의 살림집은 늘 완벽하게 정리되어 있었고 가끔 사소한 것 하나라도 흐트러져 있을 때 그는 한바탕 소란을 피웠다. 대부분은 너무 하찮은 것이어서 다른 이들의 눈에는 절대 보이지 않고 주인만이 알아차릴 수 있는 것들이었다. 그럼에도 불구하고 평온한 일상생활에 느닷없이 지옥의 문이 열리곤 했다. 예를 들면 베개 커버를 찾지 못하는 경우다. 프란체스코는 하늘에 맹세코 그 베개 커버가 프라토에 있다고 우기는 동안 마르게리타는 반대로 그가 피렌체로 가져갔다고 주장했다. 두 집안을 모두 쥐 잡듯이 뒤지느라 뒤죽박죽이 됐지만 분명히 오래 전에 너덜너덜해진 그 천 조각은 더 이상 찾지 못했다. 그 때문에 그 부유한 남자는 무척 기분이 나빴다. 그 물건의 손실은 순서에 맞지 않았고 그 세계는 균형을 잃어버렸다. 당연히 이렇게 작은 직물류 하나까지 포함해 모든 것을 기록해놓은 재산 목록 또한 다시 고쳐야 했다.

이제는 자신이 스스로 만든 물건들이 낭비됐을지도 모른다는 희미한 의심까지도 그를 본격적인 광란으로 몰아넣었다. 왜냐면 그것들에도 결국은 현금과 같은 가치가 있었기 때문이다. 그래서 그는 프라토의 집 뒤에 있는 정원에서 콩, 양파, 부추, 상치 그리고 향료들을 재배해 피렌체로 보내게 했다. 또한 중심지에 있는 빵집들이 터무니없이 비싸다고 여겨 집에서 직접 빵을 만들어 프라토에서 피렌체로 보내게 했다. 당연히 마르게리타도 더욱 정제된 식품들을 스스로 생산했다. 돼지와 송아지의 어육을 도자기로 만든 그릇에 직접 손으로 차곡차곡 쌓았다.

운반 중에 하나라도 깨어진다면 무슨 일이 일어날지 모르니 말이다. 정말로 걱정되는 것은 바로 식초를 만드는 일이었다. 다티니는 그 준비 과정에 너무나 신경이 쓰여 몇 날 며칠 잠을 이루지 못했다. 식초가 밋밋해지지 않게 마르게리타가 시간을 맞춰 물에서 분리시켰는지가 걱정이었던 것이다. 게다가 물! 마르게리타는 비가 억수같이 쏟아지는 날에 물이 창고로 흘러두게 내버려두었던 적이 있었고 그래서 그 물을 힘겹게 ―돈을 들어서― 다시 말려야 했다. 이웃집에서 모래를 조금 가져와 문틈만 막았더라도 그런 일은 없었을 것이다. 다티니가 집에 머무를 때면 항상 해왔던 것처럼 말이다.

이런 생활이 5년이나 계속됐고 그 뒤에 다티니는 다시 프라토로 돌아갔다. 하지만 이제 그곳에서도 그는 마음대로 사업을 할 수가 없었다. 다티니는 국제적인 사업가로서 최소한의 사교생활과 접대를 하도록 강요당했고 그렇지 않으면 그의 사업이 손해를 볼 수도 있었다. 그의 부인, 친구뿐만 아니라 스스로도 그렇게 해야 하는 것을 알았다. 이러한 강요로 인해 우선 달라진 것은 그의 식탁이었다. 다티니는 꿩의 종류인 자고새나 경우에 따라 뿔닭을 좋아했다. 이러한 음식은 그에게 사치의 상징이나 다름없었고 당연히 이런 파렴치한 미식에 대해 양심의 가책을 느끼면서도 즐겨먹었다. 또한 프랑스 왕족에 속하는 루이 당주Louis d'Anjou와 같은 상류층 사람들이 그의 집에 머물게 되는 날에는 유럽과 아시아의 온갖 맛난 음식들이 식탁에 올라왔다. 수전노와 다름없는 다티니에게 사치스러운 음식에 드는 지출이 부담스럽지 않았다면 거짓말이지만 다른 지출에 비해 쉽게 지갑이 열렸던 것 같다. 최소한

뭔가 얻는 것이 있기 때문이었다.

그렇지만 그저 좋기만 한 것은 아니었다. 프란체스코 다티니와 마르게리타는 나중에 나타날 결과를 고려하지 않고 폭식을 했다. 마쩨이가 분노하며 언급한 바에 의하면, 이런 폭식 탓에 위와 장에 문제가 생기면 마르게리타는 제일 싼 의사에게 진찰을 받게 될 것이 분명했다. 그리고 다티니는 이 문제를 쾌락의 충동을 따라간 데 대한 벌이라고 말했을 것이다. 다티니와 노예 사이에서 태어난 딸 지네브라가 피렌체의 괜찮은 집안에 시집을 갔을 때 그는 최고 요리사를 고용하기까지 했다. 그에게 이것은 바로 베풂의 최고 경지라 할 수 있었다. 이 날은 가장 좋은 것들만 누리겠다는 것을 하루의 표어로 삼은 듯했다. 다티니는 이 결혼식에 많은 사람들을 초대하여 자신의 편으로 만들고자 했고 그래서 그는 친해지려고 했던 추기경도 초대했다. 하지만 그 추기경은 돈과 화려한 음식으로는 노예의 피를 가진 지네브라에게 없는 귀족의 고귀함을 살 수 없다며 거절했다. 어쨌든 그녀의 결혼식을 위해 마련된 화려한 접대를 보며 지네브라가 이전에도 공주처럼 살았을 것이라고 생각하면 오산이다. 그녀의 아버지는 고해 신부들만이 권하는 엄격한 교육방식에 찬성하는 자였다. 그는 자신의 아이를 아무것도 없는 맨바닥에서 잠자게 했고 가능한 한 일찍 일어나 도움되는 일을 하도록 시켰다.

다티니와 같은 위치에 있는 자가 가진 피할 수 없는 의무 중 또 하나는 기부를 하는 것이었다. 하지만 그에게 자선은 성가신 강요로만 느껴졌기에 자신만의 방식으로 무산시키려고 애썼다. 그것은 바로 통제를 하는 것이었다. 예를 들어 가난한 이들을 위해 자선금을 모으러 다니는 탁발 수도사가 문을 두드린다. 하지만 그가 아무리 성자 같은 품행으로 평판이 났다 해도 다티니는 얼마 되지 않는 소액이라도 기부하기 전에 우선 그가 사기꾼이 아닌지 조사부터 하게 했다. 게다가 다티니는 머리를 써서 자선금 기부를 한 관리에게 관할하도록 맡겼는데 그는 감히 거부하지 못했다. 그래서 기부에 관한 부분에서는 큰돈이 들지 않았던 것이다.

그럼에도 불구하고 다티니에게 보이는 것은 온통 무리한 요구들뿐이었다. 세상은 너무나 무책임하게 낭비를 계속하도록 부추기는 것 같았고 그래서 그는 더욱 더 신중하게 행동했다. 그에게는 천 굴덴이나 되는 엄청난 가치를 가진 집만 해도 이미 넘지 말아야할 선을 넘었다는 증거물이었다. 다티니는 자신의 집을 짓는 일을 즐기기는커녕 돈을 많이 쓰는 것에 대해 스스로를 질책했다. 그 건물은 거기에 든 비용 때문에 건물주인의 미움만 사게 됐다. 결국 다티니의 불평을 들어야 했던 이들은 그에게서 직접 돈을 받고 집의 설비와 장식을 맡았던 수공업자들이었다. 한 페인트공의 말을 들어보면 다티니가 조금만 참을 만한 인물이었더라도 자신은 일을 끝내기 위해 모든 노력을 기울였을 것이라고 했다. 그 페인트 공은 반 년 동안이나 벽장식에 매달려 노력했지만 결국 포기하고 말았다. 그 이유는 바로 그가 제시한 터무니없는 금액 때문에 불화가 일어나리란 것을 금방 알아차렸기 때문이었다. 다티니의 이상한 행동 중 하나는 종종 느닷없이 분노를 터뜨려댔고, 또 다른 한 가지는 근무시간을 자정까지로 정해놓은 것이었다. 그 외에도 일꾼들은 세상이 다티니 자신에게 얼마나 심한 부당행위를 가했는지에 대해 갖가지 장황한 소리를 늘어놓는 것을 듣고 있어야 했다. 그 부당행위란 결국 다티니에게는 비용과 동일한 뜻으로 쓰이는 말이었는데, 세상이 그가 쉬지 않고 일을 하여 얻은 검소한 재산을 비열하게 빼앗아가려고 작정했다는 말을 반복했다.

세상의 그러한 악의를 저지하기 위해 다티니가 선택한 방법은 바로 단 한 푼의 돈도 지불하지 않는 것이었다. 그래서 다티니의 단골수공업자인 슈타인메츠 고로Steinmetz Goro는 꼬박 24년 동안 동전 한 푼 받지 못했다. 그는 오랜 시간이 지난 후에야 겨우 용기를 내어 최대한 겸손하게 계산을 청구했다. 하지만 다티니는 어안이 벙벙해져 놀랄 뿐만 아니라 완전히 격분하기에 이르렀다. 그는 고로를 항상 품위 있고 좋은 사람이라고 생각했는데 어떻게 사람을 이렇게 속일 수가 있느냐면서 소란을 피웠다. 결국 그 수전노는 이를 갈며 280굴덴을 지불했다. 사실 그 액수는 동양에서 온 향료를 단 한번만 배달해도 그보다 두세 배나 많이 얻을 수 있는 것이었다. 그럼에도 불구하고 다티니는 고로에게 나간 지출 때문에 온갖 마음의 병에 시달렸다.

하지만 고로의 경우만이 특별했던 것은 아니다. 다티니는 나머지 다른 설비공사를 하면서 '비용 증가'에 대비하여 더욱 견고하게 방어했다. 우선 그는 페인트공이 사용하는 재료들을 직접 사들였다. 페인트 중에서도 특히 금색과 파란색은 아주 비쌌기 때문에 자신이 아비뇽에서 했던 예배용 성물 거래를 이용하여 저렴하게 구입했다. 이런 식으로 그는 준비비용을 현저하게 절감시킬 수 있었다. 한편으로 그는 의사,

약사, 페인트공들의 동업조합과 싸움을 하기도 했다. 자신이 그들의 물건을 가지고 거래를 해주었건만 티끌 모아 태산이라고 어찌 그리 뻔뻔스럽게 회비를 다 내라고 할 수 있느냐는 것이 다티니의 주장이었다.

집을 장식하는 일은 처음부터 재앙을 불러일으킬 수밖에 없었다. 집주인의 평판이 나빠 유명한 장인들을 쉽게 구할 수 없는 것은 당연한 일이었다. '그래도 그렇지, 이 아그놀로 가디Agnolo Gaddi는 도대체 자기가 신이라도 된다고 생각하는가? 자신이 지오토Giotto라도 된다고 생각했던가? 아무리 지오토라고 해도 그보다는 싼 가격을 불렀을 것은 하느님도 다 아시겠다!' 이런 생각을 하고 있었던 다티니는 아그놀로 가디의 경우에도 보수가 얼마가 되었든 아예 주지 않으려 했다. 붓이나 놀리는 그 자가 자기 집에서 공짜로 먹고 자고 하면서 보수까지 달라고 하는 것이 다티니로 하여금 분노를 일으키게 한 것이다. 도대체 세상은 자신에게 왜 이렇게 배은망덕하단 말인가!

하지만 가디는 고로와는 달리 이런 대우를 가만히 참고 있지만은 않았다. 이러한 쟁의사건을 다룰 법률 조항과 소송절차가 마련되어 있었기에 그는 바로 동업조합의 재판소로 향했다. 분노가 폭발한 다티니는 동업조합에 속하지 않고 독립적으로 일하는 전문가를 집으로 데려와서 가디가 한 일이 얼마 정도의 가치가 되는지 알아내게 했다. 결국 가디가 한 일은 까다로운 편에 속하는 것이라 무려 60굴덴의 보수를 줘야한다는 판단이 나왔다. 이 무슨 터무니없는 요구란 말인가! 그리하여 라포 마쩨이만 불쌍하게 됐다. 그 모든 사건에 무척이나 창피했지만 분위기를 진정시키기 위해 사이에 끼어들어 합의를 해야 했다. 그가 할 일은 가격을 낮추자고 흥정을 하는 것이었지만 8퍼센트 이상의 할인은 얻어낼 수 없었다. 결국 다티니는 55굴덴이라는 돈을 지불해야 했고 치밀어 오르는 화를 감당할 수 없었다. 마쩨이는 "이 괴로운 싸움에 소비된 노력과 수고를 자신의 영혼을 위해 썼더라면 그는 분명 천국에 도달해 있을 것"이라고 체념한 듯 말했다.

하늘과의 거래

마쩨이의 이러한 조언은 다티니로 하여금 마지막에 위대한 생각을 하게 만들었다. 어떻게 하면 자신이 죽은 뒤에도 자신의 재산을 이용하여 수익 얻는 일을 보장할 수 있을까? 그 말은, 즉 어떻게 하면 자신의 삶을 넘어서까지 그의 재산을 운용하고 유지할 수 있을까 하는 것이었다. 해결책은 바로 재단을 설립하는 것이었다. 재단을 만들면 확실히 이익을 얻을 수 있었다. 그래서 그가 사는 내내 항상 커지기만 했던 불안을 이겨내는 방편으로 이제야 그 많은 돈들이 단 한 번이라도 한 몫을 할 수 있게 됐다. 이 재단에는 사람들이 세상을 떠나기 전에 재산을 기부함으로써 다른 물건을 구매하듯이 이 세상에서 제공되지 않는 천복을 살 수 있었다. 다른 모든 물건들처럼 이 천복에도 가격이 있는데, 그 가격은 실로 어마어마했다. 하지만 그 위대한 상인은 거래의 천재가 아니었던가. 그에게 거래는 어려운 일이 아니었다. 다티니는 그의 엄청난 재산이 이같은 보상을 받을 만한 가치가 있는 것이 당연하다고 생각했다.

가족과 친지들에게 남겨질 유산을 제외한 자신의 자산을 고스란히 프라토에 있는 가난한 이들을 위해 쓰일 자신의 재단에 기부하는 것은 마지막으로 투자할 만한 가치가 높다고 판단됐다. 또한 다티니는 성 프란체스코의 교회에 묻히기를 원했다. 그 이유는 그 교회에 이미 기부를 많이 했기에 거의 자신의 정신적인 소유물이라 여겼기 때문이다. 비용을 줄이려고 자신의 무덤판으로 쓰일 대리석을 손수 구입한 것은 이제 자연히 이해가 된다. 그 외에 다른 준비도 그는 자신의 방식대로 해나가기 시작했다. 다티니는 자신의 딸 지네브라에게 부동산으로 1,000굴덴의 유산을 남겼다. 얼핏 보기에는 정말 관대하게 느껴질 만했다. 하지만 그 돈은 사실 단지 일정한 기간 동안만 사용할 수 있는 것이었다. 그녀가 세상을 떠난 후에는 그 재산들도 다시 재단에 기부돼야 했다. 어찌됐든 반의 반세기 동안 그의 믿음직한 동반자였던 마르게리타에게는 조그마한 부동산 외에 자신이 가진 재산의 고작 십 분의 일만을 남겨주었다.

이렇게 보잘 것 없는 유산이라도 남긴 이유는 따로 있었다. 과부가 된 마르게리타는 다티니의 영혼이 구원을 받을 수 있게 항상 기도해야만 했다. 이 천재 사업가는 자신의 재산뿐 아니라 다른 이들의 재산까지도 자신의 마지막 의도대로 이용할 수 있는 능력이 있었다. 그가 압력을 행사하여 회사의 조합원들과 고용인들도 사후에는 그들의 재산을 다티니의 재단에 기부하기로 했다. 이처럼 결국에는 모든 것이 한데 묶여 그의 손 안에 들어왔다. 1410년 8월 11일에 프란체스코 디 마르코 다티니는 죽음을 받아들여야 했지만 사실 완전히 세상을 떠났다 할 수는 없었다. 죽음이란 그 얼마나 불공평한 것이었던가!

다른 이들에게 쉴 새 없이 충고만 하면서 살아온 다티니와 같은 자는 자신에게 내려진 비판적인 평가를 묵묵히 받아들여야 마땅했다. 충실한 친구였던 마쩨이의 이야기로 보면 다티니라는 인물에는 두 가지 모순되는 면이 지적된다. 우선 다티니하면 떠오르는 단어로 바로 통치권을 들 수 있다. 그 상인은 거래의 기회와 위험부담을 냉정하게 계산하면서 철저히 이성적으로 행동했다. 그 덕분에 그는 상품의 흐름이 온 세계를 휘저으며 돌아다닐 수 있게 하는 통치권을 가졌던 것이다. 하지만 그에 모순되는 다른 특징은 아무것도 아닌 것을 가지고 격앙되어 고함을 질렀던 집안의 폭군 모습으로 나타난다. 항상 전쟁이 들끓고 온통 파괴만 일어나던 사악한 세상 속에서 60년이란 세월 동안 올바른 방법으로 사업을 해왔던 그의 모습과 끝없이 원망만 해대는 불평가의 모습, 이 두 가지가 어떻게 어울릴 수 있단 말인가?

그 둘을 이어주는 이음줄은 바로 탐욕이었다. 탐욕은 다티니가 돈을 건설적인 차원으로 끌어 올릴 수 있는 길을 가로막았다. 자신의 돈을 목표에 맞게, 사회적·정치적 자산으로 사용함으로써 피렌체의 상류층 사람들을 자기편으로 만들었던 코시모 데 메디치는 확실히 다티니와 비교될 수 없다. 메디치 가문은 이미 여러 세대에 걸쳐 피렌체에서 정치적으로 영향력이 강한 계층에 속해 있었다. 이러한 과두정치는 프라토에서 온 술집주인의 아들을 자신의 도시에 지도층으로 절대 받아들이지 않았을 것이다. 그래도 다티니는 마음만 먹었으면 자신의 막대한 재산으로 최소한 높은 정신적 가치는 살 수 있었을 것이다. 유용한 친분을 바탕으로 단단한 인맥을 가지고 있었더라면 세금이나 다른 종류의 강요로부터 자신을 보호할 수도 있었다. 이러한 인맥을 소홀히 하여 갖추지 못했기에 다티니는 그 많은 재산을 가지고 있었어도 힘이 없었다. 하다못해 권력자의 보호를 즐길 수 있었던 작은 상점의 다른 주인들보다도 더욱 더 쉽게 공격을 받았던 것이다. 이는 모든 거래에 적용되는 엄격한 기본원리에 근거를 두고 있다. 내가 당신에게 줄 테니 당신도 나에게 달라. 하지만 다티니는 무언가를 줄 수 있는 준비가 되어있지 않았다. 자신의 재단을 세운 것이 아무리 관대한 일이라 해도 유산조차 남겨주려 하지 않았던 사람이 그였다.

프라토 사람들은 그에게 크게 감사하는 마음을 가졌지만 모두가 그렇게 생각하진 않았다. 시 의회는 고인이 된 그를 위해 공식적인 장례식을 치러야 할지 투표를 했고 그에 반대하는 이들도 나타났다. 그들의 주장은 바로 프라토가 다티니 덕에 잘 살 수 있었던 것보다 그가 프라토에 의해 잘 살 수 있었음이 더 컸다는 것이었다. 하지만 이런 생각을 가진 사람들은 소수에 불과했다. 결국 인상 깊은 장례식이 치러졌고 또한 많은 비용이 들어갔다. 상복만 해도 790굴덴이 들었다. 그것은 시에서 지불을 했는데 고인이 알았다면 정말 흡족해했을 것이다. 반대로 자신의 집 바깥벽에 그려진 프레스코 벽화를 위해 2,789굴덴이 넘는 돈이 지출된 것에 대해서는 눈살을 찌푸리며 못마땅해했을 것이다. 프라토인들은 불안에서 해방되지 못했던 고인을 그림으로 새겨 넣고, 영혼을 불러내 주문을 외우면서 불안을 내쫓아주려고 했던 것일까? 그림 속의 다티니는 신앙심 깊은 그리스도 인으로서 또한 신성한 후원자로서 나타났다. 그렇지만 그의 얼굴은 화강암으로 조각된 것처럼 보였다.

그렇다고 해서 다티니의 이름이 지금까지 절대 재산이 마르지 않는 재단에 의해서만 계속 기억된 것은 아니다. 프라토에 있는 역사연구기관인 프란체스코 다티니 역사경제국제연구소Istituto internazionale di storia economica Francesco Datini가 역시 그의 이름을 보존해오고 있다. 그곳에서는 세계 각국에서 온 학자 손님들에게 숙박을 제공하고 음식대접을 하며 돈을 지불했다. 사실 이렇게 베푸는 것은 유언자의 방식은 아니었다. 하지만 이 기관이 경제 역사를 연구하기 위해 프란체스코 디 마르코 다티니와 같이 천재적이었던 상인들이 어떤 방식으로 이익을 창출해냈는지를 연구하는 것은 다티니도 분명히 허락했을 것이다.

CHAPTER
03

"왕의 이야기"

프랑스의 왕 루이 12세Louis XII와 밀라노의 상실

가련한 왕자

프랑스의 왕 루이 12세는 세상에서 무엇보다 꼭 갖고 싶은 두 가지가 있었다. 그것은 바로 자신의 뒤를 이을 아들과 밀라노 제국이었다. 하지만 1515년 새해에 죽음을 앞둔 그의 곁에는 세 번의 결혼으로 얻은 두 딸만이 임종을 지켜보고 있었다. 밀라노는 스위스의 소유로 넘어가 버렸다. 이 모든 것은 바로 왕 자신의 인색함 때문이었다.

왕의 인색함은 시간이 지나고 나이가 들면서 생기는 것이 아니다. 어릴 적부터 탐욕에 빠져들 수도 있다. 하지만 인색함은 왕의 지위에 있는 사람에게는 어울리지 않는다. 르네상스 시대 위대한 군주들은 늘 관대하게 베푸는 것을 마다하지 않았다. 치사한 고리대금업자는 더러운 돈에 달라붙어 살지만, 귀족들은 더 높은 가치를 추구하며 살았다. 다급한 상황이 오면 조국을 위해 피를 흘리며 목숨을 바치기도 했고, 또 이런 고귀한 정신의 소유자들이었기 때문에 세금도 면제받았다. 그들에게 돈이란 중요하지 않았다. 오히려 치사한 장사꾼들이나 좋아할 만한 비천한 수단으로밖에 여기지 않았다. 그러니 왕이라면 높은 가치 기준에 맞춰 사는 것이 마땅했다. 그야말로 더욱 더 열심히 자신에게 부여된 관용을 베풀어야 한다. 또 한편으로는 미덕과 재능에 높은 가치를 두고 예술과 학문에도 아낌없이 투자해야 한다. 그렇다고 해서 신하와 백성들의 돈을 지나치게 거둬들여서도 안 된다. 그렇게 하지 않아서 폭군으로 낙인찍힌 경우도 많았다. 이렇듯 올바른 왕의 길은 외줄타기와 같아서 항상 추락할 위험을 갖고 있었다.

루이 12세는 왕세자가 아닌 두 번째 서열의 왕위계승자, 루이 돌레앙Louis d'Oléans이란 이름을 갖고 태어났다. 1462년 그가 세상에 태어났을 때는 일명 '왕거미'라 불리는 루이 11세가 왕위에 오른 지 1년이 지났을 무렵이었다. 루이 11세가 여덟 개의 다리를 가진 거미라 불린 이유는 프랑스와 유럽 곳곳에 거미줄 같이 그의 세력을 펼치고 있었던 데다가, 그가 쳐놓은 줄에 한번 걸린 사람들은 절대 빠져 나올 수 없었기 때문이었다. 그리하여 1477년 1월 루이 11세는 자신의 가장 위험한 적수였던 부르고뉴Burgund의 샤를까지 쓰러뜨렸다. 용감무쌍한 샤를이라 불렸던 그 적수는 스위스 용병들과 벌인 당시 전쟁에서 크게 패해 결국 전사했다.

샤를을 위해 싸웠던 병사들은 전쟁터에서 죽지 못한 것이 한스러울 정도로 그들의 육체와 영혼이 부스러질 때까지 수 년 동안 감옥에 갇혀 갖은 고생을 하면서 살아야 했다. 전쟁에서 승리한 스위스 용병들은 바로 루이 11세가 보수를 주면서 오랫동안 그의 수하에 결속시켜왔던 자들이었다. 그 왕은 보수를 후하게 주었을 뿐만 아니라 영예로운 찬사를 아낌없이 줌으로써 자신의 용병들이 그를 떠나지 않고 충성을 다하게 했다. 그리하여 전쟁터에서 자신의 목적을 이룰 수 있었고 자기 마음대로 권력도 휘두를 수 있었다. 이러한 루이 11세와 같은 아버지 밑에서 삼엄한 경계를 받으며 살아가는 것은 정말 힘들었다. 하지만 불행하게도 루이 돌레앙은 자신의 이러한 운명을 겪어내야만 했다. 루이 11세가 왕세자를 남겨두지 않고 세상을 떠날 경우 왕위를 이을 수 있는 이가 바로 루이 돌레앙 자신이었기 때문이다. 이러한 삶은 1470년 작은 거미라 불린 왕자가 태어나기 전까지 오랫동안 계속됐다. 그 시대에는 아기가 태어나자마자 얼마 못 가 죽는 경우가 많았지만 왕자는 생존 능력이 강했다. 하지만 이 왕자는 깡마른 체구에 커다란 머리통이 얹혀 있는 듯한 형체로 도저히 왕족의 모습이라 할 수가 없었고, 그의 지능에 대해서도 말이 많았다. 그래서 사람들의 관심은 그의 여동생 잔느^{Jeanne} 쪽으로 쏠렸다. 사실 그녀도 키가 작은 데다 심한 육체적 장애까지 있었지만 그녀의 총명함, 친절함과 겸손함에 대해서는 모두들 칭찬을 아끼지 않았기 때문이다. 1950년에 교회는 잔느를 성녀로 추대하기도 했다.

이런 상황을 고려했을 때 어린 시절의 루이 돌레앙은 왕위 계승자 후보에서도 빠지게 될 지경에 있었다. 또한 그가 단지 두 번째 후보일 뿐이란 것을 항상 상기시켜주기 위해 루이 11세는 루이 돌레앙의 생활비를 일 년에 6,000파운드로 줄여버렸다. 왕자의 신분에 이 액수는 너무나 적었다. 이렇게 적은 생활비를 주는 이유는 바로 루이 돌레앙이 그 어떤 큰일도 도모할 수 없게 하려던 것으로 보인다. 제 2의 왕위 계승자라는 신분으로 그에게 주어진 의무와 권리에 비해 그는 엄청나게 가난한 생활을 참고 견뎌내야 했다. 하지만 이것으로 끝나지 않고, 비참한 운명은 끊임없이 계속됐다. 그렇잖아도 사랑을 받지 못하는 그에게 더욱 더 야속한 일들이 기다리고 있었다.

루이 11세는 루이 돌레앙과 자신의 딸 잔느가 태어나자마자 나중에 혼인을 하도록 결정해버렸다. 잔느는 자신의 육체적 장애 때문에 아이를 낳을 수도 없었고 그런 이유로 이 결혼은 더욱 확실하게 추진됐다. 루이 돌레앙은 왕조를 이어갈 가능성을 가지지 못한 왕위 계승자일 뿐이었다. '운명이 나를 대하듯 나도 너를 그렇게 대한다!' 이것이 왕거미의 신조이자 논리였다. 그가 신랑을 결혼식장으로 떠밀기 위해, 결혼을 거부한다면 나는 폭력을 사용할 수밖에 없고, 결국 너는 큰 자루에 묶여 강바닥 밑에서 너의 인생을 끝마치게 될 것이라고 협박한 것은 왕거미의 본성을 적나라하게 보여주는 증거라 하겠다. 나중에 루이는 결혼식에서 "당신을 내 아내로 맞이하겠다"는 말을 입 밖으로 내뱉은 적이 없다고 주장한다. 하지만 증인들의 이야기는 정반대이다. 더욱이 신부는 그들의 결혼이 정식으로 성립됐으며, 신랑은 계속해서 화려한 맹세를 되풀이했다고 말했다.

왕의 딸을 아내로 맞이하게 된 것은 분명 권력에 가까워졌다고 할 수 있다. 하지만 후손을 낳을 수도 없을 뿐더러 정말 하찮은 생활비밖에 받지 못하는 삶은 사기를 당한 기분을 느끼게 했다. 그래서 루이 돌레앙은 세상이 자신에게 다시 돌려주지도 못할 만큼 많은 빚을 지고 있다고 확신했다. 또한 더 이상 주지는 않으면서 받으려고만 하는 그만의 원칙이자 수전노의 길로 바로 빠져들게 됐다. 1483년 8월 30일, 왕거미가 죽은 뒤 그의 아들이 13세라는 어린 나이에 샤를 8세로 프랑스의 왕위에 올랐을 때 루이는 자신이 왕위에 오르지 못한 데 대한 불공정함을 참아낼 수가 없었다. 나쁜 이들은 샤를을 가장 크리스트적인 왕이라고 부르는 대신 왕족의 기형아라고 불렀다. 하지만 그런 조롱조차도 아무것도 얻지 못한 왕위 계승자 후보에겐 소용없었다. 그늘에 가려 힘없는 왕의 역할이라도 제대로 한 번 해볼 수 없었던 것이다. 반대로 고문으로서의 그의 영향력도 거의 없는 것이나 마찬가지였다. 그런 것들로부터 루이 돌레앙은 자신의 절름발이 행복에서 도약의 기회를 찾아보고자 했다. 그와 같이 뒤로 밀려나 소외감을 느끼는 왕자들을 부추겨, 그들의 좌절에 새로운 공기를 불어넣어 줄 합법적인 방법을 찾아냈다. 그것도 왕에 대적하는 것이 아니라, 오히려 왕에게 불충하고 이기적인 조언자들과 대적하면서 정해진 규칙 안에서 형식을 갖춘 반란을 일으키려 했다. 예전의 좋았던 법을 다시 받아들이자는 것은 그들의 이익과는 상반되는 것이었다.

억압된 권리와 명예훼손을 명분으로 내세워 감행한 이러한 봉기는 어렵지 않게 효과를 거두었다. 늘 그렇듯이 다른 불만분자들이 루이에게 하나 둘씩 모여들기 시작했고 그의 가장 중요한 동맹자가 된 브레타뉴의 공작이 합세했다. 그 또한 왕위를 이을 세손이 없이 안느^{Anne}라는 이름을 가진 딸만 하나 두었기에 왕가에 문제가 있었다. 그녀와 결혼하는 사람은 그가 죽으면 프랑스로부터 계속 독립을 유지할 수 있는 공작령을 물려받게 돼있었다. 그런데 그 행운아가 그 누구도 아닌 바로 샤를 8세였다. 왕거미가 역시 그의 평소 수법을 동원해 이 유리한 결혼을 강요했던 것이다. 이렇게 왕실 간 결혼정책의 두 희생자가, 다시 말해 그 결혼을 반대했던 신랑 자신과 또 그 신부 쪽에서 장인이 동맹을 맺게 됐다. 루이는 전쟁을 꾸몄지만 너무 짧은 시간에 계획된 것이라 결국 실패로 돌아갔다. 그러나 그에 대한 결과는 일을 벌인 왕자가 예상했던 것보다 훨씬 혹독했다. 젊은 왕에게 겸허하게 굴복했지만 삼엄한 감금은 면할 수 없었다.

다시 감옥에서 풀려나 자유를 얻은 루이 돌레앙은 그제야 실패한 반항자의 모습에서 벗어나 제대로 된 길을 찾았다. 자신의 밝은 미래를 위해 바로 왕에게 충성을 바쳐야 한다고 깨달았던 것이다. 이제 루이 돌레앙은 샤를 8세의 곁에 항상 따라다니는 호위자는 물론 곧 가장 총애받는 가까운 신뢰자가 됐다. 그래서 가족의 행복 또한 가장 가까이에서 지켜볼 수 있었지만 그러는 동안 여러 가지가 뒤섞인 복잡한 감정을 극복해내야 했을 것이다. 왜냐하면 샤를과 브레타뉴의 안느 사이에 아들이 태어나 왕위 계승자로 부각됐기 때문이다.

그 대신 루이에게는 자신의 목적을 위한 것이지만 전장에서 명예를 얻을 수 있는 기회가 왔다. 샤를 8세가 1494년 가을에 자신의 조상인 앙주Anjou로부터 받은 유산 중에 아라공Aragon가에 빼앗겼던 나폴리를 정복하기 위해 이탈리아로 떠났던 것이다. 처음엔 모든 것이 순조로웠다. 모든 것이 저절로 이뤄지는 것 같았다. 의심 많은 조언자들이 경고를 할 만큼 너무 쉽게. 샤를은 거의 전투를 하지 않고도 베주브Vesuv 근처에 있는 도시를 점령했고 승리에 대한 축제를 성대하게 치렀다. 그동안 루이는 이탈리아 국경 다른 쪽에서 전투를 벌이고 있었다. 그의 할머니인 발렌티나 비스콘티Valentina Visconti는 루이의 집안에 시집 올 때 그녀 가족의 핵심이 되는 남자의 씨가 마를 경우 밀라노 공국을 가질 수 있는 증서를 가져왔다. 그렇지만 1447년에 기독교 국가에서 가장 부유한 도시 중 하나인 밀라노의 통치권은 용병장교인 프란체스코 스포르차Francesco Sforza에게로 넘어갔다. 그의 가족은 사실 할아버지 때까지 계속 소떼만 키워온 그다지 높은 가문이 아니었으므로 루이 돌레앙은 스포르차를 원래 자신에게 속하는 것을 소유하고 있는 뻔뻔한 강탈자로 여기고 있었다. 그는 이 부정한 운명을 무력으로 바로잡을 수 있는 적절한 때가 왔다고 생각했다. 그래서 왕이 나폴리로 행진하는 동안 루이는 롬바르데를 침공했다. 하지만 그의 군대는 즉시 멈춰야만 했다. 왜냐하면 그리도 혐오하는 적의 손에 죽음을 당하기 일보 직전에 처했기 때문이다. 노바라Novara에서 포위당했으나 구사일생으로 살아나 겨우 그의 도시 아스티Asti로 도망칠 수 있었다. 그곳에서 그는 이탈리아 동맹에 의해 나폴리에서 쫓겨난 왕을 만났다. 그 둘은 알프스 산맥 어귀에서 가늠할 수 없는 행운에 대해 대화를 나누며 복수할 계획을 짰다.

하지만 지금부터는 루이 돌레앙의 편에서 보면 암울하기만 했던 운명이 갑자기 좋은 쪽으로 기울기 시작했다. 운명의 수레바퀴가 그를 단번에 높은 곳으로 끌어 올려갔다. 우선 안느와 샤를의 아들인 어린 왕자가 홍역을 앓다가 목숨을 잃었는데 운명의 변화는 그것으로 끝나지 않았다. 1498년 4월 7일에는 샤를 8세가 앙보아Ambois에 있는 성 묘지를 산책하다가 정원을 돌보는 신하들이 공놀이하는 모습을 구경하던 중 나무기둥에 머리를 부딪쳐 몇 시간 지나지 않아 사망해버렸다. 그렇게 오랫동안 운명의 비열한 장난에 놀아나야 했던 루이는 단번에 자신의 목표에 도달한 것이다. 그리하여 루이 돌레앙은 루이 12세로 등극하게 된다.

부유한 왕

이제 왕국을 손에 넣은 루이 돌레앙은 거기서 멈추지 않았다. 선왕의 미망인까지도 차지하려 했다. 나라의 정책 역시 그렇게 하는 것이 유리한 상태여서 이런 상황을 부추기고 있었다. 안느는 중요한 영토만 가지고 있었던 것이 아니라 예쁘고 영리하며 다른 여러 가지 매력도 있었다. 이제 막 등극한 왕은 오랫동안 그녀에게 끌려왔던 이유를 알 것 같았다. 특히 그녀는 타고난 관대함으로 적재적소에 돈을 쓸 줄 아는 능력이 있었다. 그것은 그가 전혀 가지지 못한 것으로 왕에게는 필수적인 능력이었다. 일곱 계명에도 들어있는 인색함 때문에 신학자들에게 좋지 않은 평판을 듣고 싶지 않았기 때문이다. 그 뿐만 아니라 당시 프랑스에서는 인문학자들을 중심으로 문화생활이 점차 널리 퍼져 나갔는데, 그들은 자신들의 학문적 능력을 인정하고, 자신들의 발전을 위해 아낌없이 베풀 수 있는 왕만이 정말 훌륭하고 정통한 왕이라는 의견을 내비쳤다. 신에게 선택받은 군주만이 참된 재능을 알아보고 그에 대해 후한 상을 내릴 수 있는 신적인 능력을 가진다는 것이다. 인문학의 이상인 자유와 화려함, 말하자면 폭넓은 문화 장려와 과감한 자기과시를 위해 특별한 노력을 기울이지 않고 언제 어디서나 아끼려고만 하는 군주는 이미지 관리에 문제가 있었다.

그런데 브레타뉴의 안느와 루이의 결혼문제를 두고 먼저 충돌하게 된 것은 바로 교회였다. 그가 자유로운 몸이 되려면 우선 잔느와의 부부관계가 무효임을 선언해야만 했다. 무효가 될 수 있는 방법은 단 하나, 부부관계가 성립된 적이 없다는 것을 증명할 수 있어야만 했다. 매우 까다롭고 복잡한 경우였지만 이 문제를 해결할 수 있는 방법이 하나 있다는 것은 정말 다행이었다. 그러나 그 유일한 해결 방법이 바로 교황에게 달려 있음이 문제였다. 당시 교회를 통치하고 있던 교황은 스페인 보르지아Borgia가의 알렉산더 6세였는데, 그는 추기경으로 재직하던 수십 년 동안 유럽 귀족들의 부부간의 문제들을 떠맡고 있었기 때문에 루이의 상황에 필요한 전문지식을 충분히 갖추고 있었다. 그 대신 자기가 해주는 일에 대해 보상을 받는 것 또한 그 누구도 따라오지 못하는 일인자라 할 수 있었다. 교황은 이 특수한 경우에 대해서도 재빨리 아주 특별한 보상을 요구했다. 그의 아들 체사르Cesare에게 상류층 집안의 신붓감을 구해줄 것과 공국을 하사해줄 것, 그리고 또 로마냐Romagna를 정복하기 위한 군대를 제공해줄 것 등이었다. 사실 부부관계를 취소할 수 있는 유일한 해결책의 보상으로 적은 것은 아니었으나, 알렉산더는 루이의 절박한 상황을 잘 파악하여 마음껏 이용하려 들었다.

하지만 루이도 만만한 상대가 아니었다. 오히려 한 수 더 위였다고 할 수 있다. 그 역시 알렉산더의 아킬레스건을 알고 있었다. 보르지아도 급한 상황이라는 것을 알았기 때문에 그는 협상을 계속 끌고만 있었다. 그럼에도 불구하고 결국은 교황이 이긴 것처럼 보였다. 그는 원하던 모든 것을 얻었고 루이 12세가 얻은 것은 혼인관계를 무효로 하는 것뿐이었다. 하지만 실제로 그들 상호간에 오고 간 속임수 작전을 여러 각도에서 비교해보면 무승부라고 할 수도 있다. 왜냐하면 왕이 교황에게 준 것은 원래 그의 소유와는 무관한 것이었기 때문이다. 체사르의 젊은 부인은 피레네에 있는 작은 왕국 나바라Navarra를 다스리는 알브레트Albret가의 사람이었고, 그에게 하사된 공국 발렌티노이스는 오래 전부터 교황과 프랑스 왕 사이에서 불화의 원인이 되고 있는 곳이었다. 또한 체사르의 지원군은 다른 사람들이 제공하게 되어 있었다. 하지만 루이에게는 이제 안느가 있었고 그녀와 함께 브레타뉴를 지배하며 거기서 나오는 수입을 가질 수 있게 되었다. 그 수입은 자그마치 매년 40만 파운드나 되었다. 그만한 액수는 왕궁 생활을 풍족하게 영위할 수 있는 돈이었다. 왕국의 상류층 귀족들을 왕궁으로 불러 모아 그들과 함께 화려한 기사들의 무술시합이나 연극공연을 관람하면서 대화를 나누는 것, 그렇게 함으로써 신하들을 왕의 통치권 아래에 머물러 있게 하는 것, 그러한 일은 이미 수십 년 전부터 이탈리아에서 유지되어 온 통치 수단이었다. 그 밖에도 그들은 그러한 왕궁을 선전무대로 발전시켜 나가기도 했다. 불후의 명작들 속에 군주의 명성을 영원히 새겨 둘 수 있게 하는 유명한 예술가들을 통해, 다른 세계에서 온 상류층 인사들, 즉 왕과 그의 가족들을 참여시키는 축제들을 통해 그들의 신하뿐 아니라 타지의 외교사절에게까지 깊은 인상을 심어줄 수 있었다.

유럽의 다른 지역에서도 많은 귀족들이 이 매력적인 모델을 앞다퉈 따라 하기 시작했다. 하지만 루이 12세에게는 절대 해당되지 않았다. 영리한 안느가 아무리 그의 지나친 인색함이 잘못됐음을 지적해주어도 소용없는 일이었다. 신하들과 대사들이 가장 큰 타격을 받을 만한 일에 대해서까지 절약해야 한다는 생각 외에는 아무것도 더 중요한 것이 없는 왕을 도대체 어떻게 생각할 것인가? 왕의 식탁에서 차리는 저녁만찬조차 아무도 식욕을 느끼지 않는 시간인 오후로 앞당겨졌다. 사람들이 많이 먹을 수 없는 시간에 만찬을 시작함으로써 음식에 들어가는 경비를 절약할 수 있으면 루이에게는 좋았다. 요리 순서도 관리비를 대폭 줄일 수 있게 다시 정했다. 메뉴는 왕족의 주식인 소고기 찜요리와 빨리 배가 불러지는 반찬 요리들이 날마다 다르게 나왔다. 그러고는 간간히 백파이프 음악이나 재미있는 단막극을 상연한다. 그러면 금방 자러 가야 할 시간이다. 물론 그 탐욕스러운 왕에게는 이렇게 짧은 저녁 시간을 가지는 이유에도 충분한 변명거리가 있었다. 아내와 둘이 오붓하게 덮개 달린 침대로 가서 왕위 계승자를 만들어야 하기 때문이라는 것이다. 하지만 그는 국민들을 위한 배려는 소홀히 하지 않았다. 가난한 이들이 새로운 세금 때문에 힘들어하지 않게 하려고 그가 많은 것을 포기해야 했다.

저소득층 국민들은 이런 소식에 너무나 기뻐했지만, 반대로 부자들과 상류층 귀족들은 왕을 점점 경멸하기에 이르렀다. 왜냐하면 이제부터 그들은 와인 세금까지도 내야 했기 때문이다. 루이는 이 조치에 대해 매우 매혹적인 논리를 갖고 있었다. 자기 자신과는 달리 맛있는 것을 먹으며 사치스럽게 사는 사람들은 그를 부유하게 해줘야 한다는 논리이다. 방종한 술꾼들의 잔이 비워질 때마다 왕실의 금고에서 금화가 흘러나가기 때문이라는 것이다. 이 외에도 왕궁의 긴축에 대한 공식적인 해명이 하나 더 있었다. 무엇보다도 밀라노를 위해서다! 밀라노를 정복하기 위해 왕실의 전쟁금고가 채워져야 한다는 것이었다. 지위가 높은 귀족들은 분노하여 머리를 설레설레 흔들며, 치사한 왕이라는 욕을 퍼뜨렸다.

이러한 귀족들의 의견을 증명해주는 사실 중 또 하나는 왕실 마구간의 직원 수가 12년 만에 반으로 줄어든 것인데, 그 이유는 배로 다니면 훨씬 돈이 적게 들기 때문이라고 했다. 그리고 왕의 여가활동 중 사냥

고상하게 차려입은 모습의 수전노는
이웃의 곤경에 눈길 한번 주지 않는다.
눈은 가려져 보이지 않고
교만한 얼굴은 옆으로 돌려져 있다.
터질 듯 가득 찬 돈주머니를 자기 품으로
더욱더 눌러 품는다. 하지만 종말이 다가오고 있다.
이미 값비싼 옷에 지옥의 불길이
활활 타오르기 시작하고 악마의 눈길은
돈주머니를 탐욕스럽게 응시하고 있다.

한스 부르크마이어스(Hans Burgkmairs, 1473~1531)의
일곱 가지 죄악에 대한 묘사 중에서, 1510년.

만 보더라도 역시 다를 바가 없었다. 루이 12세에게 마지막으로 남은
것은 겨우 6명의 사냥꾼과 50마리의 사냥개밖엔 없었는데, 이 숫자는
웬만한 시골 귀족들보다도 터무니없이 적은 것이었다. 하지만 왕 자신
은 귀족들의 생각이 부당하다고 생각했다. 그렇게 많은 대가족이 경제
적으로 몰락한 원인은 바로 그들 자신이 사냥과 말에 쏟아 부은 낭비
때문이라고 했다. 훌륭한 영주들이란 모름지기 그의 인색함이나 좋지
않은 경기를 탓하고 있을 것이 아니라, 그들의 왕과 같이 알뜰한 경제

운용을 배워야 한다고 생각했다.

하지만 명망 있는 가족들의 가장들은 완전히 생각이 달랐다. 왕의 전쟁을 위해 그들이 지출한 비용들이 가계부에 낱낱이 적혀 있었기 때문이다. 그들의 교회 묘지에는 그의 희생자들이 누워있었다. 그들의 입장에서는 귀족과 왕 사이에 거래의 균형이 왕의 인색함으로 해서 무너졌다고 생각됐다. 이것은 루이 12세도 이미 알고 있었다. 그의 계산 방식은 수전노의 방식이다. 왕이 귀족들을 필요로 하는 만큼이나 귀족들도 왕을 필요로 한다. 그렇기 때문에 자신을 위해 일하고 따르는 것을 그만두지 못한다. 이런 계산이 맞아 떨어진 것이다.

하지만 그 인색한 왕이 간과한 것이 하나 있었다. 물고기가 물을 필요로 하는 것 같이 대가족들은 군주정치체제를 필요로 한다. 그러나 인색한 자가 왕궁을 통치하는 기간이 점점 길어지면 길어질수록 사람들은 다음 왕위 계승자를 더욱 갈망하게 된다. 지금의 상황으로 볼 때, 다음 왕위 계승자는 그 인색한 왕의 아들일 수가 없다. 그런 의미에서 지금 가장 유력한 왕위 계승자의 후보는 프랑수아 당굴렘Fransois d'Angoulême이므로 그가 어떻게 되느냐에 따라 지금은 거부되고 있는 모든 것이 다음 왕실에서는 풀릴 수도 있는 것이다. 그 시간이 점점 다가오자 이제 사람들은 조르주 당보아Georges d'Amboise에게 모든 희망을 걸었다. 왕의 가장 가까운 조언자인 그는 왕에게서 이런저런 돈을 조금씩 뜯어낼 수 있는 드문 능력을 가졌다. 그러면서 당연히 그는 자신의 목적을 향해 달려가고 있었다. 그는 루이의 추천으로 추기경이 됐지만 거기서 만족하지 않았다. 그에게는 어떤 대가를 치르더라도 교황이 되는 것이 꿈이었기 때문이다.

우선 그와 귀족들은 때를 기다리며 왕이 다른 이들의 돈으로 자신의 돈궤를 채우는 것을 지켜보기로 했다. 자신처럼 똑똑하게 경제를 잘 꾸려가고 있는 가장이 왜 그리 비싼 봉급을 주면서 자신의 수입을 감시하는 자들을 많이 두어야 하는지 왕은 이해할 수 없었다. 그래서 왕실 회계감사원의 5분의 2에 해당하는 직원들은 해고를 당할 수밖에 없었다. 하지만 가장 큰 타격은 최상류층 귀족들에게 돌아갔다. 루이 12세는 자신이 지배하는 동안 궁정 신하들과 추종자들의 봉급을 6분의 5로 완전히 줄여버렸다. 당연히 이 비용절감은 국민들 사이에는 큰 선전효과를 가져왔다. 그러나 사람들은 프랑스 혁명이 일어나기 직전, 거의 300년이 지나서야 마침내 그를 훌륭한 경제의 왕이라 칭하며 루이 16세에게 그의 옛 조상처럼 그렇게 열정적으로 왕실예산을 줄이라는 충고를 하게 된다.

그러나 귀족들은 그의 통치하에서 아직 혁명을 일으키진 않았다. 그들은 자신의 기분에 따라 왕에 대해 불평을 늘어놓거나 크게 웃어댔다. 자신들의 재미를 위해 왕의 탐욕을 소재로 하는 풍자서와 희곡을 쓰도록 주문했다. 왕이 병을 앓아 누워있고 의사들은 들어가야 할지 말지 어쩔 줄 몰라 하는 내용의 코미디는 완전히 폭소를 자아내는 성공을 거두었다. 아무런 약도 소용이 없는 상황에서 돌팔이 의사가 나타나 고귀한 환자에게 액체로 된 금이 가득 든 잔을 넘겨주는데 그것이 바로 환자가 찾던 약이었던 것이다. 환자는 언제 그랬느냐는 듯이 갑자기 건강해지는데 그 금은 그의 목으로 들어가지 않고 동전으로 주조되어 그의 금궤에 보관됐다.

　하지만 이러한 조롱도 사실 왕을 불안하게 만들지는 못했다. 그들이 마음껏 웃어대도 그에게는 돈이 있었고 최후의 한사람으로 웃게 될 것이었기 때문이다. 그러면서 국민보호라는 명목으로 또 한 가지 자기에게 이익을 가져다줄 조치를 취했다. 고위 금융공무원들은 이전까지 생각도 할 수 없었을 만큼 엄격한 보고서를 제출해야 했고 자신을 위해 떼어놓았던 상당한 금액을 종종 다시 내놓아야만 했다. 국민들은 이 공개재판을 '랑드레 조르지(Rendre gorge, 돈을 토해내다)'라 부르며 만족스러워했다. 왕을 위해 돈을 받고 일하는 변호사들은 루이를 절약정신이 투철한 자, 즉 보물을 자신의 목적만을 위해 쓰는 수전노와는 반대로 가난한 사람들을 돕고, 왕국의 번영을 위한 좋은 목적에 집중적으로 이용하려고 뚜렷한 목표의식을 갖고 자금을 모으는 왕이라고 칭찬했다. 그러므로 생각이 올바른 사람은 밀라노를 얻기 위한 전쟁터에 나가 그것을 몸으로 실천해야 한다고 했다.

　롬바르디아의 중심도시를 얻기 위한 전쟁에서 프랑스 군대는 다른 어느 나라의 군대보다 훨씬 월등했고, 경제적으로 비축된 군비에서도 훨씬 우위에 있었다. 왕은 전통적인 반ban과 아리에르–반arrière-ban이란 귀족징병을 이용할 수 있었다. 무장을 하고 스스로 키워 온 자기 말에 올라타고 왕과 함께 전쟁터에 나가는 것은 오래 전부터 내려온 봉신들의 가장 고귀한 의무였다. 물론 15세기에 직업군인이 급격하게 증가했고 각종 무기들이 전쟁유형과 용병술에 맞춰 발전했다. 전쟁 참여 자체도 이제는 하나의 직업이 되었는데 이렇게 고귀한 요청은 정말 부자인 귀족들만이 따를 수 있었다. 그들은 늘 그랬듯이 위풍당당한 기병의 공격을 지휘했다. 하지만 갈수록 치명적 피해를 주는 대포에 대적하기 위해서는 전문가가 필요했다. 또한 점점 더 빨라지고 어려워지는 전술을 완수해야 하는 보병들도 거기에 맞춰 양성해야 했다. 16세기 초반에 유럽의 왕들은 특히 이러한 보병들을 외국에서 모집해야 했다. 가장 훌륭한 용병은 바로 왕거미가 자기 편에 끌어들였던 스위스 용병으로 알려져 있다. 그들은 자신들이 받는 급료를 자신의 위탁자가 존경과 영예의 표시로 주는 것이라 여겼다. 따라서 전장에서 후퇴하거나 도망가는 것은 그들의 명예에 반하는 것이었다. 나아가 아무리 상황이 좋지 못하더라도 전쟁에서 패하는 것은 가장 불명예스러운 일이었다. 이런 용병을 가진 사람은 아무런 걱정이 없겠지만, 그들을 소유할 수 있는 것은 급료를 지불할 수 있는 동안만 유효했다.

루이 12세는 이러한 용병들을 쓸 수 있는 돈이 충분히 있었다. 왜냐하면 왕국의 장래를 위해 상인들이 다시 한 번 특별조세를 납부하도록 정했기 때문이다. 이런 식으로 전쟁금고는 점차 부자 신하들의 돈으로 채워져 갔다. 그리고 1499년 4월에 왕은 2년 내내 전쟁을 치를 동안 쓸 수 있는 돈을 모았다고 베네치아의 외교사절에게 자랑스럽게 통보했다. 하지만 밀라노를 얻기 위한 전쟁은 그리 오래 걸리지 않았다. 2만 7,000명을 헤아리는 프랑스의 군대가 전진하자마자 이미 오래 전부터 충성심이 없어져 내부적으로 와해되어 있던 스포르차의 통치력은 금방 무너지고 말았던 것이다. 그리하여 1499년 9월에 왕의 간절한 두 개의 소망 중 하나는 이미 이뤄진 것처럼 보였고, 얼마 후에는 두 가지 소망이 모두 실현될 것 같았다. 왜냐하면 브레타뉴의 안느가 임신을 했으므로 사람들은 왕위 계승자가 태어날 것이라고 기대하고 있었기 때문이다. 하지만 얼마 지나지 않아 루이 12세는 두 가지 모두를 잃고 빈손으로 서 있게 된다. 밀라노가 다시 루도비코 스포르차Ludovico Sforza의 손에 들어갔고 여왕은 딸을 낳았던 것이다.

롬바르디아의 수도, 밀라노를 잃은 것은 왕 스스로의 잘못이 가장 컸다고 할 수 있다. 루이가 국가경영을 맡긴 사람은 밀라노 태생의 귀족 트리불찌오Trivulzio였는데, 그는 프랑스의 재정정책만큼이나 인기가 없었다. 국민들의 희망대로 세금을 내리기는커녕 정복당한 자는 정복자에게 전쟁에 대한 값을 치러야 한다는 왕의 원칙을 그대로 받아들여 이전보다 더 잔인하게 국고로 돈을 끌어들였던 것이다. 그래도 그 새로운 정부가 인기가 없었다는 것만으로는 그대로 계속 유지됐을 가망성이 더 높다. 하지만 루이가 5,000명의 스위스 용병들에게 급료를 지불하는 것을 정지함으로써 사태는 정말 심각해졌다. 왕은 이미 밀라노를 얻은 판국에 왜 계속해서 그 많은 돈을 지출해야 하는지 이해하지 못했다. 그래서 결국 일이 이 지경까지 오게 된 것이었다. 급료를 받지 못한 용병들은 격분하여 일어났고 즉각 반대편에 지원했다. 그들에게 존경의 마음을 끊어버린 왕에게는 더 이상 빚이 없었고 충성이란 더욱 더 있을 수 없었다. 그리하여 1500년 2월에 밀라노의 꿈은 한순간에 사라져버렸다. 왕은 분노로 날뛰며 배신한 도시를 지구상에서 없애버리겠다고 맹세했다. 하지만 그 흥분도 잠시였다. 파괴된 밀라노는 더 이상 가치가 없었기 때문이다.

왕과 동맹자 사이에 일어난 분란에도 불구하고 얼마 뒤엔 지난 번보다 두 배나 많은 스위스 용병들이 새로 기용됐다. 왕의 금고는 이미 가득 차 있었으므로 돈을 쓰는 것은 문제가 되지 않았다. 4월에 또 다시 3만 명의 용병들이 밀라노로 향했고, 운명의 수레바퀴는 다시 한 번 새로이 돌아갔다. 루도비코 스포르차 또한 스위스의 용병들을 데리고 있었지만 오랫동안 계속 자금이 부족하여 마음은 간절하지만 급료를 줄 수 없는 상황이었다. 급료를 받지 못한 용병들은 다른 편에서 싸우고 있는 자신들의 동맹자들에 맞서 싸워야 할 이유를 찾지 못했으므로 루도비코 스포르차에겐 기괴한 분장을 하고 도주하는 길 밖에는 남지 않았다. 하지만 그의 스위스 용병 중 하나가 그를 배신하여 불구대천의 원수인 루이 12세에게 고자질하는 바람에 도주마저 실패하고 말았다. 파멸한 그 군주는 8년 동안 지하 감옥에 갇혀 죽을 때까지 고생해야 했다.

루이에게는 희망이 있어 보였다. 이제 계속 진군하면 나폴리를 소유할 전망까지 보였다. 1500년 11월에 그는 세기의 명외교관으로 알려진 아라공의 페르디난트Ferdinand 왕과 교황이 축복해주는 계약을 체결했다. 이 조약으로 남이탈리아 왕국은 분할될 듯했다. 근교지역을 포함한 수도 나폴리는 프랑스에 속하게 되고 나머지 지역은 스페인으로 들어갈 것 같았다. 이것은 루이에게 분명히 유리하게 보였다. 하지만 그의 예상은 빗나갔다. 스페인 사령관인 곤잘로 페르난데스 데 코르도바가 3년 만에 우세한 프랑스 군대를 물리치고 1503년 마지막 날에 가리글리아노Garigliano에서 결정적인 승리를 맞이했던 것이다. 나폴리는 이제 영원히 잃어버리고 말았다. 최후의 패배를 맞기 전에 이미 프랑스 사령관들 사이에는 전쟁 자금이 턱없이 모자란다는 불평이 쌓이고 있었다.

전적으로 1503년은 그리 좋은 해가 아니었다. 알렉산더 6세가 죽고 피우스 3세마저 일찍이 사망했지만 조르주 당보아는 교황으로 선출되지 못했다. 난공불락의 장애는 바로 밀라노였다. 가장 영향력 있는 추기경인 아스카니오 마리아 스포르차Ascanio Maria Sforza가 자신의 남동생을 볼모로 잡고 있는 왕의 친한 친구를 위해 자신의 신봉자들을 동원하는 것을 전혀 생각하지 않았기 때문이다. 루이에게는 그래도 위안으로 삼을 것이 있었다. 그것은 바로 새 교황 율리우스 2세가 스페인계 이탈리아 귀족인 보르지아 가문의 교황 시절에 주로 프랑스에서 망명 생활을 했던 까닭에 프랑스 애호자로 알려져 있었기 때문이다. 하지만 그에 대한 여러 가지 소문을 들은 무리들은 이 노련한 노인이 예측할 수 없는 큰일을 저지를 수 있다고 경고를 하기도 했다.

그렇지만 이러한 두려움은 아무런 근거가 없어 보였다. 율리우스 2세는 알렉산더 6세가 남긴 비참한 재정 상태를 다시 끌어올리는 일과, 빼앗긴 교회 영지의 경계지역을 되찾는 일에 완전히 정신이 팔려 있었기 때문이다. 게다가 자기 군대를 지휘하는 우두머리 역할도 해야 했다. 1507년 이탈리아에 새로운 갈등이 시작되면서 루이는 조용하게 절약에 집중하는 정책만 추진하고 있을 수 없었다. 프랑스 세력의 구역에 합병됐으나 사실상 광범위한 영향력을 가지고 있는 독립된 지역으로 수백 년 동안 유럽에서 가장 격렬했던 도시인 제노아가 첫 진원지로 등장했다. 격심한 전쟁 이후 리구리아의 중심 도시에서 프랑스의 주권은 끝났다고 선언하는 귀족세력이 권력을 잡게 되자 왕의 영예를 다시 세워야 했다.

루이 12세는 치밀한 군사 작전을 세워 스스로 자신의 군대 선두에서서 처음이자 단 한번뿐인 승리를 거두고 축제를 벌였다. 그는 화려한 기사제복을 입고 자부심 강한 항구도시를 손에 넣었으며, 그 도시는 이제 은혜와 용서를 애원하며 자기 앞에 굴복해야 했다. 전쟁 후 곧바로 열린 승리를 위한 축제 때는 아낌없이 돈을 마구 풀었다. 하지만 이탈리아 기록자들은 축제에서 마음껏 쓴 돈은 모두 패배자들의 돈이었음을 놓치지 않고 말했다. 이제는 베네치아 공화국도 많은 적들의 표적이었다. 그들은 로마냐를 정복하여 교황의 화를 돋웠고, 아풀리아Apulien의 도시들을 점령하여 스페인의 왕들도 적으로 만들었으며, 또한 북쪽의 경계를 침략함으로써 로마의 왕인 합스부르크가의 막시밀리안까지 그들에게서 등을 돌리게 만들었다. 하지만 베네치아와 전통적으로 동맹을 맺고 있었던 루이 12세만은 사실상 전쟁을 해야 할 이유가 없었다.

그렇지만 이유란 찾기 나름이다. 늪지대에 사는 이기적인 욕심쟁이들에게 교훈을 주고, 그들의 영역을 자신의 이익에 맞춰 축소시키는 것만 해도 전쟁의 이유로 충분했다. 아라공 가의 페르디난트까지 속해 있는 캄브라이Cambrai 연맹의 왕은 프랑스의 지휘 아래 아그나델로에서 벌어진 첫 번째 전투에서 이미 그 의기양양한 베네치아인들을 전멸시키는 승리를 거뒀다. 루이 12세는 이제 자신의 힘의 정점에 도달했고 안느 왕비는 다시 임신했다. 하지만 인생은 또 다시 다른 방향으로 움직이기 시작했다. 율리우스 2세는 베네치아인들을 로마에 복종하게 만들면서 그 연맹이 목표를 달성한 것으로 간주했다. 교황은 소국의 영주들을 완전히 장악하는 것에는 전혀 관심이 없었다. 교황의 그러한 이탈은 루이 12세에게는 배신으로 느껴졌다. 이 외에도 그와 교황 사이에 자꾸만 전쟁의 이유가 쌓여갔다. 1438년에 부르주Bourges에서 국본조서(國本詔書)가 공포된 후부터는 사실상 프랑스의 왕이 교회의 왕이나 다름없었다. 루이는 교회의 가장 유리한 지위와 성직을 자기 마음대로 남발했고, 율리우스 2세로서는 더 이상 참을 수 없는 상황이 되고 말았다. 이렇게 순종하지 않는 군주가 밀라노까지 지배하게 되면 정도가 지나친 일이었다.

어마어마한 갈등이 시작됐다. 모든 사람들의 예상대로 양측은 온갖 수단을 동원했다. 루이의 전략적 생각은 이랬다. 교황 자신의 무기, 말하자면 정신적인 무기로 교황을 쳐부수는 것이 좋겠다고. 추기경들 중에는 군주같이 행세하는 그 교황을 반기지 않는 적들이 많이 있었기 때문이다. 그래서 공의회로 교황을 협박하자는 방안이 제기됐다. 만약 그 전투적인 교황이 생각을 바꾸지 않을 경우 자리에서 쫓겨날 수도 있었다. 이런 상황에서 양측은 모두 자신들의 동맹자를 찾아다녔고 적의 적들까지도 주도면밀하게 살피게 됐다. 그리하여 율리우스는 영국과 프랑스 사이에 지속되어 온 갈등을 이용하려 했다. 게다가 기회가 아주 유리해보였다. 영국의 왕으로 등극한 젊고 사업욕이 강한 헨리 8세의 도움을 약속받았다. 서쪽에서는 술수에 능한 아라공 가의 페르디난트가 프랑스에 맞서 싸울 준비를 하고 있었다. 루이 12세는 정치적으로나 군사적으로나 완전히 포위된 셈이었다. 하지만 그것은 단지 도면상의 작전일 뿐이었다. 전쟁은 이탈리아 땅에서 치러야 하는 것이 확실했고, 이론과 실전의 차이는 다시 한 번 스위스 용병들이 보여줄 것이었으니 말이다. 첫 번째 승부에서 스위스 용병들을 자기편으로 만드는 자는 적어도 승리의 자신감을 가져도 될 것이었다.

차이

그 사실은 동맹자 자신들이 가장 잘 알고 있었다. 지난 200년 동안 그들의 긴 창에 대항했던 자들은 모두 패배를 맛보아야 했으니 말이다. 그들에게 가장 잊을 수 없는 적수는 합스부르크가 사람들이었고, 마지막으로는 슈바벤Schwaben 및 1499년부터 1500년에 걸쳐 벌어진 스위스 전쟁에서 패배했던 막시밀리안Maximilian이었다. 시간이 흐른 지금 1509년과 1510년에 그들은 다시 거래를 하여 참전할 때마다 항상 승리를 거뒀고 자신들의 가치를 높여왔다. 확실히 예전의 그들 모습은 더 이상 찾아볼 수 없었다. 그들의 거래에서 결정적인 역할을 해낼 능력 있는 사람이 필요했다. 모든 것이 우선 프랑스로 기울어지는 듯했다. 지난날 아직 다 지불되지 않은 용병들의 급료에 대한 분노와 지금의 칸톤Kanton지방인 테신Tessin지역의 땅을 둘러싼 다툼이 완전히 가라앉지는 않았지만, 보수적인 시대의 가장 강력한 근거인 전통을 내세워 가장 기독교적인 왕, 루이 12세는 새로운 용병계약을 맺을 수 있었다.

담판을 시작하기 전의 예감은 그리 불리하지 않았다. 하지만 프랑스 왕이 새로운 동맹자들에게 충분한 사례를 할 준비가 아직 되어 있지 않다는 것이 바로 탄로가 났다. 아그나델로 전장에서 자신의 보병들도 힘이 있다는 것을 증명해주지 않았던가? 혼자 힘으로도 이길 수 있다면 왜 외국의 용병들에게 그렇게 비싼 돈을 지불하겠는가? 이제 곧 산에 있는 오만한 야만인들을 찍소리도 못 내게 만들어줄 때가 왔다. 이렇게 양측은 서로의 주장만 내세우고 있었다. 1506년에 이미 동맹자의 친위병까지 모집해놓은 율리우스 2세는 그 담판이 실패로 끝나는 것을 소리없는 희열을 느끼며 지켜봤다. 그는 즉시 그의 동맹자에게 프랑스가 거절한 것들을 주었다. 듣기 좋은 말들과 넘치는 존경을 표하며, 많은 돈을 지불하겠다고 했다. 이에 루이 12세는 노발대발했고 바로 공의회를 열 것을 협박하며 두발 벗고 나섰다. 회의 장소로는 피렌체의 통치 영역에 속하는 도시 피사Pisa를 생각하고 있었다. 그러면 다른 이들이 많은 돈이 드는 교회 소집 비용을 부담하게 될 것이기 때문이었다.

하지만 그 결과 왕은 자신의 패를 무리하게 내민 것이 돼버렸다. 엎친 데 덮친 격으로 이런 위급한 시기에 조르주 당보아마저 죽고 말았다. 그는 브레타뉴의 안느를 제외하고는 충동적인 군주를 좋은 방향으로 유도하고 그 인색함을 조금이나마 조절시킬 줄 아는 유일한 조언자였다. 그런데 율리우스 2세는 1511년 가을에 지상의 그리스도 대리인인 자신에게 복종을 거부한 이단자의 왕을 치기 위해 스페인, 영국 그리고 베네치아와 동맹을 맺었다. 그에 따라 공의회도 실패했다. 교황을 폐위시키려는 회의에 겨우 추기경 4명과 주교 16명만이 참석했던 것이다. 게다가 피사인들에게도 자신들에게 무거운 교회부담금을 지게 한 손님들이 전혀 달갑지 않았다. 그로 인해 거리 한가운데에서 폭력 소동이 일어났고 이러한 폭동을 초래한 〈교회의 아버지〉는 밀라노로 자리를 피해야 했다.

하지만 제노아에서처럼 그 곳에서도 상황은 좋아 보이지 않았다. 이탈리아를 쟁취하기 위한 전쟁 자금을 이탈리아 돈으로 조달하는 루이의 방식 때문에 두 도시 모두 파멸 직전까지 몰리게 됐고 결국 폭동이 일어났다. 사실 왕에게는 돈이 넘쳐나면서도 말이다. 이 문제를 해결하려고 모인 프랑스의 성직자들 회의만 보더라도 30만 파운드라는 거액의 돈이 자신만만하게 통과됐고 더 놀라운 것은 그 액수의 5분의 1이 바로 눈앞에 내놓였다는 것이다. 이렇게 프랑스 쪽은 전쟁을 하고 있는 어떤 편들보다 지불 능력이 매우 뛰어났으며, 스위스 사람들 역시 그것을 잘 알고 있었다. 스위스 용병들은 프랑스와의 담판이 실패로 끝난 후 밀라노를 향해 전력을 기울였다. 하지만 얼음뿐인 겨울 날씨 때문에 성벽 바로 앞에서 군대를 되돌릴 수밖에 없었다. 1511년에 벌어진 전설적인 '혹한의 전투기'에 따르면 날씨가 조금만 더 좋았더라도 롬바르디아의 수도는 쉽게 점령됐을 것이라고 한다.

교황 또한 스위스 인들의 후원에 크게 의존하고 있었다. 1511년 5월에 볼로냐가 교황의 통치를 거부했다. 같은 해 가을 68세의 교황은 병으로 앓아누웠고, 곧 세상을 떠날 것처럼 보였다. 이렇게 되자 동맹자에 대해 모든 갈등과 아픔을 털고 다시 한 번 처음으로 돌아가 정치 여건과 용병들의 상업적 가능성을 탐색해보자는 의견이 제시됐다. 그리하여 루이 12세는 1511년 말 무렵 예상치 못한 두 번째 기회를 얻었다. 양측 모두에게 만족스런 결론으로 용병거래를 성사시킬 수 있었다. 하지만 이 두 번째 기회조차 그는 제대로 사용할 줄 몰랐다. 결국 정확히

1만 파운드라는 금액의 차이로 무산되고 말았다. 일 년에 4만 파운드를 요구받았지만 루이는 3만 파운드 이상은 제공할 수 없다고 했다. 세상의 그 어떤 힘도 그의 본성을 뛰어넘게 할 수 없었다. 브레타뉴의 안느는 여러 번 유산한 뒤 또 다시 임신을 하여 루이 곁에 있을 수 없었고, 조르주 당보아도 루앙Rouen의 묘지에 누워 있었다. 하지만 스위스 인들은 기만을 당한 듯했으며, 나아가 그들의 명예를 빼앗긴 기분까지 느끼기에 이르렀다. 그들의 충실한 임무를 고작 그 정도의 액수 때문에 거절한 것은 경멸의 표시로 받아들여졌다. 왕거미가 그들에게 열어줬던 왕궁의 세계가 이제는 그들에게서 차갑게 등을 돌린 것처럼 보였다. 그것도 모자라 왕은 이제 그들의 상처에 소금까지 끼얹는 짓을 해버렸다. 루이는 자기가 그렇게 행동한 공식적인 이유를 자기 주제를 모르고 우쭐대는 촌놈들에게 분수를 알게 해줘야 한다는 것이라고 밝혔다.

그것은 고작 핑계일 뿐이었다. 나라의 정책을 따르기 위해서는 1만 파운드를 써야 하는데 그 아까운 돈을 지불할 것인가를 두고 마음속에서 싸우고 있었던 것이다. 그리고 이 갈림길에서 인색함이 정치적 이성을 밀어냈다. 왕은 자기가 그토록 사랑하는 돈이 문제가 되지 않는 경우에는 마키아벨리 식으로 정치를 했지만, 지금은 인색의 목소리에 조종될 뿐이었다. '여기까지만! 더 이상의 지출은 안 돼!' 이러한 명령만이 또렷이 들릴 뿐이었다. 불길한 조짐이 사방에서 나타나고 있는데도 불구하고, 마지막 순간이라도 상황을 제대로 직시하면 아직 구제될 수 있다는 사실은 인색한 왕의 시야에 전혀 들어오지 않았다. 1512년 부활절에는 프랑스의 군대가 라벤나에서 벌어진 치열한 전투에서 그의 적을 물리쳤다.

하지만 그 뒤로는 계속 불행한 일들만 일어났다. 스포르차 가문의 이름뿐인 군주를 내세우고 있는 스위스에게 밀라노의 통치권을 빼앗겼다. 1513년 6월 밀라노를 다시 되찾기 위해 싸움을 벌인 프랑스 군대는 노바라 근교에서 스위스의 손에 완전히 전멸당했다. 이 도시는 루이에게 절대 행운을 가져다주지 않는 것 같았다. 그 후에 그 동맹군들은 부르군트까지 쳐들어가 디용을 점령했다. 루이는 마지막 순간에나마 치욕적이고 값비싼 평화조건을 수용함으로써 겨우 점령을 피할 수 있을 지경이었다. 그 조건에는 밀라노와 아스티를 포기하는 것과 70만 파운드를 지불하는 것이 포함돼 있었다. 그것은 자기가 그렇게 필사적으로 아끼려 했던 1만 파운드라는 돈의 70배나 되는 액수였다! 분노에 차 날뛰는 그 군주는 당연히 터무니없는 계약을 지켜야 한다고 전혀 생각하지 않았다. 하지만 그 동맹군들 또한 그렇게 호락호락하지 않았다. 루이가 약속을 어길 경우에 대비해 이미 포로들을 잡아두고 있었다. 그래서 그 탐욕스런 왕은 이를 악물고 첫 번째 분할금으로 먼저 7만5천 파운드를 송금해야 했다.

그동안 율리우스 2세도 그냥 가만히 있지는 않았다. 루이가 소집한 이단자의 교회집회에 대항해 마지막 담판을 짓고자 했다. 그는 추기경들을 교황청으로 불러 들여 공의회를 소집했고 결국 성공적인 결과를 얻었다. 이 모든 일이 사실상 정치적인 이유로 이뤄지긴 했지만 유럽의 성직자들은 이에 따르기로 했다. 이제 교황은 관공서의 전통 법규와 자격 인정에 관한 모든 것을 자기 편에 유리하게 만들었다. 지금까지의 교황들 중 가장 전투적이었던 그는 군대 전선에서나 교회 정치에서나 성공을 거두어, 이단자들, 즉 프랑스 인들로부터 이탈리아를 해방시킨 자로서 모든 이의 축복을 받았다. 그러고 나서 얼마 후 그는 지칠 대로 지친 듯 갑자기 쓰러져 죽음을 맞이했다.

1513년 3월 콘클라브 지방 출신의 조반니 데 메디치Giovanni de Medici가 새로운 교황으로 등극하여 레오 10세로 불렸다. 루이 12세는 수용 가능한 조건으로 다시 교황과 화해하고 잘 지낼 수 있으리라는 기대를 했다. 하지만 아무리 프랑스 애호의 전통을 지닌 가족에서 자랐다 해도 메디치 교황은 루이에게 완고하게 대응했다. 1513년 10월 프랑스의 왕은 하나의 선언을 수용해야 했는데, 거기에는 피사에서 거행된 회의는 불법으로 처리되고 라테란에서 열리는 공의회만을 유일하게 합법적 교회기관으로 인정한다는 내용이 들어 있었다. 그는 네 번째로 열린 회의에서 부르주의 국본조서를 신에 대한 모욕이며 교회의 수치로 간주하여 무효로 했다. 당연한 결과로 레오 10세는 이제껏 프랑스가 지녀온 교회의 지도자적 지위를 자신의 지휘 아래 두고자 했다. 그가 정말 그 생각을 관철한다면, 왕의 힘은 급속도로 약화될 것이었다. 교회의 그 풍족한 자원들이 더 이상 그에게 주어지지 않는다면 그는 앞으로 어떻게 그의 추종자들을 보살필 수 있단 말인가?

시련은 계속되었다. 1513년 9월에 루이의 동맹자였던 스코틀랜드의 왕이 헨리 8세와의 전투에서 전사했던 것이다. 이로써 북프랑스로 쳐들어오는 영국 군대를 더 이상 막을 수 없게 됐다. 하지만 아직 가장 강력한 시련이 남아있었다. 브레타뉴의 안느가 여러 차례 반복된 유산으로 몸이 쇠약해져 1514년 1월에 결국 숨을 거두면서, 왕에게 가장 큰 힘이었던 마지막 조언자마저 사라져버렸다. 루이는 영국의 협박을 더 이상 돈으로밖에는 막을 방법이 없었다. 그것도 그에게 엄청난 불행을 가져오게 한 1만 파운드의 100배나 되는 액수였다. 이 외에도 그는 그의 왕국에서 가장 훌륭한 도시에 속하는 테루안느와 투르나이까지 바쳐야 했다.

최악의 일들이 모두 지나가자 군주의 건강은 완전히 피폐해져 그의 두 번째 큰 소망도 이룰 수 없을 지경이었다. 어쨌든 그는 최대한 서둘러 건장한 영국의 공주와 결혼을 했지만, 사실 이 또한 정치적 목적이 강했고 이보다 더 비싼 값을 치를 수는 없을 만큼 많은 돈이 들었다. 새로운 시작을 위해서는 아무래도 너무 늦은 감이 없잖아 있었다. 이미 52세가 된 왕은 뜨거운 피가 넘쳐나는 젊은이처럼 새로운 부인을 대하려 했지만 동침 의식조차 제대로 했을까 하는 의문이 내관들과 궁정 하인들에게 은밀히 퍼질 정도로 쉽지 않았다. 왜냐하면 그 신랑은 통풍으로 인해 기력이 쇠약해져 거의 누워서 지내고 있었기 때문이었다. 그래서 새로운 왕비인 메리Mary는 그의 병상에 앉아 불쌍하게 그의 손만 잡고 있을 뿐이었다.

그녀는 그의 쇠약함을 이미 알고 있었기에 그 당시 아직은 출세를 못한 왕실의 오빠인 헨리 8세와 계약까지 맺어놓고 있었다. 그것은 바로 그녀가 과부가 될 경우 자신의 기준에 맞춰 스스로 두 번째 남편을 고르겠다는 것이었다. 그리하여 1515년 새해 밤에 루이의 왕국은 카페 Capet 가문이라는 전혀 다른 계열의 손에 들어가게 됐다. 그 왕은 바로

20세 난 원기왕성하고 매혹적인 앙굴렘Angoulème 가문의 프란츠 1세였다.

처음에 프란츠는 루이 12세가 마지막으로 왕세자를 얻기 위해 필사적으로 노력하는 것이 걱정스러웠지만, 나중에 왕실의 침실에서 들려오는 소식에 안심했다. 그때부터 루이의 마지막 시간들을 여유롭게 즐기면서 바라볼 수 있었던 반면, 루이는 결국 빈손으로 죽음을 맞이했다. 하지만 세상 사람들이 그 위인을 추억하는 것은 전혀 엉뚱한 방향으로 발전해나갔다. 최소한의 투자로 최대한의 수익을 얻으려 했던 인색한 왕은 어마어마한 재산을 모아 놓았고, 그 재산은 그가 죽은 뒤에도 계속 불어났는데 나중에 그들 후손에게는 오히려 엄청난 부담이 될 정도였다. 왜냐하면 그의 후손들이 사업을 하면서 쓰는 돈이 많으면 많을수록 루이 왕에 대한 전설은 더욱 더 과장되었기 때문이다. 절약정신이 강한 훌륭한 왕이었다든가, 자기 국민들을 힘들지 않도록 항상 잘 보살폈던 아버지 같은 왕이었다는 식으로 점점 더 전설적 인물이 되어갔던 것이다.

루이는 자신이 살아있는 동안 그러한 이미지를 심기 위해 엄청난 노력을 했다. 그는 항상 지출해야 할 돈을 아껴 쓰는 이유가 사랑하는 신하와 국민들에게서 가능한 한 최소한의 세금만을 거둘 수 있게 하기 위해서라고 설파했다. 하지만 그가 아직 왕으로 있던 마지막 3년 동안 세금은 폭발적으로 올랐다. 그런 기억만 되새겨 봐도 그의 말이 진심이 아니었음을 알 수 있지만, 프랑스 인들은 그런 일을 너그러운 아량으로 이미 잊어버리고, 현재 받아들일 수밖에 없는 무리한 요구들과 더욱 나빠질 수도 있는 미래에 대한 두려움 때문에 그와 반대되는 예전의 좋았던 시절을 떠올리고 싶은 것이다.

원래 자신의 모습 대신 전설로 기억되기 시작하면서 루이 12세는, 수전노가 일반적으로 바라는 대로, 절약정신이 강한 가장으로 역사에 길이 남을 수 있는 행운을 얻게 됐다. 그가 통치할 당시에는 여름뿐 아니라 겨울도 따뜻했고 밭은 풍요로웠으며 곡식 값도 싸고 빵도 넘쳐흘렀다고들 한다. 오늘날의 사람들은 그 모든 게 우연이라고 말할지 모른다. 하지만 지금도 정치인들은 유권자들에게 경기가 호전되면 수입이 좋아질 것이라고 약속하고 많은 사람들이 그 말을 긍정적으로 믿고 싶어 한다. 그렇게 해서 대부분 성공을 거둔다. 16세기 사람들은 모든 것을 더 확실하게 생각했던 것 같다. 그들의 생각으로는 우연이란 있을 수 없는 것이고, 권력을 가진 군주들이 어떻게 국가를 통치해나가는지 신이 지켜보고 축복을 내리거나 벌을 주는 것이라 생각했다. 그리하여 루이 12세에 대한 미화된 기억들은 후대 왕들에 대해 지속적인 경고의 역할을 하면서 계속 같이 살아있는 것이다. 후대 왕들은 자신들이 가진 재산의 수익금을 최대한으로 절약하여 살아야 했고 세금을 높이기보다 내리는 것이 당연하게 됐다. 많은 사람들의 기억 속에 영원히 남게 된 루이 12세는 아마도 자신의 인색함이 계속해서 유지되어나가고 있음을 기뻐하고 있을 것이다.

새로 왕이 된 프란츠 1세는 전혀 지치지도 않고 항상 베푸는 자세로 일관했다. 그리하여 왕궁사람들의 마음만 사로잡은 것이 아니라 교황과의 불화까지 잘 해결할 수 있었다. 교황과의 관계에서 예전에 프랑스의 왕이 불구대천의 적, 거의 사탄의 앞잡이로 불렸다면, 새 왕은 교회의 사랑스런 아들로 금방 자리매김할 수 있었다. 레오 10세는 그의 왕국을 위해 프란츠를 막스밀리안의 후계자 후보로 생각했다. 그리하여 이미 1516년에 체결된 볼로냐 협정은 마법을 쓴 것처럼 사라져버렸고, 그 결과 프란츠 1세뿐 아니라 후계자들까지도 프랑스 교회의 재산을 마음대로 사용할 수 있도록 보장받았다.

그것도 끝이 아니었다. 1515년 9월 마리냐노에서 스위스에 대항하여 승리를 거둔 프란츠는 그렇게도 갈망했던 도시인 밀라노까지 되찾았다. 그의 조상과는 달리 승리의 결과를 동맹자들과 나눌 줄도 알았다. 그리하여 그들은 자신의 영역인 고트하르트Gotthard의 남부지방, 벨린쪼나Bellinzona, 루가노Lugano, 나아가 로카르노Locarno까지 가질 수 있었다. 또한 1516년에 맺어진 평화협정으로 수백 년 동안 프랑스의 왕실과 친분을 쌓게 됐다. 새 왕은 그들에게 영예를 선사할 줄 알았는데, 무엇보다 많은 돈을 제공했기 때문이다.

CHAPTER
04

"마녀 사냥꾼"

디트리히 플라데Dietrich Flade, 속죄양

암흑 시대에서의 출세

학문으로서의 역사는 감정이 전혀 개입되지 않고 오직 사실에 대한 묘사와 분석만으로 이뤄진다. 예를 들어 어떤 사람이 파멸로 가는 길을 묘사한다고 가정할 때, 지나온 과정을 모두 알고 있는 현재의 정신은 과거 어느 시점에 대해 안타까움이나 동정심을 가질 수 있다. 그러므로 그 당시 모습만을 있는 그대로 묘사하려면 현재와 과거의 것이 섞이지 않게 하고 언제든지 발동될 수 있는 동정심을 억제해야 한다. 일단 그 작업이 끝난 뒤에는 감정을 느낄 수 있는 순간을 가져도 좋다. 그렇기 때문에 독자들은 이제 언급하려는 사람에 대해 자신의 판단은 억제하고 이야기를 들어주길 바란다.

그 남자는 현재 우리의 관점으로 보면 망상의 산물일 수밖에 없는 고소 사건으로 많은 사람을 죽음의 형벌로 몰아넣었다. 그리고 그같은 망상 때문에 결국 자신도 희생되고 만 사람이다. 그 시대에는 그 망상이 너무나 보편적이어서 아무도 벗어날 수 없는 설득력을 가졌다. 그것은 인간보다 훨씬 더 위에 존재하는 힘으로부터 나락의 끝에 이르기까지 어디서나 작용하고 있었다. 예를 들어 기후 변화나 경제 구조의 변화, 거기서 생겨나는 불안 같은 것들, 어디서나 망상이 만들어질 수 있었다. 하지만 그것은 인색함을 비판하는 가장 결정적인 순간에 힘을 잃어 버렸다.

16세기 말, 1580년대에는 권력자나 서민들, 지식인이나 문맹인 할 것 없이 모두 사슬에 묶여 있던 악마가 그 사슬을 풀고 탈출했다고 생각했다. 사탄의 발톱 같은 것이 모든 물건 중 가장 신성한 것, 바로 곡식에 손을 대 망가뜨렸다고 여겼다. 곡물이 너무 모자라 빵이 전혀 없거나 살 엄두조차 못 낼 만큼 비싸졌다. 어느 쪽이나 그 결과는 같았다. 바로 굶주림이었다. 게다가 세상이 불안해졌다. 모든 것이 당시 인구의 4분의 3이나 되는 가난한 이들을 못살게 굴려고 작당이라도 한 듯했다. 이제껏 이렇게 길고 추운 겨울과 비만 퍼붓는 여름은 겪어본 적이 없었고, 그렇게 많은 잡초, 벌레, 곰팡이, 깜부기, 쥐들 그리고 햄스터를 본 적도 없었다. 당연히 수확도 자꾸 적어질 수밖에 없었다. 좋았던 시절과 비교하면 터무니없이 적었다. 자신이 뿌린 씨의 세 배만이라도 수확하여 헛간에 모아둘 수 있었던 사람들은 행복한 편이었다. 어떤 이들은 곡식을 거두지도 못한 채 썩어 들어가는 것을 지켜봐야 했고 어떤 이들의 곡식은 우박에 완전히 망가져버렸다. 가축들 또한 이제껏 겪어본 적이 없을 정도로 계속 죽어나갔는데, 상상을 초월할 정도로 급속도로 널리 퍼져 나가는 전염병에 걸린 탓이었다.

뿐만 아니라 이제는 사람들의 봉급에도 악마가 손을 대고 짓누르는 듯했다. 방직업자들, 수공업장인들, 농장 주인들도 임금을 계속 내릴 수밖에 없었다. 자신의 봉급에 만족하지 못하는 이들은 일을 그만두면 그만이었다. 왜냐하면 수십 명의 배고픈 사람들이 오래 전부터 일자리를 기다리고 있었기 때문이다. 얼마 지나지 않아 대부분 사람들의 구매력 또한 절반 이상으로 줄어들었다. 그런 상황인데도, 용기 있는 성직자들의 설교를 빌리면, 권력자들 마음속에도 악마가 날뛰고 있는지 그들은 서민들의 평화로운 생활을 지키려는 노력은 점점 게을리 하고, 자신들의 욕망을 채우는 데만 급급했다. 프랑스와 네덜란드에서는 끔찍하기 짝이 없는 맹렬한 전쟁을 계속했는데, 종교를 명분으로 내세우고 있었다. 모든 종교가 자신들과 다른 종교는 악마와 한 편이라고 욕했다. 악마는 오히려 이러한 상황에서 이익을 얻는 소수의 억만장자들을 올라타고 앉아 그들로 하여금 가난한 사람들을 더욱 힘들게 하도록 부추겼다. 이렇게 화려한 축제, 궁전, 호화로운 마차와 드레스들을 이제 껏 본 적이 있었는가? 다른 이들은 굶주림에 죽어 가는데 부자 상인들과 큰 땅을 가진 귀족들은 자신이 얼마나 잘 사는지를 과시하려는 듯 더욱 도발적이고 가식적인 사치를 했다.

세상의 균형이 깨진 데 대해 학자들은 맹렬히 토론했지만 그들끼리도 서로에게 책임을 돌리기만 했다. 그런데 프랑스의 언변 좋은 국가이론가인 장 보댕Jean Bodin은 스페인 사람들에게 모든 책임을 물었다. 오만하고 나태에 빠진 그들의 끝없는 정복욕이 결국 모든 재앙을 일으킨 원인이라고 했다. 왜냐하면 자기가 먹을 양식은 스스로 정직하게 일해서 얻어야 하는 기본 이치를 지키기 싫어한 스페인 사람들이 많은 양의 금과 은을 유럽으로 들여와, 그것으로 그들의 기생충 같은 생활에 필요한 것들을 몽땅 사들였기 때문이라고 했다.

그리하여 물가의 기준이던 귀금속은 가치가 떨어졌고 온 유럽의 물가는 올라갈 수밖에 없었다. 다른 책자들은 죄인으로 다른 사람들을 꼽아 비난했다. 속죄양으로는 누구보다 거상들, 매점매석꾼, 고리대금업자와 마녀들이 지목받았다. 보댕은 그들이 한 짓들을 체계적으로 추적하여 문고판으로 출판하기도 했다.

이러한 해석은 대중에게 큰 반향을 불러왔고 어떤 반대 주장도 있을

피터 브뤼겔Pieter Brueghel의 풍자적인 그림에는 탐욕이라는 죄악이 옛날부터 교회가 들어서 있던 곳에서 판치고 있다. 두 명의 상인이 뒤쪽 배경 왼쪽에서 직물 하나를 서로 가지려고 잡아당기고 있고 다른 한 편에서는 고리대금업자가 자신의 보물을 모으고, 세어 보고 숨기려 한다.

동판화, 1550년대 일면 인쇄, 뉘른베르크에 있는 게르만 국립박물관 소장.

수 없었다. 왕실의 고문인 말레스트로아Maléstroit는 보댕의 귀금속 이론에 대해 통계학과 논리학을 들이대며 반박했다. 만약 스페인에서 금과 은을 수입한 것이 정말 이 문제의 원인이라면 모든 물건이 골고루 비싸져야 한다는 것이었다. 하지만 실제로는 특별한 상황과 관계없이 항상 수요가 많은 물건들만 값이 올랐는데, 선택 여지가 없는 물건들, 바로 빵과 와인이 가장 많이 오른 품목이었다. 하지만 현실은 전혀 다르게 흘러갔다. 인구는 계속 증가하는데 개간되지 않은 땅은 거의 남지 않아 굶주리는 사람이 점점 늘어만 갔다. 결과적으로 수요가 자꾸 늘어나 가격이 어쩔 수 없이 더욱 오르게 되는 것일 뿐, 사악한 힘의 소행은 아니었다. 스페인 사람들도 아니었고 마녀도 아닌, 그것은 바로 알 수 없는 불경기의 힘이었다.

하지만 이런 해석을 받아들이는 사람은 극히 소수일 뿐이었고 대다수는 얼굴을 가진 악마의 소행이라 믿었다. 적을 알면 그에 대적할 수 있다. 그 위기는 가난한 자들의 돈만 긁는 것이 아니라 이제 중산층에게도 타격을 가했다. 서민들이 그나마 형편이 낫던 때도 가계 예산의 반 이상을 지출해야 했던 빵이 이제 더 비싸지면, 가계비용 전체를 다 쏟아 부어야 할 판이었다. 기아의 공포가 주위에 떠돌면서, 가재도구나 가구는 물론, 옷과 신발을 사는 이도 거의 없었다. 트리어Trier의 디트리히 플라데 박사Dr. Dietrich Flade 같은, 돈이 많은데도 대부금의 이자를 철저하게 거둬들이는 바람에 적은 많지만 친구라곤 거의 없는 사람들은 조심해야 했다. 서민들이 부당한 탐욕을 부렸다고 고소하여 그 같은 사람들을 파멸시킬 수 있었기 때문이다.

3세대 동안 플라데 가문은 트리어의 주교 밑에서 일하며 살아왔다. 그는 일곱 명의 선제후들 가운데 한 사람이었으며, 백년 이상 계속된 제국에서 자주적인 통치자들 중 가장 고귀한 영주에 속하는 한 명이었다. 트리어의 주교는 선제후의 자격으로 그의 동료들과 함께 1508년부터 '선출된 로마의 황제'로 불리게 된(겨우 한 번, 1530년에 교황으로부터 황제의 관을 수여받았을 뿐이지만) 로마의 왕을 선출했다. 하지만 트리어의 통치 영역은 이렇게 높은 권위와 보조를 맞추지 못했다. 그 영토는 이상한 기본권, 소송권, 그 밖의 여러 가지 통치권으로 심하게 갈라지고 분할되었다. 왕국의 커다란 땅은 이리저리 덧댄 낡은 조각 카펫처럼 되어버린 모습이었다. 다른 한편으로 트리어 대주교 교구의 세력도 여러 갈래로 나눠져 분쟁이 끊이지 않았다. 주교를 뽑는 성직자 회의에서는 모두가 자신의 권리와 이익에 유리한 것만 주장했다. 또한 트리어 시 전체는 그들 영주의 통치에 절대 만족하지 못했다. 그래서 이 지역의 우두머리에 있는 열정 넘치는 영주들은 좋은 방책을 찾아내야 했다.

하지만 생각만큼 그리 쉽게 할 수 없었다. 왜냐하면 모든 종교 군주들이 그러하듯 트리어의 주교들도 고칠 수 없는 법규에 시달리고 있었기 때문이다. 그들은 어떤 경우에도 자신의 통치권을 세속 영주들처럼 아들에게 물려줄 수 없었으므로 왕가를 굳건하게 안정시키지 못했다. 삼촌이 조카에게 직위를 물려주는 것이 종교적 법으로는 사실상 허용되었으나 그것조차 실행하기는 어려웠다. 성직자 회의에서 이러한 왕위계승을 기꺼이 받아들일 준비가 돼야만 어느 정도 보장이 됐기 때문이었다. 그것은 회의 참석자들 대다수가 그의 편이면서 현 통치권자인 영주에게 은혜를 입고 아직 그에 대한 보상을 하지 못한 자들일 경우에만 가능한 일이었다. 또 하나 다른 방법이 있다면 자신의 뜻에 맞는 후계자를 선출할 수밖에 없도록 성직자 회의에 압력을 행사하는 것이었다.

하지만 디트리히 플라데처럼 영주 아래 소속되어 있던 공무원의 관점으로는 오랫동안 지속적인 충성을 다해 영주의 신임과 인정을 받는 것이 가장 중요했다. 그렇게 하여 영주의 호의를 얻어내야 모든 것을 좌우할 수 있었다. 동시에 최대한 충성을 다하면서 상황에 따라 융통성도 보여줄 수 있어야 했다. 전임 주교의 충실하고 열렬한 당원으로 각인된 사람이라면 후임 주교 밑에서는 신뢰할 수 없는 자로 간주될 위험이 늘 따라다닌다. 지배자의 위치에 있는 사람들에게는 이러한 걱정들이 단지 유보되어 있을 뿐이다. 별 볼일 없는 선임자에 대한 의리를 지키기보다 융통성을 발휘하여 충성을 다하면 자신이 무용한 존재가 되는 것을 막을 수 있다.

이렇게 중도의 길을 차분히 걸으면서 플라데의 가족은 천천히, 그러나 꾸준히 계속 출세를 하고 있었다. 디트리히의 할아버지 후베르트 Hubert는 마지막에 주교의 마을을 다스리는 자리까지 올라가 직무에 충실했던 보상으로 굉장한 액수의 연금을 받을 수 있었다. 그 연금으로 모젤Mosel강 주변에서는 당연하다고 할 수 있는 광대한 포도밭이 주어졌다. 그의 아들 요한Johann은 사회적 출세의 법칙을 따라 도심으로 옮겨가서 41년 동안 트리어의 시 서기로 재직했다. 그가 공무원 생활에서 얻은 소득은 1534년에 태어난 아들 디트리히가 출세 가도를 달릴 수 있게 하는 발판이 되기에 충분했다.

디트리히가 실현할 수 있는 출세의 길은 두 가지였다. 종교 관직으로 경력을 쌓는 것과 법학을 공부하는 방법이었다. 플라데 부자는 둘 다 두 번째 방법을 선택했다. 새 시대의 초기 단계에서 잠재력을 확장시켜가고 있는 국가는 학문적으로 전문 교육을 받은 사람들이 절실하게 필요한 법이었다. 제국의 업무 중에서 가장 중요한 것일 수 있는 영주들의 행정과 법무를 맡게 된다면 특별히 유능한 공무원이 될 수 있을 뿐 아니라, 귀족 타이틀까지도 얻을 수 있었다. 그러므로 법학을 선택하는 데는 충분한 매력이 있었고, 디트리히 플라데는 자신의 기회를 적극 이용했다. 법률학 박사학위를 취득한 후 그는 1559년 겨우 25세의 나이에 트리어 영주의 가장 측근이라고 할 수 있는 직속 보좌관으로 채용됐다. 이제 머지않아 유능한 자가 얻을 수 있는 행운은 무엇이든 가지게 될 것이었다. 1567년에 돌아가신 주교의 후임 주교가 된 성직자와 대성당 수석 사제인 엘츠Eltz지방의 야콥Jakob은 플라데 가문 사람들이 한 일의 가치를 모두 인정할 줄 알았다. 그들은 몇 년 전 트리어시의 종교 개혁을 시도했던 당에 맞서 같이 싸우기도 했다. 그 당시 플라데는 정통 신앙의 고수를 위해 용감하게 맞서 싸운 자라는 명예를 얻었다. 플라데는 그 영주에게 자신의 도시를 위협하는 음모에 대해 보고도 하고, 종교 개혁을 한 성직자 카스파 올레비앙Kaspar Olevian에게 직접 설교금지령을 내리기도 했다.

이런 모든 것들은 출세를 위한 밑거름이 되기도 했지만, 반대로 적대관계를 만들기도 했다. 왜냐하면 도시를 새로운 규범으로 개조하려는 노력은 모든 나라에서 그렇듯이 당연히 매우 정치적 차원의 일이었기 때문이다. 트리어의 고위층에 속하는 영향력 있는 한 가문은 이 새로운 종교적 방향에 호감을 표시했다. 그 이유는 바로 주교의 구속을 떨쳐버리고 황제 직속의, 말하자면 황제에게만 복종하는 도시로 만들든지 아니면 왕국 안에서만이라도 자주적으로 되고 싶었기 때문이다.

이러한 갈등 속에서 트리어 인들은 폭력 수단을 써가며 노력을 계속

했다. 결국 1568년에는 전쟁이 일어나 공격을 받기도 했다. 이때도 디트리히 플라데는 여전히 자신의 영주 편에 서 있었다. 도시가 전쟁에 패배하자 전쟁 못지않게 격렬하게 터져 나오는 소송이 줄을 이었다. 시 차원에서는 트리어시가 제국에 직속되도록 요구했는데, 이 문제를 다루는 재판은 1570년대 내내 계속됐다. 이 기간 동안 플라데는 트리어시에서 동장의 직위를 얻었고, 그 결과 시 법원과 진저리나는 권한 쟁의를 벌여야 하는 최고 재판소의 재판장이 됐다. 플라데는 영주를 위해 그의 적을 자극하는 일에 이 직위를 이용했다. 예를 들면 트리어 '도시 당'의 저명인사들을 간통죄로 체포하는 것이었다. 그러면 그들을 금방 다시 석방시킬 수밖에 없다 해도 이미 그 명성은 땅에 떨어졌기 때문에 그들에게 플라데는 불구대천의 원수였다.

플라데의 이런 개입 때문에 오랜 기간 논란 여지가 많았던 관할 문제는 중앙 통치권에 유리하게 조정됐다. 마침내 1580년에는 이 문제에 종지부를 찍었다. 트리어 인들에게는 모든 희망이 끝난 것이었다. 루돌프 황제 2세Rudolf II가 내린 마지막 판결은 결국 도시의 황제 직속에 반대한다는 내용이었다. 더 나쁜 일은 긴 소송 때문에 시의 재정이 바닥나버렸고, 시 자치회는 충격에서 헤어나지 못했다. 하지만 자기 영주의 특권을 지키기 위해 지치지 않고 앞장서 싸웠던 디트리히 플라데 박사는 오랜 시간 충성을 바친 대가로 엄청난 봉급을 받게 됐다. 1577년 무렵 그는 트리어 대학의 교수로 강의를 맡았는데, 3년 뒤 권력이 새로 분배되면서 그의 시대는 절정을 맞았다. 이제 그는 새로운 법률 기구의 우두머리로서, 시 법원에는 하위 소송만 맡기고 영주의 고등법원에서는 세인의 주목을 끄는 큰 사건들을 관리했다.

큰 사건에는 마녀 재판이 포함된다. 유럽 곳곳에서 그렇듯 이제 트리어의 통치권역에서도 만연하기 시작했다. 불행을 초래하는 마법을 부렸다는 죄목으로 마녀들을 고소하는 것은 어떤 방식으로도 이해되지 않는 일들을 납득시키는 특효약이었다. 왜 이제 막 태어난, 아직 죄를 지었을 리 없는 아이들이 갑자기 죽는지, 이웃의 소들은 훌륭하게 잘 번식하는데 왜 다른 농부의 가축은 죽어가기만 하는지. 아무도 설명할 수 없는 그런 일들의 원인으로 마녀를 등장시킨 순간부터 모든 것이 갑자기 자연스럽게 이해되기 시작했다. 또한 엄청난 악마의 저주로 굶주림과 가난이 들이닥친 것이라고 생각하게 하여 서민들을 보호해왔던 의혹들이 다시 한 번 증명된 셈이었다.

그들은 마녀사냥과 같은 극단적 수단을 합법적인 정당방위, 악마에 대항하는 인간의 자기방어라고 변호했다. 대다수의 신학자들과 법학자들까지도 그렇게 생각했다. 이런 식으로 마술은 정상적인 재판과정과 정당한 증거 조사도 효력이 없게 만들 수 있는 특별범죄로 간주됐다. 그런 범죄로 시작되는 소송절차에 한번 빠지게 되는 이는 절대로 벗어날 수 없었으며, 그것으로 끝이었다. 더 이상 기회가 주어지지 않았다. 마녀와 마술사들 같은 악마의 조수들을 없애는 것은 그리스도 인의 가장 고귀한 의무였고, 그들에게 동정심을 갖는 이들은 의심만 받게 될 뿐이었다. 신앙이 확실한 자들은 악마의 유혹을 뿌리칠 수 있다고 믿었고, 마술을 부리는 것은 신과 인간 모두에게서 자발적으로 이반하는 행위로 여겨졌다.

마술의 '구성 요건'은 신학자와 법률학자들에 의해 면밀하게 정의되고 형식화됐다. 피로 서명한 악마와의 계약, 악마와의 성적 관계, 방탕하게 거행되는 안식일 축제, 그리고 악령을 불러내 이용하는 마술로 불화를 일으키거나 빗자루를 타고 날아다니는 힘을 얻는 것 등이었다. 맡은 일에 충실한 공무원들은 이 모든 '사실'들에 대해 수천 건이나 조사하여 밝혀내고 기록했다. 디트리히 플라데 박사 또한 이런 공무원들 중한 사람이었다. 나중에 운명이 자기를 멀리하며 자기에게 맞섰을 때 플라데는 자신이 마녀사냥 재판을 할 당시 항상 관대하려 애썼다고 주장했다. 그것은 사실이 아니었다. 그의 직무 수행 방식이 늘 그랬듯이 그는 부적절하게 치우치지 않고, 냉정하게, 철저하게 그리고 의무에 충실하게, 최소한 8번은 스스로 마녀들에게 사형선고를 내렸던 것이다.

동장, 트리어 영주의 대리인이자 변호인, 최고 재판장 그리고 교수까지. 플라데는 항상 기회를 잡아 제 때에 권위 있는 지위에 올랐다. 그는 명성을 얻고 또 성공도 했지만, 상류층의 많은 사람들로부터 원망을 사기도 했다. 그래도 그는 영주의 호의를 믿었기에 아무런 걱정 없이 잘 살 수 있었던 것 같다. 그의 낙천주의에는 또 다른 이유가 있었다. 1581년 엘츠의 야콥 주교가 사망하자 영주의 대리인이었던 세넨베르크Schönenberg의 요한Johann이 새 영주로 선출됐는데, 그는 어려운 옛 시절에 복잡한 업무들을 같이 해냈던 플라데의 동료였다. 너무나 당연하게도, 새 영주는 플라데가 어느 자리에서든 믿을 만한 공무원이었다며 그의 능력을 인정했다. 그 뿐만 아니라 더욱 새롭고도 명성을 높일 수 있는 일들을 그에게 맡겨주었다. 플라데는 법과 대학의 학장에 이어 1586

년에는 트리어 대학의 총장이 되기까지 했다. 이제 그보다 높은 지위에 있는 사람은 영주 한 사람뿐이었다. 지위도 높고 영향력 있는 인사들이 모두 그의 편이 됐다. 그의 아내도 명망 있는 의사와 첫 번째 결혼을 했던 여자였다. 그의 여동생은 홈페우스Homphaeus가와 결혼하여 플라데 가문이 유명한 학자의 가족이라는 명성도 얻을 수 있게 했다. 그는 명실공히 교회와 국가의 명망 있는 공직자가 됐다. 마지막으로 그의 조카또한 국가의 가장 높은 사법기관인 대법원의 위원이 됐다.

포위

1586년 트리어에 흑사병이 발생했다. 네덜란드 근교에서 전쟁을 벌였던 용병들이 병을 끌어 들였다. 더욱이 치열한 전투로 벌판은 모두 황폐해졌고, 1586~87년의 겨울은 끝이 보이지 않았다. 물레방아가 너무 오랫동안 얼어붙어 밀가루를 빻을 수 없었고 따라서 빵도 없었다. 새해 초에는 벌레들이 나타나 채소를 다 갉아 먹어버렸다. 악마가 땅위를 돌아다니며 지독히 극악무도한 음모를 계획하는 듯했다. 그것이 15세의 마티아스Matthias의 고백으로 사실로 드러났다. 그 소년은 몇 번씩이나 마녀의 연회에 참석했지만 일원으로서가 아니라 그저 구경만 했다고 말했다. 같이 식사를 하기도 했으며, 그때 고양이의 뇌도 먹었는데 그 뒤 자신의 사고기관에 장애가 왔다는 이야기도 털어 놓았다. 그러다가 눈에 띄는 행동을 하는 바람에 마녀와 악마에게 잡혀가기도 했다는 것이다. 감방에 갇혀 너무나 심한 고통을 당했기에 기독교인들의 충고와 도움을 청하러 왔다고 했다. 신부들이 그 방에서 계속 주문을 외우자 그 재앙은 끝이 났고 철저한 조사에 착수했다. 심문을 한 자의 증언으로는 그가 심문을 받는 동안 악마가 곁에 와서 자기를 배신하면 엄청나게 끔찍한 복수가 기다릴 것이라고 협박했다고 한다.

하지만 악마도 마티아스의 말문을 막지는 못했다. 악마의 동맹자들에 대한 밀고가 이미 시작된 것이었다. 막강한 권력자인 한 신사는 화려한 옷차림을 하고서 자신의 주인인 영주에게 독이 든 술을 바쳤다며 자랑스레 얘기하더라고 했다. 고귀한 신분의 어떤 공무원은 경건한 교도였기 때문에 겨우 목숨을 구할 수 있었다고 했다. 그 극악무도한 자는 도대체 누구란 말인가? 마티아스는 얼마 전 그를 시내에서 보았다면서 바로 디트리히 플라데 박사를 지명했다. 진술 내용과 시점이 조심스럽게 서로 일치했다. 마침 근래 며칠간 영주가 심하게 아픈 상태였던데다가 지금은 거의 삶과 죽음의 경계를 넘나들고 있었다. 마녀와 마술사들이 불구대천 원수이자 그들을 사냥하는 자를 없애려고 애쓰는 것은 얼마나 당연하고 확실한 일이겠는가?

그 영주가 스스로 이야기를 퍼뜨린 것인지, 아니면 건강을 되찾아 다른 이들이 널리 퍼뜨리고 있는 비난을 믿는 것인지는 정확히 알 수 없었다. 어찌됐든 간에 간접적으로 들리는 증거들은 플라데가 속죄양으로 지목됐다는 것을 알려주었다. 어떻게 보면 그에게는 그렇게 될 수밖에 없는 이유가 두 가지나 있었다. 마녀사냥꾼에다가 동시에 부자라는 것이다. 화형을 집행하기 위해 쌓아 놓은 장작더미 위로 마녀들을 올려보내던 재판장 자신에 대한 재판을 보는 사람들은 모두 악마의 저주에 대적하는 싸움에서는 아무리 영향력 있는 인물이라도 어떠한 자비가 있을 수 없음을 보게 될 것이었다. 곤궁한 시대를 살면서 자비도 이웃사랑도 없었던 수전노, 플라데에 대한 사람들의 처신은 일반 서민을 대하는 수준에도 미치지 못했다. 이리하여 마녀재판에 대한 이미지가 체계적으로 만들어졌다.

마녀사냥꾼들은 항상 그들의 희생양들로부터 복수를 당할 수도 있음을 계산에 두고 있어야 했다. 그러나 그런 복수는 너무나 뻔한 일로 생각되었기에 오히려 심각하게 받아들여지지 않았다. 그럼에도 불구하고 플라데의 사건에 대해 끊임없는 토의가 계속됐던 것은 사실 또 다른 여러 가지 이유가 있었다. 조사를 하는 동안 트리어 인들의 재정 상태가 낱낱이 파헤쳐졌다. 얼마나 많은 트리어 인들이 끔찍한 지경에 이르렀는지, 또한 그 이면에는 누가 있는지 지금까지 몰랐던 사실들에 대해 사람들은 모두 놀라움을 금치 못했다. 사람들은 이제껏 전혀 몰랐던 다른 모습의 디트리히 플라데를 발견했던 것이다. 그는 바로 대부업자였다. 더 정확하게 말해서 고리대금업자라 해야 할까? 충분히 그렇게 볼 수 있었다. 유럽의 가톨릭에서는 이미 오래 전부터 공공연한 이자놀이는 금지됐고, 그래서 법적으로 허용된 금융사업으로 위장하여 운용되고 있었다. 계약서에 따르면 플라데는 위장된 자신의 대부금에 5퍼센트의 이자를 받았는데, 이것은 매우 적정한 이자율이라 할 수 있었다. 종교개혁자인 루터와 칼뱅조차 합법적으로 허용할 수 있다고 생각한 정도였다.

하지만 그것으로 끝나지 않는다는 데 문제가 있었다. 시 서기의 아들이었던 플라데는 1580년대 중반부터 어마어마한 재산을 소유하고 있었다. 국세 조사에 의하면 그는 35년 쯤 지난 뒤엔 트리어에서 가장 부자였던 자보다도 네 배나 더 많은 재산을 가지고 있었고, 오늘날의 값어치로 따져도 어마어마한 백만장자였던 것으로 밝혀졌다. 심지어 트리어 선제후국의 연간 소득보다도 많았다. 주교의 공무원들이나 트리어의 교수들이라도 이만한 금액은 벌어들일 수 없었다. 도대체 이 많은 돈은 어디서 생겼을까? 이 질문에 대한 답은 오늘날까지 찾지 못했다. 하지만 플라데의 적들은 모두 그 답을 알 것이다. 고리대금과 인색함이 결합된 가장 혐오스러운 경우라는 것을. 그런데 이런 소문들은 또한 그들에게 가장 큰 이익을 주게 되므로 그에게 빚진 자들은 사정이 나아지리라는 희망을 갖게 됐다. 플라데가 화형에 처해지면 그와 함께 채무관계가 기록된 책도 불태워질 것이기 때문이었다. 그들의 입장에서는 사실상 마술같이 여겨질 만큼 벅찬 희망이었다.

하지만 대부분의 사람들은 아직 그 일을 관망하고 있었다. 플라데가 빌려준 금화 3만 8,217굴덴이나 되는 방대한 대출총액을 고려했을 때 전혀 이상한 일이 아니었다. 플라데에게 가장 많은 빚을 진 채무자는 바로 영주 자신이었다. 그는 그의 조언자에게 금화 9천 굴덴이나 빚지고 있었고, 그 다음 채무자는 4천 굴덴의 빚을 진 트리어 시였다. 4천 굴덴은 시의 절망적인 재정 상태를 봤을 때 감당할 수 없는 부담이었다. 그 밖에도 선제후국의 누구의 누구까지 철저히 적어놓은 채권 장부에는 고귀한 수도원장들과 귀족집안의 저명한 신사들이 줄줄이 올라 있었고, 액수가 굉장한 경우도 드물지 않았다. 플라데는 트리어 주변의 포도밭 주인들과 수공업자들에게도 돈을 빌려줬다. 이러한 차용증서는 74개 정도 있었는데 그들은 백 굴덴 이하의 적은 돈을 수시로 빌려 갔던 것으로 기록돼 있었다. 이러한 사실들은 플라데의 성공은 확실히 다른 사람들이 곤경에 처한 상황을 이용해서 이뤄졌다는 것을 말하고 있었다.

거의 모든 채무증서들은 최근의 날짜였는데, 모두 그 어려웠던 1580년대라는 것을 알 수 있었다. 트리어의 대부였던 플라데는 시민들의 가난으로 자신의 탐욕을 채웠던 것이다. 도시나 시골에 사는 많은 이들이 플라데에 대해 이렇게 생각했고, 영주 또한 그랬다. 자신을 위해 충성을 바쳤던 그 동장이 이제는 자비롭지 못한 자로 보였다. 영주가 플라데는 재판장으로서 임무를 수행하면서 욕심과 탐욕에 눈이 멀어 무책임하고 소홀한 경우가 많았다는 내용을 발표하자, 많은 이들이 머리를 끄덕이며 공감했다고 한다. 영주는 또 플라데가 뇌물을 받고 부정을 저질렀으며 돈 때문에 죄 없는 자에게도 유죄판결을 내렸다고 말하는 등 자기의 공무원들을 공공연하게 비난했다. 이제 모든 사람이 플라데는 충분히 그런 짓을 할 수 있는 자라고 생각하게 됐다.

고소를 당한 플라데는 이를 모면하려고 불길한 시도를 하다가 자기에게 더욱 치명적인 이미지만 더하는 꼴이 되고 말았다. 새로운 고소들이 더 격렬하게 그를 압박해오자 그는 1588년 10월 초에 결국 도주할 결심에 이르렀다. 그는 독일 기사수도회의 상급기사인 엘츠의 요한의 도움으로 사람들의 눈을 피해 도시를 빠져 나올 수 있었다. 그가 로트링엔 지역에 이르렀을 때쯤 말을 탄 사자가 뒤따라와 그들을 멈추게 했다. 그 사자는 요한에게 마술을 부린 죄로 법정에 고소당한 자를 도주시키는 것이 어떤 죄가 되는지 알고 있느냐며 경고했다. 엘즈의 기사는 트리어에서 몰래 빠져 나올 때 이미 그런 사정을 알고 있었던 것으로 보였다. 왜냐하면 그때 상황으로 보아 마음만 먹으면 확실하게 성공할 수 있었기 때문이다. 그런데도 그 시도가 결국 비참하게 끝나고 만 것은 플라데의 짐 때문이었다. 그 짐이란 바로 금화만 가득 든 주머니였던 것이다.

이제는 정말 모든 이들의 생각이 논란의 여지없이 확고해졌다. 정말 큰 위험에 처했을 때 영원한 구원을 찾지 않고 한갓 뜬구름 같은 재산만을 구하는 자는 진정 악마 같은 탐욕에서 헤어날 수 없음이 분명했다. 결국 엘즈의 요한은 플라데를 버렸다. 그는 트리어로 다시 돌아가라고 지시하고는 자신의 체면을 깎이게 한 동행자에게 성문 앞에서 말에서 내리라고 명령했다. 54세가 된 플라데는 거기서부터 문지기와 부인의 도움만으로 금화가 가득 찬 짐보따리를 다시 집으로 끌고왔다. 그 장면은 트리어 인들의 기억 속에 지워지지 않는 인상을 남겼다. 사람들이 그 돈 많은 남자를 비난하는 것은 너무나 당연했고, 당시 고소들의 가장 일반적인 이유였던 육욕뿐 아니라 탐욕에까지 눈이 멀어 악마의 소굴로 빠져 들어갔다고 말했다.

그러나 그런 관점에서 보면 악마가 그에게 줄 수 있는 것은 아무것도 없었다. 그런 것이 있다면 이미 다 가지고 있지 않느냐며 자신감 있게 분명히 반박했다. 하지만 그가 아무리 합리적이고 논리적으로 반박해도 설득당할 자는 이제 아무도 없었다. 고소당한 플라데가 스스로 증명하지 않았느냐는 것이 사람들의 말이었다. 그가 악마적인 탐욕에 빠지지 않았다면 그 이상한 바구니를 왜 그처럼 유별나게 지키려고 했단 말인가?

저주받을 금! 보물을 갖고 도주한 것이 얼마나 치명적이었는지 나중에 재판이 진행되는 동안 자신을 변호하려는 어떤 전략도 어떤 이유도 힘을 쓸 수 없었다. 이제 플라데는 비굴하게 도주한 것이 아니라 사업을 하러 간 것이라고 주장해봤지만 그것도 소용없었다. 이미 그의 사업이 돈을 빌려주는 것임을 돈 빌린 사람들뿐만 아니라 어느 누구나 다 알고 있었다. 그리고 미수금을 받으러 다니면서 자기 재산을 지니고 다니는 사람은 없었다. 이제 모든 것이 명백해졌다. 안전한 곳에 숨겨 두려 했던 그 많은 돈은 가난한 사람들에게서 이자를 불려 모은 것일 뿐 아니라, 계획적으로 곡식을 모자라게 해서 그들을 더욱 힘들게 했던 더러운 것으로 판명됐다.

플라데의 죄에 대한 마지막 의문이 사라진 것은 검열관이 그의 집을 검사한 다음이었다. 그가 소유한 여러 채의 집에서 곡식과 와인이 가득한 창고가 발견됐다. 그의 재산 목록을 작성하기 위해 트리어 시의 곡식 측량사까지 고용됐는데, 기록으로는 77말터나 되는 밀이 있었다. 그것은 1,600리터 또는 3만 파운드(1만 5,000킬로그램)에 해당되는 양이었다. 한 가정이 그렇게 어마어마한 양의 밀을 필요로 한다는 것은 무엇으로도 설명될 수 없었다. 와인도 밀과 마찬가지였다. 사람들의 말을 빌리면 플라데는 와인에 너무 집착하여 감옥에 있을 때조차 딸에게 와인을 잘 보살피라고 지시했다고 한다.

재판

모든 사람이 조금도 의심 없이, 오히려 열성적으로 믿게 된 죄인의 이력은 이제 완전히 윤곽이 드러났다. 영주와 예수회 사람들이 플라데를 직접 심문하여 그 모습을 그려낸 것이었다. 영주로서는 악마에게 유혹된 고리대금업자인 동시에 구두쇠의 모습을 한 플라데의 처벌은 자신에게 유리한 더할 수 없이 좋은 기회였다. 왜냐하면 그것으로 자신의 무죄를 공식적으로 증명할 수 있기 때문이었다. 물가상승, 곤궁, 굶주림들이 마녀와 마술사의 저주 때문이라면 군주는 모든 책임에서 해방될 수 있었다. 그런 식으로 더욱 엄격하게 악마의 무리들을 질타하고, 자기의 옛 고문관의 목숨까지 바치게 되면, 국민들에게 영주의 아버지 같은 보살핌을 더 확실하게 증명할 수도 있었다. 유능한 통치자가 경쟁자를 희생시킴으로써 자기의 권력을 확장시켜가는 것은 너무나 상식적일 뿐 아니라 서민들에게도 이득이 되는 것이었다.

그 밖에도 왕실금고와 여러 추종자들의 빚을 완전히 청산해줄 수 있고, 트리어의 상류층들과 빗나갔던 관계도 개선할 수 있을 것이었다. 어느 쪽으로 계산해봐도 결론은 하나였다. 플라데를 희생양으로 삼는 것은 정치적으로나 경제적으로나 큰 이익을 얻을 수 있었다. 이 상황에서 누가 더 망설이겠는가? 여기에는 또 기독교적으로나 국가적으로 훌륭하고도 뚜렷한 이유가 있었다. 그런데도 구두쇠이면서 마술사였던 한 고리대금업자에게 조금이라도 동정을 갖는다면 스스로 죄가 있음을 선언하는 것이나 마찬가지였다.

영주의 대책 회의는 아마 이런 식으로 방향이 잡혔을 것이다. 마키아벨리주의에서 양심의 가책을 받는 사람은 아무도 없는 법이다. 증인들은 결국 마녀가 모여 춤추는 장소에 있던 플라데를 알아봤다. 아무도 부정할 수 없는 증거에 대해 누가 이의를 제기하겠는가? 악마를 추적하는 것이 선을 위한 일이라면 이것은 바로 하나님의 뜻이었다. 이같은 주장이 우세해지자 플라데를 추적하려는 영주의 의지는 걷잡을 수 없어졌다. 그는 플라데가 지금까지 불려온 수입들을 근거로 판결을 내리도록 하급 소송기관에 지시했다. 국가의 정책은 이제 그들에게 유익한 신하였던 플라데를 파멸시킴으로써 그들의 힘을 키우려고 했다. 이것은 유럽의 국권을 키우는 데도 필요했다.

이제 모든 것이 플라데에 대항하여 모반을 일으킨 듯했고, 그의 세상은 엄청난 속도로 무너져갔다. 그의 아내, 아들들, 남자 형제들—이들 모두가 1587년 플라데에 대한 고소가 시작되는 시점과 거의 동시에 죽어갔다. 이런 일들이 동시에 일어나 그에게 우울증이 왔을 수도 있다고 자신을 변호해보려 했지만, 이 얘기를 꺼내자마자 무시무시한 법정은 그의 섬세한 감정을 무참하게 짓밟아버렸다. 이러한 논리는 그에게 오히려 부정적으로 작용했다. 우울증상은 신에게서 멀어지는 것을 뜻하므로, 악마에게 자신을 유혹하도록 최상의 기회를 제공하게 된다는 것이다. 이런 식으로 마녀재판은 제자리를 맴돌게 되어 있었고, 그렇게 예정된 행로에서는 아무도 빠져나올 수 없었다.

더 큰 위협은 1587년 여름부터 재판장에서 마녀와 마술사들이 다른 동료들의 이름을 털어놓는 일이 점점 많아지기 시작한 것이다. 그러나 공직자들에게는 죽음에 직면한 마녀들이 형장에서조차 플라데의 이름을 들먹이지 않아 상황을 더 어렵게 만드는 듯했다. 그의 발목을 잡고 있는 마녀사냥꾼과 뒤에서 조용히 일을 조종하고 있는 영주에게는 그들의 실토가 아주 중요한 증거물이었다. 플라데에게 유죄를 선고하기에는 아직 모자라는 점이 있었는데 그것은 바로 그가 무슨 목적으로 어떤 일을 했는지가 확실하지 않았던 것이다. 마녀들이 춤추며 모이는 장소에서 그를 자주 보았다는 말은 많이 나왔지만, 도대체 그가 거기서 무엇을 하려 했는지는 몰랐다. 죄악은 모습만 필요한 것이 아니라 뚜렷한 동기가 있어야 한다. 하지만 그 진술은 얼마 지나지 않아 확보하게 되어 트리어 인들에게는 눈에서 가시를 빼낸 듯한 기분이었다.

오이렌Euren의 마르가레테 메르텐Margarete Merten의 심문에서 밝혀진 사실은 다음과 같았다. 플라데는 부활절 전 목요일에 금빛 마차를 타고 악마의 동맹자 모임이 열린 황야로 왔다. 그곳에서 그는 수확을 망치게 할 달팽이들을 만들었다. 또한 마르가레테가 오래 전에 4주 정도 무덤에 누워 있던 아이의 심장으로 구워 만든 팬케이크를 같이 먹기도 했다. 플라데는 부활절 다음 목요일에도 달팽이를 만들어내는 일을 했다. 흙덩어리를 뭉쳐 모양을 다듬고 나면 그것은 나무통 안에서 끈적끈적한 해충으로 변했다. 대충 이런 얘기를 들은 재판장들뿐 아니라 모든 사람들에게 이제 사건은 명백해진 듯했다. 악마 같은 구두쇠인 플라데는 자신이 뻔뻔하게 모은 곡식들을 고리대금가격으로 팔 수 있도록 하려고 농작물을 없애버린 것이다. 그 증인에게 이러한 특별한 고발을 하도록 부추긴 자는 당시의 실정을 잘 알고 있던 사람이었던 것이 분명하다. 다른 사람들이 굶주리는 동안 자신만 살찌운 악마 같은 곡식 대부업자가 그 당시 유럽에서 가장 널리 퍼져있던 공공의 적이었던 것이다. 서민들은 그의 음모와 비열한 배후의 인물이 진짜라고 굳게 믿어버렸다. 플라데의 창고에 아무리 많은 곡식과 와인이 있었다 해도 그것으로 서민들의 굶주림을 없애지 못한다는 사실은 아무도 중요하게 생각하지 않았다.

당연히 플라데도 이 고소에 맞서 손 놓고 있은 것은 아니다. 이미 처음 그가 마녀로부터 지목당했을 때 그는 상급 공무원위원회에 무죄를 탄원해볼 필요가 있다고 생각했다. 하지만 마르가레테 메르텐이 뒤집어씌운 플라데가 달팽이를 만들어냈다는 진술에는 아무리 남모르게 신중히 변호하려 해봐도 어쩔 수가 없었다. 그런데다 그는 다음 행보에서도 계속 실수를 하고 말았다. 재판정에서 고발인과 직접 대면시키려는 제안을 거절하고, 그 대신 심복이라 할 만한 친구 세 명을 소름끼치는 그 자리에 내보냈던 것이다. 플라데를 대변하기 위해 재판장으로 나간 신분 높은 그 세 친구도 결국 좋은 소식은 가져오지 못했다. 그들이라고 어쩔 수 있겠는가? 마르가레테 메르텐이 자신의 진술을 너무나 고집스럽게 주장하여 플라데의 친구들조차 악마가 그녀의 입을 통해 직접 이야기하는 것을 듣는 듯했다고 털어놓았다.

하지만 플라데의 박해자들에게는 그 악마의 말이 더욱 확실한 진실의 소리로 들릴 뿐이었다. 그들은 드디어 충분한 증거물을 찾았다고 믿으며 트리어의 그 부자에 대해 공식 재판을 열 수 있다고 생각했다. 영주는 이제야 쫓고 쫓기는 게임을 느긋하게 즐길 수 있을 것 같았다. 그렇지 않고서야 왜 그가 피고인과 가장 가까운 친척관계에 있는, 바로 플라데 조카의 남편이자 가족의 피보호자였던 크리스토프 파트Christoph Fath에게 이 재판의 심리를 맡겼겠는가? 가증스러운 고리대금업자이자 구두쇠인 플라데에게 마지막 기회를 주려한 것은 절대 아니었을 것이다. 파트는 이 고통스러운 임무를 제발 면제시켜달라고 빌고 또 빌었지만 그의 간청은 한 마디로 거절됐다.

그는 법률가로서의 의무를 다한다는 생각으로 일을 시작했다. 심리위원들의 첫 임무는 지금까지의 마녀사건을 모두 조사하여 플라데가 그 마녀들의 동료로 참석한 적이 있는 사건을 찾아내는 것이었다. 무언가를 찾으려 하는 자는 언젠가 반드시 찾게 되어 있다. 눈 깜짝할 사이에 20명의 진술이 모아졌다. 그들 대부분은 지방에서 온 서민들이었다. 사실 트리어 도시 자체에서는 재판이 끝날 때까지 플라데를 고발한 자는 한 명도 없었다. 그러나 한편으로 그를 도우려는 이도 아무도 없었다. 그들은 액면 그대로나 비유적으로나 아직 갚지 못한 어마어마한 액수의 빚은 물론 플라데의 인색함에도 반감을 가졌기 때문이다. 플라데는 자신과 밀접한 이해관계에 있는 것 외에는 좋은 관계를 맺지 않았다. 자신의 돈을 신용장에만 투자했을 뿐 사회복지를 위해서는 한 푼도 쓰지 않았던 것이다. 그리하여 그는 대부분의 수전노들이 빠지게 되는 위험에 처하고 말았다. 결국 그는 부자가 되기는 했지만 항상 고립된 생활을 할 수밖에 없었다.

곤경에 빠진 플라데는 옛 동료들에게 도움을 요청했는데, 그들은 할 수 있는 데까지는 애써주었다. 그의 간청으로 최고재판소와 의회에서는 품행 증명서를 써주기도 했다. 플라데는 성실한 가톨릭 신자로 이단자와의 전쟁에서 용감하게 싸웠다는 것, 게다가 그는 의심할 여지없는 고상한 가문의 사람이라는 내용이었다. 마녀도 유전될 수 있다는 믿음이 당시 사람들에게 널리 퍼져 있었음을 고려할 때 그 증명서의 내용은 설득력이 있었다. 또한 플라데는 자기가 마녀의 적이라는 것은 재판관으로 일했던 사실만으로도 증명된다고 했다. 하지만 영주에게는 그다지 깊은 감명을 줄 수 없었다. 그는 또 다른 패들을 손에 쥐고 있었다. 추적자들은 정확히 지시를 받은 새로운 증인들을 하나둘씩 법정에 세웠고 그들은 항상 플라데에 대한 끔찍한 일들을 보고했다. 이제 플라데의 사악한 음모들은 점점 상상력 넘치는 내용으로 꾸며졌다. 그는 시커먼 점액으로 수많은 달팽이들을 만들어냈고 악마가 시키는 대로 그것을 곡식의 씨앗에다가 던졌다. 당연히 와인과 포도나무들도 망치려 했다. 파괴욕과 함께 그 극악무도한 자는 오만방자해지기까지 했다…. 등등으로 상상력은 끝이 없었다. 점점 더 화려한 옷을 입고 금목걸이까지 하고 나타나는 그 무정한 증인들은 이제 마녀들이 춤을 추는 장소에서 죽음의 축성을 하고 있는 플라데를 자랑스럽게 이야기했다. 새로운 동기는 더 이상 거론되지 않았고, 그럴 필요조차 없었다. 플라데의 죄에 대한 그림은 이미 완성됐던 것이다.

플라데의 신경은 이러한 음모를 더 이상 감당해낼 수 없었다. 금화로 가득 찬 돈주머니를 가지고 도망친 '비즈니스 여행'이 실패한 후에도 그는 계속 도주를 시도했지만 실패만 거듭했을 뿐이다. 부자이면서도 탐욕스러운 플라데는 거칠게 떠들어대는 군중에 가택 연금을 당하게 됐고, 결국에는 공공의 적으로 낙인이 찍혔다. 그 와중에도 그는 희망을 버리지 않았다. 그는 시민들의 분노로부터 자신을 보호해달라는 내용의 청원서를 영주에게 보내고 수도원에서 지내게 해달라는 부탁을 전했다. 하지만 더 이상의 대책은 통하지 않았다. 그의 주인이었던 영주는 이 잔인한 게임의 끝을 화려하게 장식했다. 다시 한 번 그는 탐욕이란 자신의 마지막 에이스 패를 던졌다. 영주는 양심을 저버리고 플라데가 전 재산을 그에게 넘겨주더라고 말했다. 플라데와 같은 악명 높은 구두쇠가 위험에 처하지 않는 이상 자신의 돈을 그렇게 써버릴 수 있겠느냐며, 그것은 또 다시 자신의 죄를 증명하는 결정적인 증거라고 단정지었다.

그 결과 1589년 3월 영주는 공식 체포명령을 내렸고 재판은 다음의 결정적인 단계로 넘어갔다. 마녀 재판관이었던 플라데는 자신을 기다리는 것이 무엇인지 알고 있었다. 더 이상 견딜 수 없는 고통을 당할 것이었다. 재판은 그에게 또 다시 똑같은 증인진술을 계속 들이대며 똑같은 질문으로 유도심문을 했다. 마지막으로 양심의 짐을 덜고 완전한 진실을 털어놓지 않겠느냐는 질문을 더욱 위협적으로 되풀이했다. 아무것도 아닌 사소한 사실 하나도 이제는 갑자기 엄청나게 중요한 의미로 받아들여지는 것이 당연했다. 예를 들어 그가 무죄라면 도대체 왜 수도원으로 가려 했느냐는 것이다. 고소를 당한 그 자체도 플라데에게는 비난으로 돌아왔다. 그와 같이 명성이 높은 시민이 의심을 당했다는 사실 또한 그에게는 불리했다. 그에 대항하여 플라데는 고차원의 인간 이성을 무기로 세련되고 탁월한 변호를 해보았다. 하지만 그 돌고 도는 마녀사냥 소송에서 피고인의 반론을 들어줄 리가 없었다. 그리고 영주 또한 속죄양을 원했다. 그는 이미 대학의 신학학부에 보내는 편지에 이 재판이 어떻게 끝나야 하는지에 대해 자신의 의사를 명백히 밝혀 놓았다. 마술사들에 대항할 때는 그 인물이 누구인지 아무것도 고려하지 않고 재판해야 한다는 것이었다.

앞날의 진로는 확실히 정해졌지만 플라데는 여전히 운명에 순응할 수 없었다. 예전의 동료였던 정을 봐서 석방시켜달라고 아무리 간청해도 영주는 조롱이라도 하듯 이유까지 제시하며 거절했다. 그 이유인즉, 좋은 목적의 일을 할 때는 울며 겨자 먹기로 해야 할 때도 있다는 것이었다. 피고인이 길게 부정하면 할수록 고문은 점점 더 심해졌다. 플라데는 재판이 시작되기 전부터 몸이 많이 쇠약해져 있는 상태였기 때문에 그 고문기구들은 더욱 끔찍하게 그를 괴롭혔다. 그는 차라리 모든 일을 끝내는 것이 더 낫겠다고 생각했다. 그래서 그 피고인은 드디어 고백을 했다.

그는 재판정에서 사람들이 듣고 싶어 하는 말이 무엇일까를 상상하며 거기에 맞춰서 말하기 시작했다. 하지만 그의 첫 진술은 너무 지나치게 꾸미는 바람에, 악마가 그의 형상과 함께 그의 의지까지를 취해 안식일에 자기 자신을 '대신했다(빌려썼다)'고 주장하게 됐다. 이것은 악마에게 속임을 당했다는 것처럼 들리면서 다시 변명처럼 되고 말았다. 또 다시 새로운 고문이 이어졌고 처음부터 다시 '고백'해야 했다. 특히 악마의 유혹에 관한 내용은 훨씬 화려하게 꾸며졌다. 알다시피 플라데는 충분히 많은 돈을 가지고 있었기 때문에 악마도 그를 돈으로 유혹하진 않았지만 반대로 육욕의 죄는 많이 지었다고 말했다. 그렇지만 굶주림의 상황을 만들기 위해 곡식을 파괴시키려 했다는 계획은 계속 완강하게 부정했다.

재판관들은 회의를 소집하여 중간 결과를 정리했다. 당연히 그들의 군주에게 조심스럽게 보고했다. 굳이 입 밖으로 내진 않았지만 이제 이만하면 되겠느냐는 무언의 질문이 보고서에 들어가 있었고, 그에 대한 대답을 기다렸다. 그러나 아직 충분하지 않았다. 1589년 9월 12일 대리인이 피고인에게 모든 것을 완전히 털어놓으라는 영주의 엄중한 요구를 전했다. 이제야 말문이 터지기 시작했다. 플라데는 끝을 내고 싶었다. 그리하여 신의 믿음에 대한 의심, 순결하지 못했던 점, 그리고 악마만이 충족시켜줄 수 있는 무한한 지식욕 등 이제 모든 것을 고백했다. 그리고 논밭의 열매에 대한 저주를 인정하며, 이 끔찍한 게임을 빨리 끝내고 싶어 모든 거짓말을 최대한 납득이 가게 꾸며냈다. 그는 마녀 안식일에 스스로 곡식과 와인을 망쳐버릴 계획을 짠 것과 가난한 이들 탓에 수포로 돌아간 것에 대해 말했다. 이제야 드디어 모든 이야기가 맞아떨어져 받아들일 만했다. 달팽이를 만들어낸 사실까지도 이제는 '인정했다'. 가장 좋은 방법은 유죄선고를 받은 마녀들이 진술한 내용을 그냥 그대로 되풀이하고 재판관들이 바라는 대로 적절한 표현을 하게 하는 것이었다.

모든 희망을 잃어버리자 플라데는 오히려 우쭐해져서 스스로 더욱 빈정대고 싶은 듯이 그 터무니없는 이야기에 확실한 징표를 덧붙였다. 그는 흙덩어리를 공기 중에 던졌더니 살아 움직이는 달팽이들이 줄줄이 내려왔다고 했다. 그리고 아이의 심장으로 만든 케이크를 맛 본 것까지도 확실하게 인정해줬다. 하지만 성체의 모욕에 대한 것만은 인정하지 않았다. 그에 대해서는 어떤 고문도 아무 소용이 없었다.

고문 때문에 그도 다른 마녀들의 이름을 털어놓았다. 그것도 헤아릴 수 없이 많이. 영주의 암살시도는 그 누구도 아닌 바로 대수도원 사제가 계획했다고 말했다. 다른 더 높은 인사들과 최고위층 인사에 대한 고발도 서슴없이 계속했다. 하지만 이 모든 것도 이제는 더 이상 그를 구해낼 수 없었다. 결국 1589년 9월 18일 디트리히 플라데 박사는 사형선고를 받아 화형에 처해져 숨통이 끊기고 말았다.

하지만 그는 사후 준비를 철저히 해두고 숨을 거뒀다. 자신의 막대한 재산에 대해서까지. 그의 유언장에 따르면 추도 미사에 많은 돈이 책정

헨드릭 포트(Hendrik Pot, 1580~1657)는
탐욕을 늙은 여인으로 표현했다.
그 여인은 뼈대가 불거져 나온 손가락으로
값비싼 컵을 움켜잡고, 금으로 세공된 기구들과
그녀의 앞에 놓여 있는 금은 장신구를
사랑스러운 표정으로 바라보고 있다.

〈길드의 보물(탐욕)을 들고 있는 늙은 여인〉, 1622,
본Bonn에 있는 라인지방의 국립박물관.

됐고 경건한 비문을 만드는 데는 더욱 더 많은 돈이 책정되어 있었다. 그에게 고통을 주었던 사람들조차 유산을 분배받을 수 있게 했다. 영주에게는 4개의 고블랭직 새 벽걸이가 주어졌고, 최고재판장에게도 상당한 돈이 들어갔다. 너를 박해한 자들까지 사랑하라는 것이었을까?

그게 아니다. 죽은 후에도 너의 재산을 지켜라! 그것이었다. 이 목적을 위해 수많은 트리어의 명사들에게 돈을 나누어 유산을 받은 보답으로 자기를 기억하게 하고 영주의 대리인을 유언집행자로 지정했다. 그렇게 해서 플라데는 영주에게 모든 유언이 충실히 집행되고 면밀히 보고되도록 했던 것이다. 그래도 가장 많은 돈은 가족들에게 물려주기로 했다. 그것은 영주가 동의할 때만 허용된다는 전제에서 가능했는데, 영주가 어쩔 도리 없이 동의하도록 하기 위해서였다. 어쨌든 플라데의 친척들은 명성 높은 사람들이었고 가족들은 오랜 기간 자신들의 임무를 열심히 수행했다. 이 외에도 유언은 신성한 재단에도 많은 돈을 쏟아붓게 되어 있었으므로 더 이상 반박의 여지가 없었다. 만약 영주가 이 유언을 뒤엎으려 한다면, 그 또한 플라데를 파면시킨 것과 똑같은, 바로 탐욕가라는 의심을 받을 것이었다.

그리하여 영주는 고블랭직 이외에 금화 4천 굴덴 밖에 더 얻지 못했는데, 그 돈은 바로 유죄선고를 받은 플라데가 예전에 트리어 시에 대부금으로 빌려준 것이었다. 이 대부금은 결국 재단으로 들어갔고 오늘날에도 그 재단에서 매년 트리어의 교회로 수백 유로의 돈을 보내고 있다.

CHAPTER
05

"무대 위에서"

몰리에르Moliéres의 구두쇠와 선한 사회

최신 작품

누구나 이와 같은 살인을 저지를 수 있다. 첫째로 그것은 간단했고, 둘째로 사람들은 이미 오래전부터 그렇게 될 것을 예측하고 있었다. 마지막으로 모두가 희생자에게 책임이 있다고 여겼다. 파리 최고의 사복 형사이자 사법관인 타르디외Tardieu와 그의 아내는 자신들이 살아온 삶 때문에 희생됐다. 이에 대해 상류층과 평민들도 공감했다. 누구나 금세 공사인 카르디약Cardillac에게 동정심을 느꼈다. 그는 자기가 만든 훌륭한 작품을 되찾기 위해 그 가치 있는 작품을 구매한 사람들을 죽였다. 이것은 탐욕보다는 예술가의 작품에 대한 지나친 애착 때문이었다.

타르디외의 인색함은 그 정도에서 가장 치사했다. 그의 아내는 결혼할 때 30만 에쿠스라는 많은 재산을 가져왔고, 그 역시 최소한 아내와 비슷할 만큼 재산을 갖고 있었다. 하지만 둘 다 거지처럼 살았다. 그는 개인적으로 식사를 대접할 때도 공무로 처리하여 악명이 높았다. 한 쌍의 부부에게 말라비틀어진 빵과 한 개의 달걀, 다시 말해 달걀 한 개로 두 명을 대접하기도 했다. 그의 말들은 파리의 거리를 가로질러 낡은 4륜 마차를 끌었는데, 만성 영양실조로 급격히 쇠약해졌다. 타르디외는 고위 관리들에게 필요한 최소한의 품위를 유지하기 위해 30명의 하인을 부리는 대신, 단 한 명의 노쇠한 하인만 두었을 뿐이다. 그래서 벨이 울리면 주인 타르디외가 직접 문을 열었고, 하인이 가져와야 할 명함을 자신이 직접 방문객에게 주었다.

이미 정해진 사실처럼 결국 1665년 8월 24일 밤에 살인사건은 일어나고 말았다. 두 부부가 낡고 닳아 해진 옷을 입고 있는 모습은 반감을

〈일곱 가지의 죄악〉 동판화에서 죄악의 연단 위쪽으로 맨 위에 분노가 광란하고 있다. 탐욕은 바로
한 계단 아래에 있을 뿐이다. 아래의 글이 설명하듯, 인색은 추악한 형상으로 나타냈다. 탐욕은 옆구
리에 돈을 갖고 있지만 외형은 누더기를 입은 타락한 모습이다. 인색은 절대로 자발적으로 베풀지 않
는다.

익명의 작가, 17세기 전반, 라인 주 박물관, 본

사기에 충분했다. 이들 부부의 피투성이 이야기는 사람들에게 교훈을
주었다. 즉 "아무것도 나눠주지 않은 자는 결국 모든 것을 잃는다." "끊
임없이 두려움에 떠는 구두쇠가 재산을 한 푼도 쓰지 않으려고 온갖 청
승을 떤 결과 흉악한 강도의 범죄를 정당하게 만들었다."

강도 살인사건이 일어난 지 3년 뒤, 타르디외의 삶과 죽음에 자극을
받아 그를 다룬 희극 〈수전노〉가 공연됐다. 이 희극을 무대에 올린 몰

리에르는 확신했다. 사람들은 구두쇠 아르빠공Harpagon 집의 바싹 마른 하인 메뜨로 자끄에게 동정을 느낄 것이라고. 요리사면서 마부이기도 한 메뜨로 자끄는 구두쇠의 식사를 어떻게 준비해야 하는지 알고 있었다. 초연 이후 340년 동안 무대에 오른 이 연극에 삶의 중요한 지혜들이 넘치고 있음을 수많은 비평들이 보여주고 있다. 반(反)생존을 넘어선 승리, 나이를 초월한 승리, 극단을 넘어선 기준의 승리, 규범을 어기는 것에 대한 관습의 승리, 혼란스러운 개인을 초월한 사회의 승리, 시민을 초월한 귀족의 승리, 이것은 단지 몇 가지만 뽑아냈을 뿐이다.

연극의 대단원에 등장하는, 서로 화해를 이룰 수 없는 반대편 정당의 언변이 가장 뛰어난 대변인은 바로 당시의 문명과 귀족 사회를 경멸하기로 악명 높았던 장 자끄 루소(Jean Jacques Rousseau, 1712~1778)였다. 루소에게는 이 연극이 매우 고귀한 감정인 아버지의 자식에 대한 보호, 합리적인 절약 그리고 선천적으로 요구되는 가부장 제도를 웃음거리로 만들었기 때문에 매우 사악한 것이었다. 그렇게 수전노를 격렬히 비판했던 루소 스스로가 인색했는지 아닌지에 대한 의문은 루소 주변에 많은 적을 만들었다.

여하튼 루소가 연극에 이의를 제기한 것은 5막 31장에서 보여주는 명백한 악덕에 내리는 흥겨운 처벌이 다룰 만한 가치가 있다는 것 이상을 보여줬다. 그러나 그것은 단 한 번에 관례, 관습 그리고 익살극의 특성을 능가한다. 타르디외-모티브가 플라우투스(Plautus, 그리스 극작가) 연극의 모티브와 함께 녹아있는 그 줄거리는 몇 줄의 문장에 요약되어 있다. 그 완고하고 늙은 수전노 아르빠공(몰리에르의 희극 〈수전노〉의 주인공)은 자신의 보석함을 정원에 숨겼고, 순전히 경제적인 이유로 동시에 세 개의 결혼을 계획한다. 아르빠공 자신은 사랑스러운 젊은 처녀 마리안느Mariane와 결혼하고 싶어 한다. 비록 마리안느가 결혼지참금은 한 푼도 없지만 그녀가 일상생활의 불필요한 지출들은 확실히 줄여줄 수 있다는 이유에서였다. 아르빠공은 그의 자식 끌레앙뜨Cle anthe와 엘리즈Elise에게는 각각 연상의 돈 많은 과부와 부유한 홀아비를 결혼 상대자로 내정한다. 두 경우가 각기 다른 계획으로, 근본적으로는 순진함(아들의 경우)과 온순함(딸의 경우)을 따르는 듯이 보이나, 거기에 관계를 설정함으로써 표면적인 줄거리가 효과적으로 극대화한다. 여기에 끌레앙뜨가 아버지의 연인 마리안느를 사랑하게 되면서 아버지와 아들이 서로 경쟁하고, 엘리즈는 아르빠공의 집안일을 도맡아 하는 집사 발레르Valere를 선택하는 등 극적인 반전은 또 다른 즐거움을 유발한다.

갈등을 고조시키고 다시 완화시키는 역할로, 교활한 집안 하인들이 등장한다. 그들은 약삭빠르지만 우직하고, 성실하면서 뻔뻔스럽기도 한 요리사이자 마부인 자끄와, 모든 생활에서 입증된 끌레앙뜨의 똑똑한 하인 라 플레슈La Fleche, 그 밖에 산전수전 다 겪은 뚜쟁이 푸로진Frosine도 모든 부분에서 중요한 역할을 했다. 결말은 마땅히 가야 할 방향으로 흐른다. 가지각색의 음모 뒤에 인색함이 승리하고 아이들에게는 모든 것을 잃은 것처럼 보일 때, 예상외의 대단원으로 그 실마리가 풀린다. 아르빠공이 엘리즈를 위해 남편으로 점찍어 두었던 돈 앙셀므Don Anselme는 망명한 나폴리의 귀족일 뿐만 아니라 발레르와 마리안느의 아버지로서 모습을 드러낸다. 아르빠공은 발레르와 엘리즈의 결합,

그리고 끌레앙뜨와 마리안느의 관계도 직접 축복해준다. 하지만 아르빠공에게는 다른 걱정이 있었다. 그의 보석함이 도난당했는데, 그것을 훔친 것은 바로 하인 라 플레슈이다. 관객들은 이를 알지만 아르빠공은 전혀 모른다. 그의 아들은 도난당한 보석함을 찾아 돌려줄 것을 약속하고, 그 때문에 아르빠공은 자식들의 겹결혼에 동의한다. 두 쌍의 커플은 결혼하고, 구두쇠 아르빠공은 자신의 돈을 되찾으면서 연극은 막이 내린다.

초연을 본 주의 깊은 관객들에겐 당연히 그게 전부가 아니었다. 무엇보다 발레르란 인물의 변화무쌍한 이중성이 눈에 띈다. 그는 처음부터 1인 2역으로 나온다. 아르빠공의 집사인 발레르는 모든 계획을 소상히 알고 있었고, 그것을 도와야 하는 의무가 있었다. 하지만 개인적으로 그는, 수전노인 아르빠공에게 대립하는, 자신과 엘리즈의 결혼에도 관심을 가져야했다. 이렇게 발레르는 그의 주인을 배신해야만 한다. 부유한 부르주아 계급과 귀족들은 하인들에게 갖는 신뢰를 의심하는 관점에서, 가족의 테두리 안에 있던 배반자 발레르(하인도 가족에 속한다)는 상황에 따라 억지웃음을 짓게 만드는 원인이 된다. 발레르는 구두쇠들의 언어와 세상 사람들 언어 두 가지에 모두 능통하기에 더욱 의심을 받는다. 발레르는 집사로서의 역할을 해내며 각각의 윤리적 지혜로 포장된 구두쇠의 은어에 통달해 있다. 구두쇠들은 자신들의 위장된 언어를 이성과 표준의 전형이라고 여겼지만 세상 사람들은 낭비로의 파멸이라고 생각했다.

영리한 발레르는 구두쇠의 세계와 다른 세계의 경계를 넘나들 수 있었기에, 그는 스스로 인지하지 못해도 굉장한 구두쇠의 범주에 머무를 수 있었다. 구두쇠가 영원히 자신의 광란적인 그림자에 사로잡혀 있는 동안, 발레르는 그로 인한 불행의 엄습을 암흑지대로 이끌지 않고, 또한 광명의 들판에서 정신적 건강을 다시 되찾음에 상관없이 구두쇠의 비정상적이고 병적인 현상을 가장 가차 없이 드러내 보였다.

사후에 드러나는 인색함

하지만 인색함은 구두쇠가 아닌 사람들에게 상당한 효과가 있다. 인색함은 자기 자신을 야비하게 만들고 희생자를 범인으로 둔갑시킨다. 그들은 부득이하게 법률적으로 범죄가 되는 행동들을 저지른다. 보석함의 절도는 타르디외를 법정에서 교수대로 끌고 갈 수도 있었다. 인색은 전염되지 않지만 그에 맞서 저항하는 사람을 야비하게 만든다. 극의 마지막에는 사랑의 서약이나 낭만주의는 거의 남지 않고, 이중거래는 어느 쪽이나 다 만족할 수 있는 방향으로 종결된다. 극의 공개적이고 조롱 섞인 결말은, 특별한 언급없이도 관습이 도덕적 규범을 제약하지는 못한다는 것을 보여준다. 결국 마지막엔 당연하게도 비용문제만 남는다.

아르빠공은 보석함 절도사건 후 출동한 경감에게 그에 상응하는 보수를 지급하기를 거부한다. 대신에 그는 경감에게 모든 죄를 메뜨로 자끄에게 뒤집어씌운다. 메뜨로 자끄는 사기에 결부되어 처벌을 받아야 했고 교도관은 그에게 돈으로 배상하라고 요구했다. 실제로 마부이자 요리사인 메뜨로 자끄는 다른 모든 사람들처럼 온 힘을 다해 속이고 기만했고, 그것을 통해 분쟁을 해결하게 되며, 관객들은 점점 메뜨로 자끄의 분노를 이해할 수 있게 된다. '만약 내가 진실을 말한다면 태형을 받게 될 것이고, 거짓말을 한다면 교수형에 처해져야 하는 걸까?' 당연히 그렇게 되진 않는다. 돈 앙셀므는 귀족들처럼 훌륭하게 경관의 몫을 지불한다. 그는 분쟁을 해결하고 이것은 그 연극이 전달한 메시지였다.

그리고 확실히 무언가가 더 있었다. 대단원에 같은 인물의 장인을 두게 된 두 쌍의 커플과 한 명의 독신자가 있었다. 인색함은 인간을 고립시키고 이것은 이미 보쉬Bosch의 임종 그림에도 잘 드러나 있다. 구두쇠에게 슬픔은 혼자가 되는 것이 아니라 둘만의 오붓하고 황홀한 생활에 돈이 드는 것임을 몰리에르는 보여주고 있다. 결말에 모두들 축제를 벌이며 행복에 빠져 있을 때, 아르빠공은 '사랑스러운 보석함'만이 자신의 행복이라고 여겼다. 그에게 보석함은 너무나 소중할 뿐 아니라 유일한 것이자 모든 것이었고, 나아가 자기 자신 그 자체였다. 그는 보석함을 가장 개인적이고 은밀하게 부르는 것을 전혀 부끄러워하지 않았기에, '나의 피' '나의 심장'이라고 불렀다. 이것은 쉽게 흘려들을 수 없는 그리스도교의 신비스러움을 연상시켰다.

그 구두쇠는 자신의 보석을 영원히 바라봄으로써 구원을 받는다. 완전히 혼자 스스로, 완전히 마음속에 스스로, 완전히 그 자신 스스로, 그리고 항상 그 자신 그대로 머물러있다. 이것도 역시 깊이 주시하는 관객들만 볼 수 있다. 구두쇠는 결국 교묘한 책략으로 인해 완전히 따돌려지고, 하물며 그는 올바르게 고쳐지지도 않는다. 인색이란 고질병이다. 왜냐하면 구두쇠의 인성에서 비롯된 인색은 아픈 몸의 일부처럼 분리할 수 없기 때문이다. 인색함은 구두쇠의 인성을 완벽하게 사로잡는다. 인색함은 또한 아르빠공이 그의 실패를 느끼지 못하게 하는 지경에 이르게 한다. 그가 어떻게 해야만 했을까?

아르빠공은 비록 마리안느를 얻진 못했지만 절약은 혼자서도 할 수 있었다. 그렇지 않아도 사랑은 그에게 어울리지 않는다. 두 자녀가 집을 나간 것도 비용절감이고 엘리즈는 결혼 지참금도 필요 없었다. 게다가 아르빠공의 자식들은 신분을 뛰어넘는 결혼을 했다. 이런 상승은 행복한 전망을 갖게 했다. 앙셀므가 이미 경찰의 조사에 든 비용과, 두 자녀의 결혼식 비용, 아르빠공의 새 재킷 제작비용을 부담했을 때, 배포가 무척 크다고 알려진 앙셀므가 그에 맞게 얼마나 더 많이 지불해야 할지 그 누구도 알지 못했다. 이 마지막 생각은 극중에는 드러나지 않지만, 신중한 관객들은 아르빠공의 입장에서 충분히 그런 생각을 할 수 있었다. 그런데 왜 아르빠공은 진정한 승자로서의 쾌감을 얻지 못했을까?

인색함의 정신병리학적, 반(反)사회적인 것과 그를 통해 야기된 원동력은 극의 본래 줄거리에 드러나 있다. 이런 동기는 아버지와 자식들 사이, 주인들과 하인들 사이에 자연스러운 적대관계를 형성한다. 웃음을 유발하는 요소는 그뿐만이 아니라 ―거기까지는 루소가 인정한 부분이었다― 인간적 천박함, 열등감 그리고 광란의 조합에 있었다. 나아가 몰리에르는 희극의 심연을 드러내는 장면에서 인색의 정신적 존재를 이해하고자 노력했다. 인색함이 모든 관례를 깨는 것은 아르빠공의 첫 등장에서부터 드러난다. 아르빠공은 라 플레슈에게 자신의 비용을 미끼로 삼아 부당한 이익, 즉 스파이와 배반의 죄를 씌운다. 그 배후엔 어떤 명확한 혐의도 없었고, 세상에 맞서는 구두쇠의 삶을 지배하는 감정인 불신만 있을 뿐이었다.

라 플레슈는 구두쇠와 같은 사람은 누군가를 밤낮으로 경계하고 있다는 상식적 항변조차 전혀 입 밖에 낼 수 없었고, 구두쇠는 배반적인 견해를 갖고 그를 압도한다. 그는 자신이 원하면 숨길 수도 있었고, 마음에 드는 것은 지킬 수 있었다고 했다. 이런 말들은 그에게서 무심코 새어나온 것이 아니고, 라 플레슈를 믿지 못하는 두려움에서 터져 나왔다. '라 플레슈가 숨겨진 보물에 대해 무엇을 알고 있을까?' 두려움을 없애려고 아르빠공은 숨긴 보석함의 존재를 끈질기게 부인하는데, 그 같은 강한 부정은 고백이나 다름없었다. 인색이 강요하는 회피 전략은 정반대의 결과를 낳는다. 아르빠공은 구두쇠로서 마음속 깊이 혼자만 알고 있는 숨겨진 돈에 대해 말하지 않으려고 스스로를 격리시킬 수밖에 없었다.

인색함은 2막 1장에서도 뚜렷하게 드러난다. 라 플레슈는 끌레앙뜨에게 그가 원했던 1만 5,000에쿠스의 대부금을 빌릴 수 있는 조건을 알려준다. 이 금액은 끌레앙뜨가 마리안느와 신분에 어울리는 결혼을 하는데 필요한 비용이었다. 그 차용서는 치사한 목적에 증명서로 이용됐다. 원래 공식적으로는 고작 5퍼센트의 이자만을 붙인 공정한 제안이었다. 하지만 거기에 채권자 쪽에서 그 금액을 빌려줬다고 주장하는 추가이율이 20퍼센트 더 붙었다. 또한 총액의 4분의 3만 현금으로 지불되고, 나머지는 채무자가 갖가지 잡동사니들로 받게 되지만, 액수에 상당하는 만큼 환급해야 한다. 이 엄청난 값으로 환산된 부피가 커진 엉터리 같은 계산에서 청중은 비로소 웃는다. 하지만 이 웃음은 오래가지 않는다. 끌레앙뜨는 고리대금업자가 다른 누구도 아닌 자신의 아버지임을 밝혀낸다. 이어진 논쟁에서 명예, 의무와 품위에 대한 모순된 견해들이 펼쳐진다. 아르빠공은 아들의 책임감 없는 낭비를 다시 책망하면서, 그동안 시민계급의 근면성으로 오랫동안 힘들게 모은 것을 아들이 없애버렸다고 말한다.

이런 책망은 핵심을 찔렀다. 옛 신분제도의 부르주아 계급은 아무것도 두려워하지 않았다기보다 오히려 신분사회의 몰락이 가져올 사회적 파멸과 빈곤을 두려워했다. 이런 계급의 파멸은 도처에서 빈번했다. 그러나 계급을 죽음으로 이끈 질병은 절약의 소멸이었다. 이런 생각을 갖고 있는 유명 상인들, 공증인과 교수들은 자신들의 신분을 지켜나갔을 뿐 아니라 되도록 신분을 상승시키도록 아들들을 독촉했다. 불합리하게 구두쇠의 입에서 나오는 경고는 아들이 가문의 재산을 전혀 낭비하지 않고, 오히려 사회적 자본의 투자를 통해 가문의 신분을 상승시키도록 노력하게끔 이끌었다. 하지만 아르빠공은 가족을 생각해서가 아니라 단지 자신의 돈 때문에 그랬다. 아르빠공은 명예와 평판이 돈만큼 가치가 있고, 그의 보석들보다 더 가치가 있다는 것을 강하게 부인했다. 끌레앙뜨는 아르빠공에게 그의 치사스러운 인색함과 그 추악한 결과인 고리대금 때문에 존경과 평판을 잃을 수도 있다고 호소하지만, 그는 귀담아 듣지 않는다. 이 몇 문장 안에 의미 있는 심적 갈등이 잘 드러나 있다.

청중은 그 심적 갈등을 너무도 잘 알고 있었고 스스로 느끼고 있다. 얼마나 많은 돈을 계산이 가능한 연간 수익의 이자에 그리고 무형의 귀중품에 투자해야 하는 것일까? 특히 옛 신분사회의 부르주아 계급은 이를 신중하게 고려해야만 했다. 신분 질서 속에서 부르주아 계급은 귀족 아래 위치했다. 그들은 이 한 단계 낮은 위치를 다음과 같은 좌우명 아래 긍정적으로 재평가했다. '우리는 보다 나은 고유한 표준 규범을 갖고 있으며, 이것은 언젠가 확고한 위치를 차지하게 될 것이다.' 이 표준 규범에는 교육, 프로의식, 욕망제어, 규칙 그리고 절약이 포함돼 있었다.

아버지들은 자신들의 우월한 도덕성을 자랑하고 싶어 설법하려 했지만, 아들들은 부르주아 계급과 모순된 귀족의 생활방식에 마음이 끌렸다. 첩을 거느리고, 마차를 타고, 축제를 벌이고, 결투를 즐기는 젊은 귀족들의 광채나는 모습과 대조되는 아버지들의 인색함에는 과연 무엇이 있나? 풍요로운 환경에 있는 모든 부르주아 가문들은 이 표준 규범 논쟁을 알고 있었다. 도처에 그 아들들이 마치 '후작처럼' 살고 싶어 한다는 두려움이 퍼졌다. 그것에 대해선 최대한 웃으려고 노력해도 어떤 웃음도 지을 수가 없다. 확실히 아르빠공의 행동은 가혹했다. 빈곤에 대한 두려움이 이 가혹한 조치를 정당화할 수 없었을까? 적어도 여기엔 연극의 중심인물들에 대한 동정심이 있어야 했다.

그런 무거움 뒤에 다시 가벼운 식사를! 제 3막의 첫 번째 장면은 앙셀므와 그의 예비 사위의 향응을 다루고 있다. 그 향응에 필요한 지출로 아르빠공과 요리사인 자끄는 서로 싸우고 있다. 이는 평범하지 않고, 또한 입장이 뒤바뀐 상황이었다. 하인은 자신에게 속한 것을 잘 알고 있었고 주인은 결코 그렇지 않았다. 아르빠공은 하인들에게 자기 방식대로 지시를 내렸고, 그 지시는 관객들에게도 시간을 초월한 적대적 인식을 갖게 한다.

여기서 우리는 구두쇠가 어떻게 살고 있는가 하는 문제에 직면한다. 잔이 비어 있어도 결코 채울 줄 모르고, 상대가 술을 명확하게 요구했을 때만 제공한다. 당연히 물은 넉넉히 차려놓으라는 것이 그의 지시다. 또한 두 명의 하인은 그들 제복의 얼룩과 찢어진 부분이 보이지 않게 움직여야 한다. 다음과 같은 지시가 계속 이어진다. 열 명이 와도 8인분만 요리해라. 요리사가 추천한대로 네 가지 스프와 다섯 개 주 요리, 간식을 제공하는 대신 아르빠공은 발레르가 추천한 전채요리로 기름진 콩과 밤파스테를 택하도록 잘 구슬렸다. 이 음식들은 많이 씹지 않고도 빨리 포만감을 느끼게 해주는, 가난한 사람들이 먹는 것들이었다. 하지만 이 가지각색의 요상한 무언극이 깔려 있는 장면에선 진정한 웃음이 터질 수가 없다.

발레르는 이른바 '인간은 살기 위해 먹지, 먹기 위해 살지 않는다'라는 공식에 걸맞은 만찬 계획을 세운다. 그것은 교회 장로인 아우구스티누스Augustinus가 주장한 기본원칙으로서 아르빠공 뿐만 아니라 분명히 상등석에 앉은 대부분의 관객들도 삶의 처세훈으로 선택한 것이었다. 하지만 절제, 극기, 절약의 신성한 원칙들은 의외로 아르빠공의 입을 통해 구두쇠들의 핑계거리라는 정체가 드러난다. 그 때문에 즉각, 시민의 다른 기본태도인 지출과 수입의 차감이 생활원칙으로 구두쇠의 본질적 특성이란 비난을 받게 된다. 구두쇠는 항상 그들의 빚을 통해 다른 이들을 바라봤고, 그들은 정식으로 자신의 몸값을 치르고 나서야 자유로워질 수 있었다.

그 대신에 그의 인식이 그를 지배한다. 보석함이 사라지고 오랫동안 지녀왔던 두려움이 현실화된 데 대한 공포 이외에도, 구두쇠는 가장 내면적인 천성을 밖으로 표출해낸다. 알 수 없는 범인이 자신의 돈을 가로채자 구두쇠는 아무것도 할 수가 없었다. 그 잃어버린 보물을 무척 애정 어린 어조로 내 불쌍한 보석함, 내 귀중한 친구여! 라고 불렀다. 돈에는 영혼이 있다. 왜냐하면 구두쇠가 자신의 영혼을 그 속에 불어넣었기 때문이다. 돈을 잃어버림으로써 구두쇠는 자신의 하나뿐인 친구이자 유일한 삶의 의미마저 잃어버렸다. 이 상실로써 살아있는 그의 육체가 죽고, 매장당했다. 그 광란자는 필사적인 노력을 다해 극악무도한 도둑과 살인자를 붙잡으려고 가장 심오하지만 효과없는 진실을 말한다. 그것은 관객들이 보는 바와 같이 당연히 자신에게 찾아든 모든 불행의 유일한 원천이기 때문이다. 하지만 이 정신착란자는 이런 결론을 도출하지는 않는다.

내면세계와 외부세계는 절망적으로 서로 틈이 나 있다. 또 모순적인 것이 나타난다. 하필이면 이런 순간에, 아르빠공은 눈 깜짝할 새에 진실을 깨닫고 자신의 영혼이 어지럽혀졌다고 표현한다. 아르빠공은 자신이 마치 죽어서 매장당한 것처럼 느끼며 부활을 꿈꾼다. "거기 내 돈을 나에게 돌려주고 누가 내 돈을 가져갔는지 말해줌으로써 나를 다시 부활시켜줄 사람은 아무도 없나?" 인색함은 종교화 되고, 육신의 부활은 돈의 부활로 대체됐으며, 누군가 이 구원을 방해하는 사람은 십자가에 매달려야 한다. 하지만 구두쇠의 부활을 준비하고 실현해줄 신이 없기 때문에 이 구원을 향한 자조적인 격렬한 의지는 다른 길을 찾는다. 아르빠공은 범인을 수색한다. 그 조사에서 문제는 누구나 범인일 수 있다는 것이다. 모든 세상 사람들이 의심스럽다. 왜냐하면 그들은 서로 다르기 때문이다. 또 다시 귀결점 없는 적절한 분석이다. 아르빠공의 범인 수색은 모든 사람들을 교살하겠다는 계획에 이른다. 그 뒤엔, 그래도 돈을 못 찾는다면, 자신도 자살로.

숨겨진 웃음

극단적인 인색은 인습에서 철저히 벗어난 것이라고 정의한다. 이 연극은 이런 사실을 충분히 노골적으로 보여준다. 부유한 부르주아들은 자신들 신분의 적절한 평가를 통해 절약을 수행할 수 있었기에 인색과는 전혀 상관이 없다. 이 전략을 따르는 자는 뒷날의 신분상승을 위해 비상금을 준비하고 일상사를 등한시하지 않으면서 더 높은 목표에 투자를 한다. 마부-요리사의 메뉴 계획은 사회적 신분과 그로부터 나오는 아르빠공의 책임을 상당히 정확하게 묘사한다. 그는 자신의 신분을 지키려면 정확히 거기까지 투자해야만 했다. 하지만 아르빠공은 계급사회에서 자신의 위치란 다른 이들이 어떻게 평가하는가에 달려있다는 것을 직감적으로 알지 못했다. 그래서 아르빠공은 다른 사람들의 판단에 따라 정해진 지체 높음의 고상함으로 인식되는 신분사회의 법을 부정한다. 여기에는 아르빠공의 자급자족의 의지가 드러난다. 그는 루소처럼 빌 호수Bieler See에 있는 고독한 피터섬Petersinsel으로 돌아가 살면서, 손님이 찾아오면 지하실 바닥의 들어 올리는 문을 통해 사라지고 싶어 했다. 세상 사람들을 단순하게 살도록 전향시키고 싶어 했던 그 철학자나, 그리고 구두쇠에게 사교적인 것들은 전혀 용납되지 않았다.

몰리에르의 희극은 파괴된 미풍양속과 경시된 신분질서를 다루고 있는 연극으로 부르주아에게 잘 들어맞는다. 인색함은 죄악이며 극단적인 경우에는 시민들의 사회적 병이고, 고결함은 귀족의 특성이라는 것에 조금의 의심도 있을 수 없다. 신분풍자극에서 〈수전노〉는 〈서민 귀족Bourgeois gentilhomme〉에서 보인 조롱과는 반대로 귀족이 되고 싶어 하는 시민계급의 졸부 근성을 비웃는 연극으로 이해된다.

중상류층 시민 관객들이 그리 즐거워하지 않는다는 것은 루소가 격분한 것처럼 전적으로 이해된다. 아주 사악한 연극이라는 평가는 제네바의 시계공 아들인 그의 입장에서는 전적으로 옳다. 그는 대안도 제시하지 않고 마구 비판해댔다. 과연 전통을 깊이 신뢰하는 것이 인색함보다 더 나은 것일까? 파멸의 전조 즉, 몰락의 싹이 낭비를 통해 자라났다는 것은 그 속에 들어 있지 않았다. 네 개의 스프와 다섯 개의 주 요리와 구운 고기였다. 정말 많지 않은가? 그 모든 기이한 행동에서 구두쇠는 본질적으로 옳지 않았을까? 귀족 사회의 위협적인 사치는 시민들을 서슴없이 에워싸지 않았었나? 가족들을 파멸의 길로 이끌었던, 뛰쳐나간 많은 아들들이 과연 아르빠공과 같은 구두쇠를 떠올릴까? 이 확실한 보복관계는 아버지의 재산을 무의미하게 낭비하는 내용의 연극을 서술하게 해주었다. 핵심 부분에서 정당화되는, 일반적인 우스꽝스러운 행동으로 기만된 세상에 대항하여 확실하고 극단적이며, 불가피하게 스스로 방어하기를 포기하고, 낭비를 선택한 것이다. 아르빠공은 대체로 우스꽝스러움에도 불구하고 표면적인 삶의 처세에서 한 가지라도 진지하게 받아들이지 않는 인물이었던가? 사람들은 모두 다른 사람들처럼 살고 싶어 한다. 그 혼자 자신만의 길을 걸으려 한다. 사람들은 일반적인 목적은 드러내지 않는다. 그 혼자만 그 이상을 원한다. 실제로 그는 절대자를 위해 모든 것을 바치지 않았는가? 그리고 세상에 순응하는 대다수의 관점에서 보았을 때 그 극단적인 의미를 좇아가는 것은 항상 이탈과 병적인 것의 다른 이름이 아니었을까?

　루소가 암시한 질문들 속에 '희극'에 가장 잘 들어맞는 의미가 나타나 있다. 아르빠공은 자주 이상해지곤 했는데, 무엇보다 아플 때 그랬다. 그의 인색함은 정신착란으로 변해버려, 그 광기가 완벽히 그를 사로잡아 모든 생각과 행동을 결정한다. 인색함은 일차원적으로 움직여 자신 이외는 아무것도 감당하지 못하는 존재의 편집증도 만들어낸다. 20세기에 인색을 일종의 병으로 재평가한 것은 정당해보인다. 하지만 이런 결론은 경솔할 수 있다. 왜냐하면 병적으로 인색한 사람은 무대 위에서 희생자가 아니라 범인으로서 동정보다 혐오를 불러일으키기 때문이다. 게다가 모든 심리학적 설명은 가치가 없다. 아르빠공은 자신 그대로일 뿐이다. 그 존재 그대로 남아있다. 성격은 상황에 맞게 변화되지만 그 자신은 절대로 달라지지 않는다. 그래서 그는 다른 이들을 변화시키는데, 바로 나쁜 방향으로 가게 한다. 여기에 치료의 기회는 전혀 없다. 구두쇠는 자신의 존재 목적, 자신만의 종교와 행복을 마지막으로 찾는다.

　이 연극의 심리적인 영향은, 지금처럼 언제나 그저 추측들만 가능하다. 만약 무대에서의 독선이 무대 밖 세상으로 나가지 않게 할 수 있었다면, 아르빠공의 상황과 그 안에 녹아있는 착오의 위험들을 다루는 모든 비평에서, 실제로 1668년의 부르주아들을 완화시킬 수 있었을 것이다. 그가 인색이라는 오점에 대해 상위 계급의 무죄판결을 받고 순화될 수 있지 않았는가? 그에 대한 논증이 있다. 아르빠공이 인색했던 것은 결코 부르주아의 신분 인식이 아니었다. 아르빠공의 저녁 식사는 신분에 걸맞은 수준이었고, 그의 말은 탈진해서 쓰러지지 않았으며, 보살핌을 잘 받으면서 파리까지 재빠르게 달려갔다. 무대 위에서 보는 극단적 인색함은 일상생활의 소시민적 인색을 합리적인 절약으로 만들어 지속적으로 합법화하는 특효약이 된다. 이렇게 몰리에르의 희극은 정체성을 폭로하면서 위장의 예술도 함께 가르친다. 인색함을 지닌 이성은 순수하고, 잔인하고, 음험하며 그 때문에 끝도 없이 유쾌하다. 사실, 사악한 희극이다!

　이 연극은 또 다른 카타르시스도 느끼게 한다. 이 연극은 과거 결과들과는 전혀 달리 '구두쇠들'이 시대적 제약에 따른 변수를 포함한, 일종의 역사적 불변성을 가진다는 추측을 불러일으킨다. 회피, 은폐 전략 등 아르빠공의 내면 감정은 오늘날에도 여전히 중요하게 나타난다. 바로 옆 사람에게 주는 한 번의 눈길로도 충분하다.

CHAPTER
06

"사치스러운 구두쇠"

리슐리외 공작과 화려한 예산

귀족의 초상

그는 〈피가로의 결혼〉에 나오는 케루비노의 실제 모델이다. 실제로 그들의 공통점이 분명히 드러난다. 도덕적으로 엄격한 태양왕 루이 14세가 지켜보는 가운데, 14세라는 어린 나이에 황제 손자의 아내와 왕위 계승자를 농락한 그는, 신랄한 희극이나 독창적 오페라 속에서 죽음으로써 영원히 기억된다. 그는 또한 쇼데를로 드 라클로Choderlos de Laclos의 〈위험한 관계〉의 발몽Valmont이기도 하다. 그는 이 문학적 기념비를 스스로 얻을 만했다. 동시에 한 혈통을 가진 두 공주의 연인이었고, 그녀들을 수개월동안 공개적으로 사귀며 서로를 이용했던 사람이 그 이외에 누가 또 있었을까?

시간이 지나면서 이 위험한 관계는 스스로 발전될 수 있음이 드러난다. 두 명의 아름답고 젊은 귀족여인들이 그 때문에 권총을 갖고 결투를 벌인다. 84세인 그는 자신의 의붓손녀가 되었을지 모르는 한 여인을 역시 짧은 사랑의 밀어로 속여 세 번째 부인으로 삼는다. 그는 그녀의 육체를 차지했을 뿐만 아니라 마음까지 짓밟고 말았다. 아름답고 현명한 포펠리니레de la Popeliniere 부인도 그 때문에 자신의 가족과 명예를 잃어버렸고, 그의 부도덕한 행실로 인해 마음이 야위고 병들어 얼마 지나지 않아 죽는다. 의사들에 따르면 가슴에 멍울이 생긴 병 때문이지만, 눈물을 흘린 관객들 생각에는 버림받은 사랑의 상처 때문이었다. 연인을 위한 얼마나 좋은 전리품이며, 치밀하게 실행된 그의 연애의 기술이었나?

모든 여성들의 사랑과 여성들을 향한 사랑과 관련하여—남성들은 장 아르망 뒤 플레시Jean-Armand Du Plessis, 프롱싹Fronsac과 리슐리외 공작 (1696~1788)을 좋아했다. 그들은 리슐리외를 한없이 경멸했고 탐탁치 않게 여기면서도 그에 대해 감탄했다. 하지만 세기의 가장 큰 연인이었던 그를 사랑할 수는 없었다. 모든 여성이 그를 사랑한 것도 아니다. 영리할 뿐 아니라 버릇없는, 팔츠Pfalz의 리즈롯테Liselotte는 처음부터 유일하게 중요한 질문을 하고 있었다. 그녀는 동성애자인 루이 14세 형의 부인으로, 궁중에서 그림자처럼 관찰자로만 존재했다.

한 번도 시대의 평균적인 남성 수준에 미치지 못했던 '힌첼 만Hintzel Mann'과 '남성 정신boldergeist'안에 있는 것은 무엇인가? 그들은 확실히, 빛나는 푸른 눈의 영원한 미소를 머금은 천사의 얼굴을 가졌고, 춤출 때와 움직일 때는 항상 기품이 흘렀고, 촉촉하고 빛나는 입술로 끊임없이 재담을 늘어놓으며, 그에 어울리게 항상 새로운 향수의 안개 속에 덮여 있는 값비싼 금으로 치장된 예복을 걸쳤다. 하지만 마지막에 남는 것은 바로 철저한 부도덕, 끝없는 허영과 자아도취에 일반적인 모든 생각을 뛰어넘는 외향성뿐이었다? 그렇게 솔직한 팔츠 여인은 격분을 담은 한 문장으로 18세기 과시의 아첨꾼을 영원히 특징지웠다. '그는 스스로 한 여인과의 동침을 거절했다며 살롱 이곳저곳에 떠벌리고 다닌다. 그리고 그녀가 그렇게 아름다웠다고. 나중에 그가 그 일을 언급하는 것이 허락되지 않았을 때까지도 말이다.'

한 가지는 확실하다. 이런 이유로 그는 아닌 것은 포기해야만 했다. 예외적으로 한 번 '그것에 대해' 이야기 할 수 없었기 때문에, 그는 분명 공개 장소에 잘 정리된 연애편지를 한 뭉치 놓아두고 '시위'했다. 그는 반대 규범들도 확고하게 존중했다. 그가 법과 교회로부터 사랑하지도 않는 첫 번째 부인에게 돌아갈 것을 강요받았을 때 그는 어떤 원칙을 내세워 실행하지 않았다. 그렇다, 특별한 여인과 사랑에 빠지는 것은 전혀 우스운 일이 아니고, 귀족의 위엄이 떨어지지도 않는다는 원칙을 만들어냈고, 그것을 널리 알렸다. 또한 그는 만약 사람이 사랑에 빠져 있지 않다면, 질투를 해서도 안 된다고 덧붙였다. 그래서 리슐리외는 사랑하지 않는 그의 부인이 마구간 관리의 품 안에 있는 것을 발견했을 때 발자국 소리를 숨여 도망쳐야 했고 그저 주의하라고 경고할 수밖에 없었다. 조심해, 하인과의 관계가 세상에 알려지지 않게. 여기서 바로 그 일에 대해 말하지 말라는 반대 법칙이 적용된다.

이 표면상 대단한 연애의 사치에 독특한 경제학이 존재한다. 리슐리외는 2인용 침대가 있는 사치스러운, 이른바 사랑-마차를 고안해냈다. 항상 이 값비싼 마차가 커튼을 드리우고 파리의 거리를 지날 때마다, 행인들은 강렬한 환상에 자극됐다. 그러나 그들을 흥분시키는 소풍에 나선 이 마차에는 승무원도 없이 그저 마부만 자리에 앉아 몰고 있다는 것이 확실한 출처를 통해 드러났다. 리슐리외가 싫어했던 수학자이자 물리학자, 철학자인 달랑베르D'Alembert는 리슐리외를 연구하여, 그의 연애생활을 면밀하게 공개하며 경멸했다.

사랑은 최소한 단 한 번의 욕망과 단순한 즐거움을 우선시하기보다는 정복의 연출에 있다. 즐거워 보이는 것은 사실 스스로에게 강요된 의무였고, 그것은 확고한 원칙과 넓은 범위에서 또 다른 소비일 뿐이다. 높은 의지력은 더 높은 목표를 달성할 수 있게 해줄 것이다. 사람보는 안목이 탁월했던 품위 있는 니콜라스 드 샹포르Nicolas de Chanfort는 공작의 내면 존재를 깊이 들여다보았다. 그는 정열적으로 열망을 탐색하는 철학을 가진 리슐리외와는 정반대를 추구했다. 니콜라스는 공작의 사생활에 대한 논평에서 공작을 '사치스러운 구두쇠'라 명명했다. 고통 없이 죽은 92세까지, 거의 80년 4개월 26일 동안을 호사스럽고 우아하며, 품위 있는 소비의 규칙을 끊임없이 향상시키고 그로써 같은 신분의 사람들과 그를 경탄하며 따르는 모방자들에게 그 기준을 찬양하게 하여 그가 얻고자 하는 것은 무엇인가? 그 남자는 파리 귀족의회의 상급법원에 처음 나타났을 때 완전히 금으로 치장된 옷을 입고 등장한 구두쇠였다. 여하튼 신중하게 살펴보면 한 가지는 일치한다. 파리의 일간 신문기자는 이미 그 날 값비싼 옷감의 1엘레가 얼마 정도였는지 아주 정확히 알고 있었다. 공작 자신이 그 사실을 신문기자에게 알렸음이 틀림없다.

다르게 생각해야 할 것들도 있다. 리슐리외를 존중한 소수의 남자들 중 한 명이자 당시 유일한 최상위 계급의 지식인은 바로 볼테르Voltaire였다. 적어도 페르니(Ferney, 볼테르가 거주한 지역)의 현인인 볼테르가 공작에게 전달한 많은 편지들에는 그렇게 적혀 있었다. 그렇다. 볼테르는 리슐리외를 당대의 많은 것을 후세에 전해줄 시대의 증인으로 여겼고, 그에게 비망록을 작성할 것을 요청했다. 리슐리외는 이 요청을 따르지 않았지만, 다른 사람들이 그의 이름으로 비망록을 작성했다. 공작 스스로 비망록을 작성하지 않은 것이 불리한지 아닌지는 증명되지 않았다. 3명의 통치자와 신하들에 대해 그가 4분의 3세기 동안 체득한 차이점이 무엇인지 질문받았을 때, 그는 다음과 같이 대답했다. 루이 14세 때 사람들은 침묵했고, 루이 15세 때는 조심스럽게 이야기했다. 반면 루이 16세 치하인 오늘날에는 사람들이 큰 소리로 발언권을 신청한다. 비유적 의미를 바탕으로 이 같이 말한 것은 재치 있게 여길 수 있었다. 하지만 아무도 리슐리외가 가진 생각에 찬성하지는 않았다. 그는 예의범절은 다른 게 아닌 그냥 예의범절일 뿐이고, 형식도 그저 형식일 뿐이라 여겼다. 사람들은 이 때문에 그가 죽은 뒤에도 충분히 그를 비난했다. 그가 죽었을 때, 루소나 디드로Diderots의 자취를 탐구하던 젊은 세대들에게 그는 머리 없는 가면일 뿐이었다.

리슐리외는 당연히 이를 다르게 바라봤다. 그에게 형식은 스타일이었다. 그가 평생 맡아왔던 귀족이라는 역할에는 형식도 포함돼 있었다. 형식은 많았지만, 또한 항상 전부는 아니었다. 귀족적인 오만함을 거부하고 경멸한 사람들은 스스로 이를 느꼈다. 리슐리외는 적의 요새에서 대포알이 날아와 자신의 귓가를 맴돈다고 해도 눈썹하나 까딱하지 않았다. 리슐리외가 루이 16세 치하에서 몰락한 이전 왕정의 충신으로 분류되어 귀양을 가게 됐을 때, 그는 아무 일도 일어나지 않은 듯이 행동했고, 왕 의회의 첫 번째 귀족으로서 아침에 젊은 군주를 깨우느라 자신의 셔츠를 마치 늙은 수탉처럼 만들면서 높이 뛰어오르기도 했다.

이를 사람들은 흥겨워하거나 감동하고 또는 그냥 단순히 부끄럽게 생각할 수 있었다. 하지만 그가 80대의 나이에, 자신과 거의 비슷한 연배의 미르푸아Mirepoix의 여원수에게 우아하게 손을 내밀어 미뉴에트를 청하고 그녀와 함께 앞쪽 상등석을 넘어서 그의 유년기 때처럼 완벽한 동작으로 춤을 추었을 때, 그를 조롱하는 젊은 귀족들은 이것이 망상이면서, 한 시대의 영혼이 춤추는 것 같은 불안한 감정을 막을 수는 없었다. 하지만 형식은 본질을 숨기고 있었다. 그 귀족은 모든 생활에서 모범이 되고자 무절제하게 한 행동들에서 그것을 확신할 수 있었다. 그만큼 스스로의 자제심이 치사한 간신들이 이용할 수 있는 야비한 목적에 희생되는 것이 그저 안타까울 뿐이다.

완벽하게 역할을 수행하려는 유혹은 리슐리외 가문의 후원자였던 볼테르에게서 부패한 신분 사회의 퇴폐에 대한 모든 경멸과 업적으로 일군 시민사회를 위한 참여의식을 빼앗을 수 없었다. 자세히 살펴보면 공작에 대한 평가는 두 가지였다. 리슐리외가 시대의 증인임은 확실했다. 그러나 어느 시대이고 어떤 사회인지, 그리고 어떤 관습을 위해서였는지!!! 볼테르가 리슐리외를 비꼬는 즉흥시는 그의 진실된 마음을 잘 보여주고 있다. 여성들은 리슐리외의 앞에서 자신들의 마음을 보호해야 했고, 남성들은 그녀들의 코를 틀어막아야 했다. 그럼에도 매혹적이었던 것은, 이 전형적인 귀족은 볼테르가 예상한 대로 머지않아 몰락으로 사회에 헌신했기 때문이다.

의미심장하게 리슐리외는 1788년 8월 8일에 죽었고, 1789년 5월 5일 국민회의가 소집됐다. 이 순간부터 앙시앙 레짐의 역사를 지닌 마지막 모래는 떨어졌고 마침내 혁명이 일어났다. 한 남자는 신분과 명예에서 더 이상 잃을 것도 없었다. 1793년과 1794년에 공작이 자코뱅당의 공포정치를 겪었다면, 그들에게 머리를 베였을 것이다. 그 시기에 공작은 이미 오랫동안 관습적 의미에서 그 세기의 혐오 인물 중 일 순위였다.

공작은 구체제의 폭정에 항상 책임이 있었다. 전제정치, 횡포, 귀족의 교만, 권력남용, 부정부패, 음모, 유희중독, 피상화와 부도덕 등 상류층의 모든 것을 포함했다. 마찬가지로 그는 전례없는 낭비에도 책임이 있었다.

달리 말하면 공작은 살아있는 동안에는 단 한 번도 필요한 인물이 아니었지만, 죽은 뒤에는 필요해졌다. 샹포르, 쇼데를르 드 라클로와 같은 영리한 남자들은 공작이 남긴 비망록을 비평했는데, 이른바 잘 알려진 그 주인공을 증오하려고 비망록을 진실로 받아들였다. 또한 절약과 일부일처제의 도덕에 대한 확고한 경의를 갖고 있는 개화된 시민들은 리슐리외 공작에게서, 그들이 애타게 찾던 통상의 테두리를 벗어난 추악함을 찾았다. 바로 그것은 리슐리외가 원하던 것이었다.

공작은 평생 동안 평민들의 이름을 기억하려 들지 않았다. 왜 그런 가치없고 쓸데없는 것을 기억하라고 성가시게 하나? 그는 프랑스 아카데미에서 동료인 —공작은 아카데미 창립자, 대추기경 리슐리외의 후손으로 가입했다— 아베 아르노Abbe Arnaud를 납득하기 어렵지만 '르노Renaud'라고 불렀다. 부르주아 계급의 사악한 소상인들은 그저 공작을 미워했고, 이것이 오히려 공작의 명성과 자부심을 높였다. 그들은 공작의 사치를 막무가내로 저지르는 탕진이 아니라 확실한 목적을 갖고 행하는 것으로 생각했다. 경멸, 혐오감을 함께 드러내는 경멸. 여기서 샹포르의 '사치스러운 구두쇠'라는 모순된 인식에 처음으로 접근한다. 귀족의 소비는 시민들의 절약과 똑같이 정확한 체계에 따라 결정된다. 물론 사치스러운 구두쇠처럼 반대 경우도 있다. 돈은 신분과 이미지를 위해 소비될 때 그 본래의 의미를 찾게 된다.

세상 사람들에게 비춰진 리슐리외의 모습은 그 어떤 것도 우연히 생긴 것은 없었다. 그 점에서 공작의 이름으로 간행된 많은 문장들은 위조된 것이었지만 동시에 고상한 의미에서는 진짜였음을 보여준다. 그 문장들은 다른 사람들이 변화시킨 리슐리외의 모습들을 담고 있었기에 '정말' 그랬다. 그가 스스로 만든 모습과 다른 사람들이 만들어낸 모든 것이 그를 대변해주고 있다. 리슐리외 공작은 자신과 같은 신분의 사람들, 특히 자신보다 높은 위치에 있는 소수의 사람들에게서 찬사를 받고 싶어 했다. 귀족이 아닌 버러지 같은 대중은 중요하지 않았다. 소박한 시민들이 그를 싫어했던 것은 너무나 당연했고 바로 그가 원하던 바였다.

공작의 이름으로 출판된 문서들은 그가 말한 것을 인용했기 때문에 신빙성이 있다. 리슐리외는 재담과 일화의 대가였으므로 ―천성적으로 타고난 바람둥이라는 대부분의 관점들과는 달리― 그에게서 작가의 긴 호흡이 뿜어져 나왔다. 많은 이의 증언에 따르면 그는 이런 재치 있는 어법으로 오래전부터 수백 가지의 이야기를 세상에 풀어놓았다. 궁정의 한 젊은 기생오라비가 리슐리외의 허름한 옷차림을 조롱하자, 그는 옷차림에 대한 책임을 계모에게 돌렸다. 그는 때마침 계모의 상의를 입고 있었다. 이 이야기는 널리 퍼졌다. 그것만이 아니다. 이런 식으로 날조된 비망록들이 사람들을 완전히 사로잡았다. 그가 말하고, 행동하고, 보이고 싶었던 것처럼.

약점

리슐리외에게 정말 인색한 계모가 있었을까? 이 질문은 강요된 금욕의 정신에서 낭비가 태어났다는, 심리학적으로 설득력 있게 보이는 설명이 되기에 매혹적이다. 하지만 잘못된 설정이다. 왜냐하면 과잉이나 부족은 인지의 문제이기 때문이다. 의심할 여지없이 그 젊은 공작은 적당히 속박당한다는 것을 알고 있었다. 그리고 그 부분에 본능적으로 최선을 다했다. 그는 계모의 인색함과 스스로의 삶에 대한 기대 사이의 차이를, 동연배인 같은 신분의 사람들이 자연스럽게 그와 동일시할 수 있도록 표현했다. 왜냐하면 그들 모두 거의 같은 모순에 시달렸기 때문이다.

18세기 프랑스에서는 귀족인 아버지들과 아들들 사이에 어지럽혀진 관계가 흔했다. 유모의 젖을 빨았던 유아기와 가족의 품과 떨어진 가정 교육이 문제였을까? 영주나 공작은 최후의 수단에 호소하지 않고, 청소년기의 행실 나쁜 자식들에게 왕이 내리는 백지의 명령으로 영향을 미칠 수 있어 운이 좋다고 생각했다. 하지만 감옥 생활도 위협을 주기보다는 오히려 반대의 영향을 끼쳤다. 이렇게 20세기 진보 세력들처럼 일시적 투옥이 리슐리외 세대의 유행이 됐다. 리슐리외조차 스스로 바스티유에서 세 번의 강제 휴식을 가졌다. 그는 귀족 수감자로서의 역할도 완벽하게 해냈을 뿐만 아니라, 그 의미를 새로이 정의했다. 아침에는 유행하는 가운을 입은 채 태연하게 산책하며 사람들과 손등에 키스를 나누면서, 사람들을 그의 화려함과 도도함에 경탄하게 만들었다. 그에게는 이런 경험이 너무도 소중해서 90이 넘은 노인으로서 빛나는 광경의 장소로 귀환한 듯 추억에 도취됐을 정도였다. 바스티유가 역사 속에서 완전히 다른 역할을 수행하게 되기 3년 전이었다.

아무튼 귀족인 아버지들과 아들들의 관계는 법률상 어지럽혀졌을 뿐만 아니라 마찬가지로 통례적인 구두쇠의 특징도 보여줬다. 그 세대들은 정말 숨어서 기다렸다. 아버지들은 아들들이 모든 것을 빼앗으려 하고 상황이 어찌됐든 자신들을 독살하고 탐욕스런 후손들을 위해 왕족에게 주는 최소한의 연금을 방패로 삼을까 봐 두려워 했다. 아들들은 —아직— 자신들의 것이 아닌 돈을 지출했고, 그 때문에 돈은 절대 그들의 것이 될 수 없었다. 리슐리외는 이 시점에서 프롱삭 공작 집안의 두 번째 자리를 갖는 것에 만족해야 했다.

그에게 가구 상인의 부인인 금발의 요염하고 발랄한 18세 마담 미셰린Michelin이 혈통 있는 공주들보다 매력적으로 보였는데, 그것은 귀족부터 서민들까지 가리지 않는 그의 여성정복정책에 들어맞았다. 그래서 리슐리외는 그녀의 남편이 집에서 떨어져 있도록 돈벌이가 되는 귀족 궁전의 도배 일을 조달해줬다. 또한 그는 의심을 사지 않기 위해 자주 상점에 들러 거울과 다른 보석들을 비싸게 구입했다. 그는 지체 높은 귀족 연인들에게서 돈을 빌렸다. 결국 열망했던 물건을 —모든 구두쇠들의 꿈처럼— 남의 돈으로 얻었다. 물론 리슐리외는 '부인 정복'이라는 모든 작업이 원래 자신의 품위와 관계가 있다는 것을 알았다. 연극에서 비천한 역할의 등장은 바로 18세기 귀족들을 풍자하는 것이었다. 공작들은 얼마나 자주 자신의 얽히고설킨 연애사에서 군인, 수공업자, 또는 거지로 변장했던가! 사람들에게 1760년부터 거의 읽히지 않는 마블리

Mably나 루소의 글들 속에서 알려졌던 혁명의 기미는 오히려 도시의 전원극이나 경멸의 희극에서 찾을 수 있었다.

돈에 대한 명백한 경멸은 시민을 비방하는 것이었고, 시민들은 돈 버는 것에 지칠 대로 지쳐있었다. 리슐리외는 돈을 경시하는 자신의 명백한 경제이론을 갖고 더러운 돈을 경멸했을 뿐만 아니라 그런 돈을 모으고 절약하는 사람에 대한 증오도 분명히 밝혔다. 어디서 그렇게 강력한 감정이 생겼을까? 그의 이름으로 출판된 잃어버린 아들과 선한 아들에 대한 이야기는 특히 귀족의 경제 윤리를 대변한다. 두 아들은 두둑한 지갑 하나씩을 받는데, 그 속에는 유용한 곳에 투자할 수 있는 상당한 돈이 들어있다. 한 아들은 검소하게 행동하여 꾸지람을 듣는다. 다른 아들은 아낌없이 돈을 지출하고 칭찬을 받는다. 귀족들은 절대적으로 상층 신분을 지켜왔다. 하지만 끊임없이 새로운 것의 가치를 실추시켜온 것도 사실이다.

오랫동안 사람들은 이런 태도를 설명하는 이유를 찾지 않았다. 달랑베르는 오래전 최종 결론을 도출하면서 그 이유를 찾아냈다. 리슐리외는 자신의 역할에 너무 충실했다. 그는 매우 중요한 역할을 했는데, 그는 그 역할을 하려고 태어난 것은 아니었다. 확실히 1585년에 태어난 그의 조상인 추기경 리슐리외는 1624년부터 1642년 죽을 때까지, 왕국의 첫 번째 수상으로서 유럽이 아니라 프랑스에서 가장 영향력이 있었다. 하지만 한편으로 그것은 타인의 권력이었다. 다른 한편으로 드 리슐리외 가문의 천부적 계급으로는 권력을 차지할 수 없었다. 다양하게 차등된 귀족의 계보에 따라, 또한 결혼으로 맺어진 신분에 따라 배열된

계급에서 그의 권력은 아래쪽 중간 자리인 추기경 신분 바로 앞에 위치했다. 리슐리외 여동생의 후손들도 권력의 천재가 붉은 모자를 쓰고 축적할 수 있었던 재산과 듣기 좋은 칭호를 상속받을 수 있었다. 전통적인 명망의 등급에서 그들의 지위는 본질적으로 더 높은 신분의 상승은 없었다. 더 나쁜 것은 추기경의 여동생과 결혼했기 때문에 공작이 자신의 실제 선조로 간주해야 했던 지배자 비그너롯Vignerot의 직업이 류트 연주자였다고 주장하는 소문에 끝없이 시달려야만 했다. 평생 동안 리슐리외는 이 손으로 하는 일 때문에 결투 요청의 암시를 받았다고 대답했다.

한 세대 앞서 루이 14세 때 궁정에서 실제로 궁중 기록을 남기는 일을 했던 생 시몽Saint-Simon 공작처럼 리슐리외도 절대 치유되지 않는 계보학의 상처로 괴로워하고 있었다. 리슐리외가 14세 때부터 당연하게 처신했던 범위 안의 엄격한 기준에 따르면 그는 졸부에 속했다. 그가 평생 동안 이 어중간한 위치를 시민계급과 신분상승에 대항하는, 절대 그치지 않는 증오심으로 보상받으려 했다는 것은 분명하다. 그리고 귀족의 보편적 교양이 죽음으로 비로소 끝나는 연극, 또한 역할 이행에 빈틈없이 충실하여 완벽하게 끝나는 연극은, 반박의 여지가 있는 족보에서 나왔다. 사람들이 키케로Cicero를 떠올리듯이 호모 노부스(Homo novus, 비귀족 출신 정치가)가 태어날 때부터 자신에게는 어울리지 않는 성배의 가치 수호자로 있게 되는 것은 역사를 뛰어넘는 현상이다. 리슐리외의 경우는 복잡했다. 왜냐하면, 그에게는 상속인으로서 이 계급에서 첫째 날부터 모든 공직, 명예 그리고 칭호에도 불구하고 한 번도 완전하고 확실하게 계급을 갖는 것이 허락되지 않았기 때문이다. 항상 말해지는 일화들이 이를 보여주고 있다. 공작이 처음으로 궁정 의회의 귀족으로 임명됐을 때, 한 라이벌이 이제야 비로소 그가 명백한 귀족이 됐다며 비웃었다. 야유자들은 그 단어의 올바른 의미를 깊이 생각하지 않았기 때문에 그 언어와 관련한 논쟁은 아슬아슬하게 비켜갔다. 그와는 달리 한번은 리슐리외가 경작지에서 진흙을 잔뜩 묻혀 돌아왔을 때, 그를 본 한 친척이 그의 더러움 자체는 상류층과 결혼으로 씻어낼 수 없다고 조롱함으로써 생사를 건 결투가 벌어지고 말았다.

낭비하는 자

샹포르Chamfort의 '사치스러운 구두쇠'라는 격언에는 깊은 뜻이 담겨 있다. 모든 것에 통달한 계산은 과시의 경제에 있다는 것이다. 성공적인 연애 관계들의 목록을 기록, 보관하는 일은 중요했다. 이 연애 관계에서 얻은 이익을 곧바로 외부에 알리는 데는 투기의 냄새가 풍긴다. 구두쇠처럼 여성 약탈자로서 리슐리외는 이런 식으로 몰아갔다. 그의 주장은 약간 강제적이면서 고리를 취하는 것이었다. 그는 성적 쾌락의 의무를 가졌고, 당연히 그 쾌락을 요구했다. 우연치 않게 도배공 아내에 대한 성적 정복은 거의 숨길 수 없는 강간으로 발전됐다. 공작이 곧다른 새로운 것을 획득하려고 이 정복을 포기했던 것은 관대함 때문이아니라 완전히 그 반대였다. 왜냐하면, 구두쇠처럼 공작도 자신에게 더이상 가치가 없는 것은 넘겨버렸기 때문이다. 그의 명성을 높여주거나자신이 그 대상을 경멸한다는 것을 증명할 수 있는 기회가 있어야만 가치가 있었다. 왕족 혈통을 가진 공주들은 공작인 자신보다 전통적으로 계급이 한참 위였기 때문에 가치가 있었다.

공주들이 공작에게 빠지게 되면 그의 기준은 달라졌는데, 그래야만 본래는 미천했던 공작 자신이 공주를 통제할 수 있었으며, 그가 먼저 공주를 거절할 수도 있었다. 공작이 더 높은 신분의 사람들을 잔혹하게 조롱했을 때, 그는 완전히 계급의 지배자가 됐다. 리슐리외의 서민들에 대한 그리고 당시의 새로운 정치적 이념에 대한 경멸에서 나온 이런 계급적 유희로 볼 때, 그는 일종의 숨은 혁명가와도 같았다. 리슐리외는 정복을 통해 그 가치를 습득했고, 가치가 없어진 대상들은 다시 되돌려 주어 자신의 신분 가치를 위해 이 유희를 더 이상 쓸모없는 것으로 만들었다. 그 때문에 높은 신분의 사람들은 그들끼리 싸움을 했다. 그러면서 리슐리외는 다른 사람들에게서 무언가를 빼앗았다. 그랬다. 그는 이런 사람들의 돈으로 생활했다. 이런 점에서 그는 구두쇠와 비슷했다.

공작이 어떤 기준을 세우려고 노력했던 역할의 선택은 스스로의 자각과 경제에 대한 깊은 이해를 충족시켜야 했다. 애인과 아첨꾼에 당연히 군인도 포함된다. 이 전투적인 역할에서조차 사치스러운 소비가 부각된다. 이제 막 20세가 된 젊은 대령에게 리슐리외가 그늘 아래서 왕실의 커튼 직물로 같은 계급의 한 귀족을 위한 등재사무실에 쓸 텐트를 제작하게 했다. 그리고 리슐리외의 순전히 개인적인 수행원은 적지도 많지도 않게 73마리의 노새와 30마리의 말이었다. 그 전쟁은 무대 위의 궁중생활처럼 진행된다. 양측이 감독의 연출 대본을 갖고 있는 한, 공작도 이 연극 속에서 선한 인물을 연기했다. 7년 전쟁의 초기에 그는 발레아렌 섬 메노르카Menorca의 마혼Mahon에 있는 영국 요새를 점령했다. 거기서 그의 요리사는 식량이 없었을 때 맛 좋은 '마요네즈'를 고안해 냈다. 하지만 그는 얼마 지나지 않아 왕에게 마요네즈를 다른 방법으로 이용하게 했다. 프로이센과의 전투에서도 공작은 귀족 소설의 호색적 인 스타일로 지휘했고, 어떻게 프리드리히 2세Friedrich II가 로스바흐 Rossbach에서 철저하고 난폭하게 프랑스 군대를 무찔렀는지 경험해야 했 다. 이 대참사는 그의 자만심과 명예를 전혀 실추시키지 않았다. 귀족 의 모든 규칙에 반대로 행동했던 왕은 스스로 자신을 부끄러워해야 했 다. 전쟁의 목적은 전혀 효율적이지 않았고, 오히려 사람들이 남긴 모 습들뿐이었다. 이런 관점에서 공작에겐 비난할 그 어떤 것도 없었다.

완벽한 귀족이 되려면 후원자의 역할도 해야 한다. 리슐리외는 이 역 할도 그의 방식대로 해석했다. 그림들, 조각상들, 문학작품이나 음악 혹은 그런 예술작품들의 작가들에게 지불한 그의 소비에 대해선 아무 것도 알려져 있지 않다. 리슐리외의 관심은 극장 자체에 있었고, 특히 연극의 여주인공에게 있었다. 평생을 무대에서 보냈던 사람은 세상을 담고 있는 무대도 사랑해야 했다. 사실 공작에게는 무대의 세상과 세상 이라는 무대 사이에 큰 차이가 없었다. 그가 왕궁에서 지치지 않고 음 모를 꾸몄던 것처럼, 그는 열정적으로 배우들과 여배우들을 상대로 한 수많은 음모들에도 마찬가지로 관심을 보였다. 하지만 여기에도 항상 특정 목적을 갖고 행해지는 소비의 동일한 경제관념이 존재했다. 공작 은 궁중의 시종장으로서 베르사유에서 공연되는 연극을 선택할 결정 권이 있었고, 그 때문에 극장계에서 그의 영향력은 막강했다. 이런 식으로 그는 누구보다도 젊은 배우들에게서 많은 것을 손쉽게 얻을 수 있었다. 그리고 그는 더 많은 수익을 얻기 위해 사회적 자본을 전략적으로 이용했다.

이와 동일한 전략이 주인으로서의 역할에도 적용됐다. 리슐리외는 청소년 시절과 중년 시절에 전설적인 축제를 열곤 했는데, 무엇보다 탁 트인 실외에서 아주 캄캄한 하늘 아래 열린 축제는 압권이었다. 전체 숲이 고대의 이상적인 풍경으로 변했고, 그런 분위기 속에 자정 이후 서로 짝지은 커플들이 자기들만의 정자에서 서로를 찾을 수 있었다. 그런 손님을 후대하는 데도 새로운 규칙을 정해야 했다.

그 호색의 파티 속에서 졸부의 본능적 욕구는 멈추지 않았다. 이것은 낭비하는 자인 귀족 역할에도 적용됐다. 이 귀족적인 역할은 후세의 시민계급 눈에는 그를 악이 자신을 조종하는 악한의 전형으로 비춰지게 만들었다. 리슐리외는 비생산적이었기 때문에 시민계급의 눈에는 낭비를 의미하는 소비 근성이 가져다준 이 나쁜 명성에 한편으로는 감사했다. 다른 한편으로, 공작 리슐리외는 의심의 여지없이 상인과 수공업자가 부르주아적 협잡꾼에게 진 채무를 전혀 갚지 않거나 아주 늦게 지불했던 것과 그리고 그의 채무자가 부채로 징역형을 받고 고생하는 것을 자랑스러워했다. 리슐리외를 재정적인 요구로 들볶는 사람은 확신을 잃었다. 그것은 명예와 관련된 문제였다. 미셰린같은 도배공들은 리슐리외 같은 남자들을 위해 일할 수 있는 것을 기꺼이 받아들였는데, 그들은 노예처럼 복종하며 약속된 기일을 넘겨서 받는 임금조차도 싫지 않았다. 자신의 위치를 알기 때문에 서민들은 그것을 받아들일 수 있었다. 그저 사람들은 그것이 필요했다.

리슐리외의 견해를 경제학적 안목으로 바라보면, 낭비가의 경제관념과 인색가의 그것이 더 비슷해진다. 아버지가 ―드디어!― 죽었을 때, 처음으로 경제학적인 고려가 중요한 문제로 나타난다. 친아버지에 대한 애정 없는 애도기사에 이미 인색과 소비의 동기가 뒤엉켜 자라고 있었다. 아들에 비하면 아버지는 인색했다. 근본적으로 추기경으로서 모았던 수많은 물건들을 매각해야 했고 나아가 가지각색의 부채를 유산으로 남겼기 때문에 아버지의 경제 관념에서는 용서할 수 없는 소비였다. 그것은 용서할 수 없는 죄악이었으며, 헛되고 아무런 보상도 없는 것이었다. 아버지는 그 어떤 시기에도 아들의 사악한 계산에 맞게 높은 소비 생활을 정당화할 수 있는 외교적 혹은 군사적 공무에서 중요한 직책을 맡은 적이 없었다. 그렇게 많은 귀중한 재산이 간단한 규칙과 상업적 계산을 하지 못해 사라졌고, 그 많은 물건들이 임차인과 관리인에 대한 순진한 믿음으로 인해 허비되었다니! 더 많은 규율로 더 쉽게 낭비 못하게 방지할 수 있었을 것이다. 당시 행실이 좋은 시민계급의 관리인은 그런 탄식을 할 수도 있었다. 이런 규율들을 그 아들은 충분히 알고 있었다. 그는 이런 규율을 통해 이자수익 없이 지출해야 하는 처참한 처지가 되지 않기 위해 철저히 재정행정부의 비밀들을 통달했다.

하지만 리슐리외는 구두쇠와는 반대로 이자 수익은 절대적으로 비물질적 가치로 보장된다고 봤다. 그에게 소비는 명성, 영향력, 권위, 찬미, 즉 개념적으로 사회적 자본을 산출해야 했다. 거기까지 그는 모든 공통점에서 다시 구두쇠와는 반대에 있었다. 리슐리외는 사회경제학적 자폐증 속에서 스스로 충족되길 원했기 때문에 자신이 되어보고 싶어 했던 다른 사람의 입장이 되어 살았다. 그의 기쁨은 다른 사람들이 자신을 부러워하는 데서 시작됐다. 삶의 기쁨을 위한 매진은 ―많은 애정사 안에 이입된 리슐리외의 인생철학에서 보듯이― 인생의 모든 살아있는 것들을 지배하고 있다. 반대의 것을 가르치는 그리스도교는 리슐리외와 그의 인생을 전혀 이해하지 못했다. 이와 다른 것을 추구하는 사람은 위선자이거나 비정상적 성욕을 가진 이상한 사람으로, 아니면 세례자 요한 이래로 황무지에 사랑의 자리를 잡고 사는 것처럼 은둔자의 한 사람으로 평가됐다. 삶을 즐기는 자는 자연적인 본능적 욕구를 추구했다.

더군다나 사회도 이런 부분에서 그를 도왔다. 프랑스 왕들은 신탁 유증을 이유로 많은 귀족들의 재산을 불가분의 문서로 확정할 수 있게 했다. 리슐리외는 이 은총이 가득한 제도없이는, 모든 재정기술적인 내부 소식통에도 불구하고 자신의 신분을 지킬 수 없었을 것이다. 그는 스스로 조정할 수 있는 조건들 안에서 순수하게 경계 없는 자금의 원천이 되는 모든 유산을 상속할 수 있었고, 이에 대한 그의 격찬은 18세기 신분사회에 대한 찬송가처럼 널리 퍼져 나갔다. 그 찬미가는 지출에 대해 전혀 개의치 않는 찬양처럼 폭넓게 읽혀졌다. 막대한 유산은 예술가를 후원하거나 고용하는 데도 써야만 했다. 그는 자선 자체를 위해 약간은 남겨둬야 했다. 리슐리외는 당연히 자신만의 방법으로 자선을 실천했다. 그의 자선을 받고 싶은 사람들은 리슐리외 앞에서 스스로를 낮춰야만 했다.

사회 자본으로서 돈의 변화는 하나의 즐거움이다. 왜냐하면 변화는 어떤 위험 부담 없이 적용되기 때문에 귀족은 책략을 갖고 이중으로 투자하고, 젖과 꿀이 풍부하게 넘쳐흐르는 곳에서 생활하게 된다. 그는 그 원천을 그저 불법으로 빼앗듯이 빌리기만 하면 된다. 이는 아버지 사후에 유산없이 태어난 아들들에게도 적용된다. 그들은 한탄하는 대신 몰타기사 수도회 기사가 되거나 아니면 주교 같은 행운을 잡아야 한다. 더욱이 이는 딸들에게도 적용된다. 딸들은 그녀들의 적은 결혼 지참금을 다 써버리고 수녀원에 들어갈 수도 있다. 여기에도 한탄할 일말의 이유가 없다.

예외적으로 어쩌다 한번 자신의 밑천을 다 써버리고 파산 직전에 놓여 있다 해도, 여전히 왕의 보호가 있다. 왕의 은혜는 중요한 궁신에게 아첨하거나, 더욱 확실하게 그의 첩의 환심을 사려고 애쓰면 얻을 수 있다. 자주 바뀌는 왕궁의 정세에서 이득을 보지 못하는 사람은 어리석다. 그래도 귀족에게 보상에 대한 책임은 없다. 사람들은 그들이 몰락하기 전에, 연금으로 그들을 지켜주는 왕이 아닌 충성과 기쁨을 향한 스스로의 노력에 믿음의 빚을 진다.

프랑스 전역에, 이렇듯 만족스런 결과로 귀족 스스로의 조건은 열려 있다. 왜냐하면 왕은 귀족들 없이, 더 정확히 말해 하찮은 사람들에게 불어넣는 경외없이는 통치할 수 없기에, 바로 여기 그처럼 화려하게 등장하는 귀족들이 필요했다. 시민계층이 순종하고 찬양하게 만드는 귀족이라는 신분없이는 사회적 질서가 아래에서 위로 향하게 된다. 이렇게 뚜렷한 소비의 경제학은 한 국가에게는 중요한 사실일 뿐 아니라,

그것은 하나의 수입이었다.

　그리고 낭비자는 실제로 이런 정확한 계산을 하는 경제학자이다. 리슐리외에게 낭비자는 사회적, 경제적 이익을 목표로 하지 않고 소비하는 사람이었다. 그래서 귀족 경제가 대부분 모든 가격, 부채와 파산에 대한 지출로 지배됐다는 명제는 완전히 맞지 않는다. 이런 전략을 계획적으로 이용하는 것은, 수입이 그 자체로 지출과 맞아 떨어지기에 그 어떤 위험도 있을 수 없었다. 그렇게 귀족 경제는 '사치스러운 구두쇠'란 꿈을 아무것도 잃은 것 없이 모든 것을 얻으면서 이룰 수 있었다.

CHAPTER
07

"선제후"

헤센 주의 빌헬름 1세Wilhelm I, 대부업자 군주

타락한 도덕성

계몽주의 시대에는 근검절약이 유행했다. 신앙심 깊은 그리스도 인들에게 인색은 가장 커다란 악덕이었던 것처럼, 18세기 이성적인 생활방식을 추구했던 개화된 시민들에게 절약은 중요한 도덕이었다. 오랫동안 귀족들의 비웃음거리였던, 수입보다 지출을 적게 유지하는 자세는 상당한 주목을 받으며 성공적으로 자리 잡았다. 미운오리새끼였던 인색함이 몇 십 년 안에 올바른 생활의 본보기인 백조로 변한 것이었다.

앙시앙 레짐의 신분사회에서 그저 중간 위치를 차지했던 상인들에게 근검절약이란 수세기동안 단순한 하나의 생존규칙이었다. 근검절약은 상인들의 신용도와 사업 성공의 전제조건이었고, 주기적으로 찾아오는 공황시기에도 여느 때와 마찬가지로 빠듯한 대로 현금을 풀어놓을 수 있게 했다. 그렇기에 그들이 사생활이나 사업에서 수입과 지출을 엄격하게 관리함으로써 어려운 시기에 대비할 비상금을 마련한 것은 현명한 처사였으며, 인색이나 탐욕과는 전혀 관련이 없었다. 의사, 교수, 법률가들은 상업적 직업군의 대표인 상인들과 함께 부르주아 계급의 상류사회를 형성했고, 상인들처럼 경제적인 생활태도 쪽으로 기울었다. 이런 생활태도는 자연스럽게 그들의 사회적 신분과 특히 정해진 소박한 봉급에서 기인했다. 하지만 근본적으로 신분과 연관된 생활규칙들은 시간이 흐르면서, 때때로 한번뿐인 인생에서 더 이상 고칠 수 없는 습관, 목적 자체로 바뀌었다.

예를 들어 그것은 이런 경우에 나타났다. 운명적으로 삶의 초기에 어울렸던 절약정신이 생애의 뒷날 복지와 상당한 차이를 보였을 때, 그리고 외부 사람들 눈에는 다르게 보이는, 인색하지 않은 행동과 경영 방식이 필요하게 될 때가 그랬다. 인간의 변화는 대체로 제한적이고, 자신의 일에 관해 정확하게 인지하지 못하기 때문에 직업적, 사회적으로 신분 상승을 이룬 사람은 즉시 인색한 사람일 거라는 의심을 받았다.

그들에게는 일상생활에서 바로 적용하기 매우 어려운, 돈을 다루는 일에 대한 유연성이 요구됐다. 그 배경에는 본질적인 이유의 하나로, 18세기 이후 인색함이 학자들 사이에서 널리 퍼져왔고, 퍼지고 있었음을 들 수 있다. 일반적으로 교수들은 연간 연구비를 받는데, 여기서 근검절약은 하나의 논리적 전략이었다. 교수들이 초빙을 받아들여 경제 사정이 다소 나아진 다음에도 이 전략은 계속 이어졌다. 볼 품 없었던 초임의 시간들은 영웅적으로 견뎌낸 기근기로 포장되어 향수처럼 회상됐고, 그렇게 형성된 삶의 태도들은 확고부동하게 유지됐다. 거기에는 인류를 고귀하게 만드는 도덕적 모범이 되는 규칙이 빛나고 있었다.

하지만 18세기 후반 '근검절약!'은 아직까지 반(反)귀족적 투쟁의 외침이었다. 문학적으로 유럽의 극장에 홍수처럼 넘쳐나는 시민계급을 다룬 비극들은 농락당한 딸자식이나 행방불명된 아들들에 관해 예견할 수 있는 전형을 다루었다. 극 속에는 궁중사회의 유혹에 빠져 호사스럽고 게으른 생활을 마음대로 즐기다 그런 방탕한 사치로 말미암아 경제나 건강이 파멸상태에 이른 뒤, 아픈 몸을 이끌고 비참하게 고향으로 돌아오는 사람들의 모습이 드러나 있다. 고향에 돌아온 그들이 진심 어린 참회로 엄격한 절약의 미덕을 따르겠다고 마음을 바꾸면 용서를 받을 수는 있었다. 그 절약의 도덕에는 '지출보다 수입을 더 많이'와 같은 기준에 따른 감정조절과 마찬가지로 '성급한 선행(先行)은 행하지 말라'는 원칙에 따른 성생활도 포함됐다.

확실히 감상적인 시민은 결혼의 토대가 되는 것은 단 한 번의 큰 사랑이라고 생각했다. 또한 그들은 아직도 사람 마음을 애태우는 모든 낭만 문학들의 정석이었던 루소의 〈신 엘로이즈 *Julie ou la nouvelle He loise*〉를 읽으며 눈물 흘렸을지도 모른다. 일반적으로 그들은 전략상 승산이 확실할 때만 그런 깊은 감정을 드러냈고, 자신이 원하는 간절한 대상을 결혼으로 평생 곁에 있게 만들고 나서야 계속적인 감정적 낭비로부터 벗어날 수 있었다. 가문의 혈통관계에서 '내가 너에게 (헌신해) 줄게, 네가 나에게 (결혼반지를) 줄 수 있도록'이란 원칙을 가볍게 여기고, 이 원칙이 낳은 '윤리적 의무들'을 외면한 사람은 시민계급에서 투자의 안전을 위협하는 사회적 훼방꾼으로 간주됐다. 그들은 윤리적 세계 질서를 뒤집어엎은 방탕아였던 것이다. 그러나 실종된 아들들과 달리, 농락당한 처녀들은 자기 스스로 혹은 아버지에 의해 단검으로 죽임을 당하며 끝을 맺었다. 상등석에 앉은 개화된 시민들은 예견한 대로 사건이 도덕적 결말로 흘러가길 바라면서, 감동을 받아 눈물이 촉촉하게 젖은 눈으로 무대를 바라보며, 인류를 행복으로 이끄는 윤리적 가치가 보장되고 절약을 향한 자신의 찬미가 증명되는 것을 느꼈다.

두 세기가 넘는 시간을 지켜보면, 그와는 반대되는 논쟁들이 사람들의 눈길을 끌었다. 그 동안의 편견에서 벗어난 미덕이 보편적인 것으로 인정받고, 무엇보다 국가와 사회의 교양 있는 시민들에게 오늘날까지도 도달할 수 없던 최우선 순위의 가치를 얻게 된 것이다. 더욱 역설적으로 계몽주의의 역사에 따르면, 근면과 이성적인 태도 특히 절약을 이용해 무지몽매한 광신도들에 저항하고 귀족의 부도덕을 물리친, 미덕을 가진 시민들은 역사의 승리자였고, 그로써 계몽의 역사는 끝났다고 선언하고 있다.

이제 상승과 하강의 정당화가 인정된 역사의 과정은 해결될 수 있는 문제였고, 미래는 예측이 가능해졌다. 그 결과 시민계급은 개선장군으로 이성적 문명을 갖고 영원히 과거를 지배할 수 있었다. 변화의 산물 자체로, 그들은 모든 변화의 양도할 수 없는 가치를 제외한 자기 자신을 믿었다. 그래서 외적 번영을 추구했을 때, 모든 생활에서 절약의 성공 규칙을 따르지 않는다면 그것은 전형적인 원죄일 수밖에 없었다. 그것은 그저 피상적이었고, 시민계급의 내적 존재엔 전혀 영향을 끼치지 않았기 때문이다. 그 영향은 미덕과 교양 같은 가치들을 정의한다. 그들은 지속적으로 노력하여 축적한 돈을 대수롭지 않게 생각했고 이런 신념은 귀족들의 그것과 비슷했으므로, 양쪽 모두에게 좋게 여겨질 수 있었다.

반(反)향락과 반(反)쾌감은 철두철미하게, 적개심을 관철시키려고 내보인 절약과 단념의 윤리였다. 가장 큰 영향력을 발휘했던 것은 무대 위에서 귀족이 절조 있는 시민계급의 소녀를 유혹해 불행에 빠뜨리는 경우였다. 그것은 21세기 TV 멜로드라마 시리즈에도 여전히 남아있는 원형을 만들어냈다. 도덕적으로 조절된 감정을 지닌 감상적 시민들은 성적으로 방탕하고 자제심 없는 낭비벽에 빠져 있는 리슐리외 공작 같은 상류층 귀족들을 악인으로 분류했다. 악인계급의 첫 번째 자리에는 권력을 계몽과 시민해방을 촉진하는데 이용하지 않고, 자신의 신하를 벗겨먹고 그들의 돈과 재산, 첩을 빼앗는데 휘두른 전제 군주를 올려놓았다.

그러나 태연하게 이 두 가지 규범을 동시에 섬기고 이런 방법으로 시민적인 절약미덕과 귀족적인 행동방식을 결합시키는 자에겐 모두가 노골적인 경멸을 보이고 다같이 유죄선고를 내려야만 했다. 이는 영주가 계몽된 교양 시민계급에게 요구한 학습능력이 아니라 그들의 왜곡된 모습이었다. 절약하는 것은 더욱 더 자제할 수 없는 금지된 욕망에 몰두하기 위함이었다. 그것은 악덕과 결합한 미덕으로, 미덕 자체가 의심을 받게 되기 때문에 절약은 철저히 부도덕한 것이었다. 개화된 독일 사람들은 공포스럽게 60년 동안 인색함과 쾌락을 완벽히 일치시킬 줄 알았던 한 영주를 눈앞에서 보게 됐다.

이것이 변명으로 삼을 만할까. 헤센-카셀 지역의 귀족이었던 빌헬름 9세Wilhelm IX, 1743~1821는 어린 시절 비범했다. 그의 아버지와 어머니는 서로를 너무 혐오해서 별거할 수밖에 없었다. 그래서 어린 왕위계승자는 강박적으로 과잉보호를 하려는 어머니, 영국 공주 메리Mary의 유일한 보호 아래 성장했다. 부모에 대한 그의 혐오는 여러 고백에서 드러나고 있다. 후에 지방 귀족 프리드리히 2세Friedlich II가 됐던 빌헬름의 아버지는 1754년 비밀리에 루터파에서 가톨릭으로 개종했다. 통치자인 영주는 개종으로 신앙심을 잃은 그의 아들에게 세상과 격리시키는 가혹한 판결을 내리고, 또한 그의 자식들, 특히 미래의 왕위계승자와도 떨어지게 했다. 잘못된 규범에 물들지 않게 하려고 어머니는 빌헬름을 후원했고, 그는 할아버지로부터 이 목적과는 거리가 먼 통치지역을 할당받았다. 하지만 미래의 영주를 위한 이 실용교육은 곧 중단되고 말았다. 1756년, 정치적 지평선에 어두운 구름이 몰려왔다. 헤센-카셀과 같은 작은 영주들은 자신들의 영지가 대국의 분쟁에서 어떻게 살아남을 수 있을지 지켜봐야 했다. 프러시아의 왕 프리드리히 2세는 1740년 슐레지엔의 정복을 구실로 전쟁을 시작했다. 이 침략의 성공은 16년 후 미국에서처럼 유럽에서도 비슷하게 진행됐던 본격적인 세계대전을 불러일으키는 빌미를 제공했다.

황태자 빌헬름은 몸조심을 위해 중립 국가 즉, 가장 훌륭하고 계몽된 유럽 왕궁들 중 하나였던, 상류층 친척들이 있는 덴마크 코펜하겐으로 보내졌다. 얼마 지나지 않아 그곳으로 애정 어린 어머니의 편지들이 전해졌다. 발트해를 건너 전달된 그 편지에서 빌헬름의 어머니는 그에게 도덕적 심신수양을 위해 하나하나 충고를 했다. 사랑하는 빌리, 부도덕을 행하느니 차라리 죽음을 선택하거라. 이것이 편지의 내용이었다. 행실 좋은 시민계급의 어머니가 대학에서 공부 중인 자신의 아들에게 써줄 만한 내용이었다. 메리가 의미한 귀족의 미덕은 시민들의 미덕과 조금도 다를 바가 없었다. 또한 만약 신의 창조물의 고결함을 고려하여 이성적으로 감동을 받으면 높은 미덕을 갖춘 귀족들도 눈물 흘릴 수 있었다. 그러나 시민계급과는 반대로 빌헬름에게는 여전히 용감하면서도 관대해야 하는 의무가 있었다. 오래된 가치와 새로운 것들이 독특한 혼합 속에 존재하고 있었다. 말을 바꾸면 빌리는 코펜하겐에서 선택의 기로에 있었다. 그리고 역시 그도 선택할 수밖에 없었다.

인신매매업자와 금융업자

그 뒤 몇 년 동안 빌헬름은 훈련 때 군대와 규율에 대한 애착을 무엇
보다 뚜렷하게 드러냈다. 도로공사, 감옥, 세금징수 등 특별하거나 일
반적인 돈에 대한 관심, 병영 막사 내의 언어, 준법정신, 부기장부에 대
한 이해 등에도 관심을 보였다. 그렇다. 바로 여기, 금융제도 분야에서
예상 밖으로 시민계급의 탁월한 능력이 잠재된 자가 등장한 것이었다.
그래서 덴마크 궁정은 놀랐다. 그랬기에 빌헬름의 어머니는 훨씬 오래
전에 더욱 긴급한 주의를 줬어야 했다. 포기하는 법을 배워라, 사람은
포기함으로써 다른 사람의 마음을 얻을 수 있다!

하지만 황태자의 경험은 그 반대로 가르쳤다. 돈이 세계를 지배하
고, 무엇보다 영주가 됐을 때, 삶의 안락을 누릴 수 있다고 생각했다.
듣기 좋은 칭호, 원하는 대로 쉽게 얻을 수 있는 여자(1764년, 빌헬름은
그와 결혼한 덴마크의 공주들은 여기에 포함시키지 않았다), 그리고 화려한
궁전들. 이 모든 것은 비쌌기 때문에 이런 것들을 가지려면 돈을 가져
야 했다. 구체적으로 말하면, 이런 목적에 맞지 않는 모든 지출을 엄격
히 제한하거나, 더 좋은 방법은 다른 이들이 지불하게 만드는 것이었
다.

그것으로만 끝이 났다면, 헤센-카셀주의 빌헬름 9세는 농업에 전념
하면서 첩이 많았던 여느 영주들처럼, 나중에 앙시앙 레짐과 관련하여
기억될 영주들 중의 하나가 됐을 것이다. 하지만 그는 특이한 성격을

가진 다중 인격의 소유자였다. 동시대 사람들, 시민계급이든 귀족계급이든 간에, 그들의 눈에 빌헬름은 무엇보다 인색한 사람으로만 인식됐다. 돈의 재산가치가 계획한 목표의 성취를 방해하는 데서 인색이 시작됐다. 그리고 인색은 돈을 향한 노력, 도덕과 인류를 찬미하기 위한 지출을 거부하는 노력에서 가장 큰 능력을 발휘했다.

프로이센과 그에 맞서 싸운 연합국들 중 하나인 오스트리아가 군사적, 경제적으로 많은 피해를 본 후, 1763년 후버투스부르크Hubertusburg 평화조약을 체결했는데, 그 사이 20세가 된 헤센-카셀 주의 황태자는 조약에 따라 분리된 그의 조국 하나우-뮌첸슈타인Hanau-Münzenstein으로 귀환할 수 있었다. 그곳에서 빌헬름은 변함없이 어머니의 도덕적 감독을 받으며 통치했는데 아들은 어머니를 더 깊은 절망으로 떨어지게 만들었다. 빌헬름의 어머니는 아들의 냉혹한 언행, 욕망, 오만한 신분의식과 고집에서 타락한 모습을 보곤 했다. 빌헬름의 통치 자체에는 비난할 점이 적었다. 하나우와 그 근방에는 안전한 도로가 건설됐고, 부기기술도 개선되어 철저한 재정 관리가 이뤄졌다. 한편으로 고등 교육시설의 재정 지원은 엄격하게 삭감했다. 군비에 대한 투자와 비교해보면 젊은 영주에게 교육은 두 번째였다.

소규모 백작 영지의 생산자원은 자연환경의 영향으로 그 범위가 매우 좁았다. 황태자는 어떻게 하면 시류에 적합한 자원을 더 늘릴 수 있을까 깊이 고민했다. 그리고 생산자원에 대한 오랜 탐색 끝에 마침내 그는 방법을 찾아냈다. 헤센은 당시의 군대식 언어로 표현하면, 전쟁을 훌륭하게 이끌어나갈 남자다운 사내들로 유명했다. 1763년 이후 전쟁은 숱하게 일어났다. 자신의 군대를 전쟁을 하는 국가에 빌려주면, 예상치 못한 돈을 얻을 수 있어 재정의 새로운 원천이 됐다. 이런 관점에서 자신의 나라를 가난한 나라에서 굴지의 군사강국으로 무장시켰고, 직접 전쟁을 일으키지 않아서 좋았던 프로이센의 왕 프리드리히 빌헬름 1세의 사례가 좋은 길잡이였다. 빌헬름의 신앙심 깊은 아버지도 역시 군인 대여계약을 체결했다. 그래서 빌헬름이 이런 계약을 영국과 체결했을 때, 헤센-카셀의 이 황태자는 영국이 선한 사회라고 잘못 판단했다. 영국의 독재 군주는 대서양 너머에 있는 식민지를 관리하기 위해 군인들이 필요했다. 헤센-카셀은 군인들을 영국으로 인도했고, 그것은 훌륭한 사업이었다.

그렇지만 시대는 변했다. 몇 십 년 전 유럽의 내각제와 당시의 상황에서는 문제없이 처리됐던 일들이, 1776년에 전례 없는 분노의 폭풍우를 가져왔다. 왜냐하면 그 사이에 슐뢰처Schlözer의 슈타츠안차이거 Staatsanzeiger, 슈바르츠Schbarts의 도이체 크로닉Deutsche Chronik, 빌란즈Wielands 의 토이첸 메르쿠어Teutschen Merkur와 벡컬린즈Wekhrlins의 그라우에스 운 게호이어Graues Ungeheuer등과 같은 일간지들에 비평기사가 떴기 때문이다. 모든 정기간행물은 상처 난 곳, 인간성이 권력으로부터 학대받고 있는 곳을 손가락으로 가리려 한다고 보도했다. 작가들은 스스로 권력의 힘을 갖지 못해 그들의 목소리는 도덕적 권력에 그칠 뿐이었다. 그 것은 황태자의 명성을 떨어뜨리는 것이긴 했으나 너무 자주, 모든 것을 강력하게 비판하는 것은 효과가 없었다. 자유사상 언론의 표적이 된 헤센 지방의 작은 영주는, 1776년 2월 5일 정확히 아메리카 대륙에서 발생한 영국의 전쟁을 위해 668명의 남자들을 돈을 받고 인도해버렸다. 영주는 한 사람에 76굴덴, 상이군인은 세 명당, 전사자는 똑같이 76굴덴, 그렇게 해서 연간 6만2,500굴덴을 받았다. 이 사실은 세상 사람들이 절규했듯이, 영주가 군인들의 전투력을 싸게 팔 때보다, 자국민이 죽을 때 더 이익을 본다는 것을 뜻했다.

빌헬름은 흥분을 가라앉혔다. 마침내 첩과 궁전들을 위한 돈이 왔다! 부분적으로 즐겁고 부분적으로는 혐오를 일으키는 그의 영국 사업 파트너들의 상황을 이용해 협상할 때 빌헬름은 소매상인처럼 값을 깎았다. 한걸음 더 나아가 그는 스스로 주도권을 잡았고 대서양 너머의 친척들에게 생명을 지닌 자신의 물건을 서슴없이 강요했다. 그것은 정말 놀라운 일이었고, 영주로서는 할 일이 아니었다. 사람들은 그가 갑자기 부유해진 것과 관련하여 악명 높은 원천에 대해 추측은 했으나 신사처럼 침묵으로 받아들였다.

하지만 빌헬름은 그 정도로 끝내야 한다고 전혀 생각하지 않았다. 해외에서 일어난 전쟁은 여전히 계속됐고, 그는 전보다 돈이 더 많이 필요했다. 그래서 그는 계속해서 군인임대 계약 체결을 요구했다. 실제로 계약 두 개를 성사시켰지만, 결국엔 양쪽 다 돈을 더 잃었다. 영국은 식민지를 잃었고, '헤센 용병들'은 그 잔인함 때문에 완전히 인기를 잃었고, 오랫동안 사악한 전설이 되어 남았다. 또한 빌헬름은 국민들에게 마지막 남은 그에 대한 존경심까지 잃어버리고 말았다. 대부분의 유럽 계몽주의자들은 이렇게 생각했다. 받아들일 수 있는 전쟁은 부당함에 맞선 방어와 위협받는 문명의 보호를 위해 벌이는 것뿐이다. 또한 만약 그들 중 상당수가 진보한 정치시스템과 모범적 삼권분립을 이룬 영국에 대항한 아메리카 대륙의 시대에 뒤진 사람들을 지원하는 것에 약간의 동정을 가지고 있었다고 해도, 이 전쟁에 독일 용병을 투입하는 것은 결코 정당하지 않았고, 인색과 결합된 경멸스러운 소유욕이 배후에 있다고 생각했다. 그런데도 빌헬름은 양심의 가책을 느끼지 않았다. 반대로 그는 자신의 소국에서 유배된 군인들의 미망인과 가족들에게 과세를 면해주는 자신의 관대함을 자랑스러워했다. 그는 모든 사람들이 입을 모아 유괴라고 비난하는 군인 지원자를 모집하는 방법의 정당성에도 신경 쓰지 않았다.

  가장 유명한 희생자는 1763년 작센주에서 한 농노의 손자로 태어난 요한 고트피드 조이메Johann Gottfied Seume였다. 조이메는 귀족 후원자의 재정 지원을 받아 라이프치히 대학에서 신학을 전공하던 중, 신교도적 신에 대한 믿음을 잃어버리고 진실에 다가가는 다른 길을 찾기 위해 파리로 떠났다. 하지만 그 젊은 대학생, 조이메는 센강까지 가지 못했다. '사흘째 저녁, 나는 개천가에서 잠을 잤는데, 여기서 힘을 다해 거부했음에도 불구하고 당시 인간 매매업자의 대부인 헤센 주 영주에게 잡혀 그의 지원자가 이끄는 치겐Ziegen으로, 카셀Kassel로 그리고 더 새로운 세상으로, 나의 목적지로부터 멀리 떨어진 곳에서 식량을 받게 되었다.' 다시 말해, 조이메는 납치당해 헤센 군인으로 징집되고 말았다. 그의 신분증명서는 찢겨졌다. 그로써 그는 정체성을 빼앗긴 채 인간 상품이 되어 미국 대륙으로 이송됐다. 그러나 자유를 향한 그의 열정은 빼앗기지 않았다. 조이메는 여러 차례 탈출을 시도했기에 참혹한 처벌도 비켜

갈 수 없었다. '빨리 출발해라! 서둘러라.' 재앙을 가져오는 이 세 단어와 함께 그 난폭한 지방 영주는 독일인들의 기억 속에 뚜렷이 남아있다.

빌헬름은 자신이 사랑하는 돈과 관련된 일에선 까다롭지 않았다. 뿐만 아니라 지불방법이나 투자에서 창조적인 태도까지 보였다. 요컨대 영국은 그에게 대가를 현금으로 지불하지 않고 경제의 전반적 흐름에 가치가 달라지는 어음 형태로 지불했다. 그는 정말 은행가로 일하는 것처럼 느꼈고, 그래서 자신을 위해 함께 일할 능력 있고 믿을 만한 재정 중개인이 필요했다. 그는 로실드Rothschild 일가에서 적합한 인물을 찾아냈다. 아버지 메이어 암셸Meyer Amschel과 아들 나단Nathan은 독일 영주와 협력하여 점점 더 부자의 길을 걷게 됐다.

이같은 사업의 공생으로 로실드 일가는 마치 돈을 잘 쓰는 것처럼 보였다. 그들의 귀족 주인과는 달리 로실드 일가의 고삐 풀린 인색은 아무것도 아니게 보이기도 했다. 이것은 이 영주가 그의 지역을 자기 개인 재산으로 간주하고, 연간 순소득에서 거의 100만 굴덴을 마음대로 다룰 때, 더욱 부각됐다. 그리고 돈이 돈을 불러 모았기 때문에, 하나우-뮌첸슈타인의 국가 행정기구와 나중엔 헤센-카셀의 국가 행정기구마저 본격적으로 중앙은행 혹은 제국 중앙은행으로 변화시킬 수 있었다. 30년 후, 빌헬름의 채무자 목록은 나라의 인명록을 넘어 유럽의 인명록이 되었고, 그 목록에 따르면 웨일스의 왕자, 영국의 왕위계승자조차 빌헬름에게 막대한 금액의 빚을 지고 있었다.

아버지의 죽음 이후, 1785년 그 은행가-영주는 원래 지배했던 최대부분보다 훨씬 더 넓은 영역을 다스렸고 하나우에서 카셀로 이주했다. 그곳에서 빌헬름 9세는 사람들이 그에게 바라는 대로 통치했다. 종종 정치적으로 큰 영향력을 가진 첩들과 인연을 맺어 여러 명의 서출들을 낳았고, 그들 중 대부분은 자식으로 인정받고 귀족의 신분도 부여받았다. 그리고 영주는 화려한 새 저택도 이제는 감당할 수 있으리라 여겼다. 카셀에서 빌헬름 성이 가장 돈을 많이 들인 호화로운 시설이었다. 그 곳에서 프랑스 혁명이 진행되는 동안에 끝없이 전제군주의 권한을 행사하여 건축물, 정원, 입상, 조각품들과 그림들로 채워 보수적인 계층들조차 놀라지 않을 수 없었다.

그 사이에 빌헬름은 군대를 구축했고, 스스로 사령관이 되어 명령을 내렸다. 한때 군대는 40만의 지역 주민에 비례하여 2만 명까지 늘어났다. 영주의 권력은 스스로가 유럽의 정치 무대에서 주도적인 역할을 맡았다고 느낄 만큼 왕의 머리 꼭대기까지 올라와 있었다. 그의 이런 지위는 한편으로 그가 선제후가 되어 왕관을 써야 한다는 믿음을 갖게 했다. 그 칭호를 얻는 것이 그때부터 정권의 통치 목표가 됐다. 지역 영주에게는 프랑스 혁명까지 계속 이어지는 파멸의 시기에도, 그리고 진정한 광란이 벌어진 나폴레옹의 시대에도 그 칭호를 가지려는 의무로 충만했다. 빌헬름은 자신의 재산을 오랫동안 방대하게 증가시켰고, 끊임없이 사치스러운 취미들을 늘려갔다. 영주는 다른 사람들, 특히 자기 신하들에게 자신의 취미에 드는 비용을 지불하게 만들었다. 이것은 예전보다 훨씬 더 강력한 통치권의 기본 원칙이 됐다.

헤센의 주인 빌헬름은 이미 오랫동안 지녀온 것을 유지하기 위해서가 아니라 끊임없이 추가로 수입을 더 얻으려고 절제해왔으므로 그를 시기하는 세상 사람들은 빌헬름을 구두쇠라 불렀다. 새로운 이익을 얻을 수 있다면 그는 어떤 공격적인 방법도 마다하지 않았다. 1787년, 리페-뷔케부르크Lippe-Bückeburg의 백작이 죽은 뒤 빌헬름은 샤움부르크Schaumburg의 백작령 중 일부를 차지했고, 상속청구권을 이용해 불법으로 강탈한 이 땅을 정당한 것으로 만들었다. 이것은 너무나 정도에서 벗어난 짓이었기에 약탈한 땅을 되돌려줄 수밖에 없었다. 그러나 빌헬름은 선제후의 지위는 반드시 차지하겠다는 목표를 가졌고, 대부금을 미끼로 활용했다. 마인츠Mainz의 저명한 인사들 중에 투표권을 가진 대주교는 10만 탈러 이상의 돈을 요구했으나, 상당한 뇌물을 주기에는 후보자가 너무 인색했다. 그는 이미 승낙했던 금액마저 최후의 순간에 깎아 실망한 수령자들은 결국 그의 부탁을 거절하고 말았다. 미래의 선제후 빌헬름은 조금 더 기다려야 했다.

이익을 증대시킬 수 있는 새로운 기회는 1792년부터 일어난 혁명이 제공했다. 그 많은 분쟁과 전투에서 헤센의 군인들은 너무나 좋은 조건으로 임대됐다. 지역 영주는 반(反)혁명적인 세력의 어떤 제안도 받아들였다. 그는 마침내 영국과 다시 계약을 맺었다. 빌헬름의 군대는 영국 국왕이 이번에는 아메리카 대륙의 식민지를 잃지 않게 하고, 대륙 하나를 추가할 수 있게 해줬다. 그들은 그곳에서 보수 언론이 말한 것처럼 숙적 프랑스에 맞서 독일의 영역을 지키기 위해 싸웠기 때문에, 사람들이 그에게 갖는 나쁜 감정은 없어지지 않았지만, 인간 매매업자는 일종의 애국심 같은 확신을 가졌다. 하지만 그에게 애국심이란 자신의 유능한 사내들을 더욱 비싸게 상품화하겠다는 하나의 신호였다. 이 것은 빌헬름이 정당한 규칙의 유지를 내세워 왕후연합과 동맹군대를 체결하고 협상했을 때, 분명해졌다. 빌헬름 9세는 프랑스 혁명을 군주의 전능함을 교활하게 없앤 것으로 혐오하면서도, 동맹을 맺어 최대의 이익을 교묘하게 얻어낼 작정이었다. 헤센 군대의 투입에 빌헬름은 여러 조건을 내걸었다. 선제후의 직위, 최고지휘권과 유리한 임대조건 등. 그러나 그의 계획은 즉각 수포로 돌아갔다. 하지만 이번에는 빌헬름의 진정한 모습이 모든 사람들에게 계속 일컬어지면서 결코 피할 수 없는 오점을 남겼다. 조국인 독일보다 돈을 가장 사랑했던 영주! 라고.

시간은 흘러갔지만 빌헬름 9세의 용맹스러움은 아직도 남아있어서 그는 그저 서로 싸우는 권력을 지켜보며 유리한 기회를 기다리기만 하면 됐다. 그게 프랑스든 프로이센이든 서로 맞서게 하여 어부지리로 선제후의 지위를 얻을 기회 말이다. 하지만 성공을 약속한 전략도 다시 인색함이 가로막았다. 1798년, 프랑스가 빌헬름에게 남독일 영주동맹의 의장 —1806년 체결될 라인동맹이 지평에서 뚜렷하게 나타났다— 자리를 제안했을 때, 영주는 그에 대해 너무 많은 돈을 요구해서 나폴레옹 시대의 프랑스 대표자가 혐오감을 느껴 거절할 정도였다. 도대체 그는 무엇 때문에 이토록 편협한 인색함을 지킨 것일까? 이 질문은 단순히 프랑스 외교 수장이었던 탈레랑Talleyrand만이 물었던 것이 아니라 지금, 그리고 후세에도 계속될 것이다.

하지만 빌헬름은 전보다 훨씬 더 모든 것을 올바르게 할 수 있다는 확신에 차 있었다. 성공은 그에게 정당함을 주지 않았는가. 1802년, 프랑스와 동맹국 세력 사이에 루네빌Lune ville 조약이 체결된 뒤 빌헬름은 목표 달성을 눈앞에 두고 있었다. 마침내 이제 그는 헤센—카셀의 선제후, 빌헬름 1세로 명명될 수 있었다! 나아가 마인츠의 안전한 대교주의 부유한 지역 경작지를 포함시켜 빌헬름에게 조세가 주어졌고, 여섯 개에서 한 개로 양도된 지역에 대해 변상을 받았다. 그러나 이같은 재산 증식에 대한 기쁨은 그저 분수에 맞는 수준이었다. 자신보다 다름슈타트Darmstadt의 적대적인 사촌이 더 많이 얻었던 것이다!

사라진 제국에서 이제 별 의미도 없이 명령에 따라 선제후에게 바치는 환호의 소리는 카셀 곳곳에 퍼져 나갔다. 1806년, 이미 제국이 없었기에 아무도 더 이상 황제를 뽑을 수 없었고, 그 새로운 선제후를 위해 꿈이 현실로 이루어졌다. 마침내 그는 유럽의 상류층 왕족 옆에 나란히 설 수 있었다. 뿐만 아니라, 빌헬름은 즉시 그 새로운 칭호가 자신의 존재를 완전하고 거룩하게 만드는 것으로 여겼다. 신분 상승에 대한 감격으로 그는 자신을 최고의 상류층에 속한다고 생각했다. 바이에른 주의 선제후, 뷔르템부르크의 공작, 바덴의 후작들은 모두 나폴레옹의 도움으로 얻은 자신들의 멋진 새 칭호에 기뻐했다. 이 영주들은 구두쇠인 빌헬름과는 반대로 망설이면서, 조심스럽게 수완 좋게 정치를 해나갔다.

이것은 헤센의 첫 번째 선제후와는 전혀 맞지 않았다. 사람들은 또한 일종의 정직함으로 그를 공평하게 취급해야 했다. 단순한 재정기술적 평가는 어려운 시기를 불러왔다. 유럽의 많은 영주들이 그에게 빚을 지고 있었기에, 빌헬름과 같은 은행가에게는 국가들과 수장들의 회전목마가 미친 듯 등을 돌리고 지불능력을 상실해버리면, 그 때문에 자신도 잃을 수 있었다. 결국 유럽의 채권자인 빌헬름은 본격적으로 어려워졌고, 그런 까닭에 그는 무엇보다 먼저 통찰력을 잃고, 그 다음 마음의 평정심을, 그리고 마침내는 그의 권력을 잃게 되었다. 불길한 시작의 초기에 4백만 탈러를 대출받기 원했던 나폴레옹의 문의가 있었다. 비록 그 금액이 그에게는 매우 사소한 것이었지만 영주는 요청을 거절했다. 보다 정확히 말하면 거칠게 거절했다. 그 코르시카의 졸부에게 그의 명예를 존중하는 척하며, 그것을 빤히 들여다보이는 변명으로 거절했다. 2년 지난 1806년, 그는 라인연합에 가입 요청을 받았을 때, 이를 거절했다. 이유인 즉 나폴레옹이 그가 몹시 싫어한 다름슈타트 가문의 지역을 그에게 양도하기 거부했기 때문이었다.

인색함의 보상

프로이센의 왕 프리드리히 빌헬름III세는 이 용건에 매우 신중했기 때문에, 빌헬름도 거리를 두고 두 권력을 대했다. 1806년 10월 프로이센이 패전한 이후 —빌헬름은 중립정책을 취해 프로이센 군대 세력을 매우 약화시켰다— 나폴레옹의 저항세력을 위해 프랑스에 맞서기엔 결정적으로 너무 늦었지만 그는 행동을 취했다. 그것은 유럽 영주들에게 화랑에서 그 구두쇠를 제거하기 위해 오랫동안 기다려왔던 기회를 제공했다. 영주는 그의 통치영역이 공격받을 것임을 예견하고 있었다. 무너져버린, 질투와 시기로 가득 찬 세계가, 그의 통치권을 향해 그리고 무엇보다 그의 소유물을 강하게 요구하는 것을, 자신의 보물을 주의 깊게 지키는 수호자인 빌헬름은 이미 항상 예상하고 있었다. 그리고 그는 미리 신중하게 모든 것을 준비해두었다. 값비싼 그림들은 무게가 많이 나가지 않아, 도주할 때도 갖고 떠날 수 있었다. 금덩이들은 달랐다. 금덩이들은 자본투자자가 가장 찬미하는 나라, 영국으로 운송됐는데 당연히 변장한 노상강도에게 들키지 않도록 몰래 운반했다. 자신의 재산을 걱정하는 선제후는 은행가의 현명한 충고를 귀담아 들었으며, 나아가 그 충고를 자신만의 독특한 방법으로 발전시켰다.

1806년 10월 말, 빌헬름이 다스리는 카셀에서 재치가 풍부한 희극작가의 상상력을 훨씬 능가하는 사건이 벌어졌다. 모두가 돌진했고, 구하려 했고, 찾으려 했다. 하지만 그 누구도 무엇을, 어디에서 그리고 어디로 가야하는지 몰랐다. 구두쇠 빌헬름은 변두리 성 계단에, 캄캄한 지하실에 그리고 멀리 떨어진 외딴 천막에 자신의 값비싼 보석들을 숨겼고, 원래 그랬던 것처럼 아무도 믿지 못했다. 그래서 이제 시간은 더욱 빠듯했다. 한밤중 횃불의 빛 아래 믿을 수 있는 충신 중 충신들에게만, 영국의 채권과 국채를 숨긴 은신처가 알려졌다. 그에게 복종하지 않는 다른 하인들은 은판을 가득 실은 마차를 곡괭이로 억지로 열려고 했다.

그러는 사이 프랑스 군대가 가까이 왔다. 하지만 그 혼란의 한가운데서도 의연하게 왕위에 앉아있던 선제후는 철두철미하게 운임료를 낮추는 협상에만 심혈을 기울였다. 협상 요금을 올리려고 자신을 부당하게 궁지로 몰고 최대한 그것을 이용하는 것에 그는 극도로 격분했다. 사냥꾼들이 그의 보물들에 더 가까이 다가옴을 느끼자, 그는 비로소 운송업자에게 값을 지불했다. 최후의 순간, 그의 귀중품들은 런던으로 가기 위해 베저강 아래로 운송됐다. 다시 한 번 빌헬름에게 행운이 찾아왔고, 행운의 여신은 끝내 그에게 어떤 흔적도 남기지 않았다.

선제후의 나머지 재산은 나폴레옹의 점령을 피했던 북독일의 곳곳에 숨겨졌다. 북독일의 영주와 군주는 곧 그의 재산을 추적했다. 빌헬름은 처음에 홀슈타인Holstein과 슐레스비히Schleswig의 공작령에 있는 성들로 도망갔는데, 그것은 장인과 장모의 것을 자신이 차지한 것이었다. 추방된 통치자는 자신의 첩들 중 한명과 함께 완전히 공개적으로 잇체호Itzehoe와 루이젠룬트Louisenlund에서 머물렀다. 그를 부끄럽게 여겨왔던 덴마크의 친척들이 그에게 이 비도덕적인 처신을 제발 다른 장소에서 하라고 요구할 때까지 말이다. 당연히 그는 자신의 조국 카셀로 다시 되돌아가지 못했다. 그곳은 베스트팔렌 주의 왕인 제롬 보나파르트Jérôme Bonaparte가 통치하고 있었는데, 그는 황제의 막내 동생으로 처세에 능한 사람으로 이름을 떨치고 있었다.

믿음이 가득했던 헤센에 불행이 엄습했다. 사람들은 믿을 수 없었지만 그 동안 타고난 군주에 대한 갈망이 생기를 불어넣었던 것이다. 그 이유를 알고 있는 헤센의 한 농부가 간결하고 탁월하게 표현했다. '그도 바보일 수 있고, 그래서 그도 우리들 중 하나인 것이다.' 빌헬름 치하의 토착민들은 그에게 왕관을 되돌려주려고 다른 이들에 맞서 반란을 일으켰다가 프랑스의 사살 명령으로 죽기도 했다. 이 무모한 집단 중 한 명이 예외적으로 살아 돌아왔는데, 그는 귀환 후 빌헬름에게 자신의 영웅적 용맹의 대가로 200탈러를 요구했다. 그는 이 정당한 금액을 엄청난 분노로 되돌려 받는 이해할 수 없는 경험을 해야 했다. 헤센 사람은 돈의 가치를 알지 못했기에, 빌헬름은 그에게 절약을 가르쳤던 것이다.

국가를 잃고 추방당한 빌헬름은 자신의 나라가 그에게 어떤 가치를 가졌는지 모두에게 보여주었다. 그 가치는 정말 보잘 것 없었다! 1808년과 1809년, 재탈환을 위한 두 번의 군사적 노력은 실패로 돌아갔다. 왜냐하면 도주 중인 선제후가 지나치게 재산을 아꼈기 때문이다. 사람이 부유해지려면 재산을 갖고 있어야 한다는 것이 그의 감동어린 탄식이었다. 베를린과 빈도 그의 지원을 거절했지만 그건 중요하지 않았다. 그가 전쟁에 전혀 관여하지 않았고, 오히려 자신의 보물들을 축적했음에도 불구하고, 그는 1813년 라이프치히에서 벌어진 국민 전투에서 동맹국이 승리하자 자신의 영토를 되찾을 수 있었다. 정확히 말하면, 그의 재산은 축소되지도 않고, 나폴레옹 시대의 모든 추가분까지 이익을 취득했다. 다시 권력을 찾은 통치자는 이제 일흔이 넘었으며, 협정을 파기하고, 계속되는 프랑스의 황제와 맞서는 전투에 2만 4,000명의 남자들을 투입했다. 그들은 그 없이, 그리고 무엇보다 그의 돈이 없어도 결국 승리했다! 바로 황제와 선제후가 옛 제국을 회복했기 때문에 지금의 독일 연방의 기초를 세웠다는 것보다 그의 반란에 경계가 없다는 것이 더 알려졌다. 그가 선제후 직위를 얻기 위해 지불한 돈은 잘못 투자한 것이었다.

몇몇 지역에서 빌헬름은 시대에 맞지 않게, 변화를 억제하려는 행동을 취했다. 그의 군인들은 예전처럼 다시 변발을 해야 했는데, 사람들은 그 지나치게 기묘한 향수에 대해 비웃었다. 그러나 무엇보다도 그

간교한 재정중개인은 그곳에서 돈을 차지할 수 있는 기회를 지속시켰다. 그는 자신의 오래된 국가부채를 모두 해결했다고 여겼고, 이자 지급 의무도 조정했다. 하지만 그는 제롬이 축적한 부족액을 1대 3으로 유리하게 계산했다. 게다가 그는 긴축 재정조치를 펴는 기지를 발휘하여 사람들을 기쁘게 했다.

빌헬름은 통치력을 잃었던 7년 동안 이뤄진 공공의 소유주들의 매매를 인정하지 않았다. 또한 의도적으로 무질서와 가격폭락을 일으켰다. 그 사이에 국유지로 얻었던 것은 그들에게 그대로 두었다. 재정기술적 관점에서 더욱 독창적이었던 그의 지시는 1806년 임명되었던 —마치 그 뒤 시간이 멈춰버리기라도 한 것처럼!— 모든 장교들과 공무원들의 직급을 다시 낮추라는 것이었다. 공무원들은 자신들의 퇴직연금을 잃게 되어 상당한 공포에 사로잡혔고, 과부들과 고아들은 가난해졌다. 하지만 빌헬름은 매달 3만 6,000탈러를 절약할 수 있었다. 빌헬름은 군비는 축소시켰으나 그에 따라 변제되는 세금은 낮추지 않았다. 린텔른 지방대학을 폐교시키고 그에 따른 재산 증식도 즐겁게 받아들였다.

또한 정치적 상황 변화에서 몇 가지를 더 얻어냈다. 완전히 절대적인 그의 통치력과 귀족들과의 관계에도 불구하고, 헌법을 제정하기 위해 빌헬름은 관계의 부담과 그에 따르는 책임을 파악해야만 했다. 이 같은 일은 그에게 계속 거북스러웠기에, 그를 싫어하는 귀족들의 힘을 약화시킬 필요가 있다고 생각했다. 그 이유만으로도 농부조직을 —헌법을 준비하기 위한— 헤센 지방의 주 의회 대표로 내세웠다. 이는 에른스트 모리츠 아른트Ernst Moritz Arndt와 다른 구 자유당원들과 마찬가지로 선제후에게 기대하지 못했던 과분한 찬양을 가져다준 교묘한 조치였다. 고위성직자, 재판관, 시 당국과 농부의 대표자들은 첫 번째 회의에서 이미 정신이 혼미해졌다. 400만 탈러를 국가가 선제후에게 지불해야 했는데, 정확히 말하면 선제후의 경비에 대한 배상이었다. 그러나 국가와 군인들의 재정 상태를 분명하게 제시하라는 요구로 상황은 역전됐다. 하지만 그들은 통치자를 제대로 알지 못했다. 질투어린 외부 세계는 군주가 재산을 이루 말할 수 없는 노력으로 어떻게 착취했는지 폭로했다. 그것은 명백한 공식적 폭동이었다! 헤센 주의 법제정이 이런 위험한 상태 때문에 무산된 것은 별로 놀랄 일도 아니다.

백발의 제후는 자신의 오래된 애정 어린 계획에 전념했다. 그 중 하나는 모든 법적 정당성 없이 '왕의 통치권'이라는 하나의 칭호를 얻은 것이었다. 그리고 다른 것은 그의 월권의 지위를 명백히 표현하기 위해 거대한 성을 세우는 것이었다. 1821년 2월 빌헬름이 죽었을 때, 그는 세계에서 가장 부유한 남자들 중 하나였으나, 그의 나라는 가난했다. 그 많은 탐욕, 인색, 무분별함, 불신과 비겁함이 ―동시대 사람들은 지방 영주의 인격을 그렇게 특정지었다― 그가 가졌던 재력만으로 여전히 찬양되는 것은 공공연한 분노를 불러일으켰다. 보수적인 신학자들과 계몽주의자들은 한목소리로 외쳤다. 어찌하여 신은 저리도 많은 비도덕에 아직도 보상해주고 있는가? 부끄러운 질문과 함께 얼마나 많은 식언, 표리부동과 교활한 기회주의가 통치력을 잃는 일도 없이 한 군주에게 허용되었는지 의미 깊은 교훈을 눈앞에 제시했다. 그렇다, 빌헬름 1세의 삶은 바로 계몽에 대한 조롱이었다. 그것은 책임감 있는 군주라면 국가의 첫 번째 하인으로 남아야 한다는 효력없는 희망을 너무도 분명하게 절망으로 보여주었다. 정치와 도덕은 서로 어울릴 수 없어 보였다. 이런 군주의 정치에서는 모두가 개화될 거란 환상에서 벗어난 교양 있는 시민들은 자아확신도 도덕적 의식도 찾을 수 없었다. 빌헬름이 이 의미를 민족 속에서, 그의 언어 안에서 그리고 문화 속에서 찾았던 것이 놀라운 일이었을까?

CHAPTER
08

"칼뱅주의자"

향락과 포기의 학파

제네바의 방식

토크쇼에서 자주 언급되곤 했다. 초대된 방청객들이 대부분 알고 있는 것처럼 끊임없이 시대정신의 거친 바람을 돛 전면에 받고서 항해하는 것은 대단한 시대증인이다. 무엇보다 논의의 여지없이 대중적인 확신을 갖고 이야기할 때 나타난다. 그것은 은퇴 후 성실하게 일하는 소시민적 남성의 중재인으로 여겨졌던 CDU(독일기독교민주정당) 전 국무총리에게도 해당된다. 그가 확실하게 규명하기를 하르츠 4(Hartz IV, 사회복지법안)는 칼뱅주의적인 것이라고 말했다. 이는 TV 쇼 속에서 자의적이고 정의롭지 않으며, 냉혹하고 무정함을 의미했다. 그렇다, 칼뱅주의는 동정심이 없는 인색의 동의어로 간주됐다.

의도적이든 우연이든 간에 소시민적 사람들의 변호인은 오래된 상투어를 다시 유효하게 받아들였다. 16세기와 17세기에 걸쳐 세 개의 거대 신앙고백인 가톨릭주의, 루터파 그리고 칼뱅주의가 야기한 격렬한 분쟁에서 잘못된 경제 윤리, 다시 말해 태만이나 인색을 가르치라는 질책이 가치 있게 인식됐다. 칼뱅주의 교회들이 성스런 그림도, 자체 오르간도 없는 초라한 설교장과 기도장에 있었다는 것은 가톨릭적 논쟁보다 더 어려운 문제였다. 그리고 칼뱅주의는 대 예술가인 렘브란트가 가난하게 죽은 암스테르담 같은 도시들을 지배했다. 그 밖에도 칼뱅주의자들은 성스러운 그림뿐 아니라, 가톨릭의 오래된 축일과 휴일까지 버렸다. 제네바에서 엄격한 교의를 가르친 칼뱅과 그의 추종자들은 12월 25일이 일요일과 겹치면, 이 날을 단지 성탄절 자체 휴일로만 기념하자는 투쟁을 벌였다. 왜 이 모든 것이 탐욕과 같은 맥락인 악덕에서 나온 것이 아니라 인색에서 기인된 것일까?

곤궁한 자들이 제시하는 대답 자체가 그런 의혹을 증폭시켰다. 칼뱅주의자들은 가톨릭과 특히 가톨릭의 수장인 교황이 극단적인 생활방식에 특별하게 집착한다며 비난했다. 교황은 지속적인 책무인 자기희생과 봉사를 이행하는 대신, 호화로운 자신의 왕궁을 유지했기 때문이다. 칼뱅주의나 가톨릭에 반대하는 교회, 그들이 내세운 악마의 교리에 인색과 낭비가 들어 있었다. 거기까지 토크쇼-논쟁의 근거는 깰 수 없는 역사적 전통과도 어울린다.

또 하나 '칼뱅주의'와 '인색'을 동일시한 뜻 깊은 회상이 있다. 바로 막스 베버이다. 20세기 초기에 유명한 한 논문에서 독일 사회학자이자 정치학자인 그는 칼뱅주의의 이상세계에서 현대 자본주의 정신을 도출해냈다. 둘 사이의 상호작용에 대한 그의 연구는 개혁된 회사들이 19세기 산업화를 주도적으로 이끌었다는 통계학적 검증에서 출발했다. 베버는 자신의 연구에서 인색이 아닌, 이익의 즐거움을 위해 계획적으로 절제하는 내면세계의 금욕을 중심으로 다루었다. 이 자체적으로 강요된 금욕에 따라 회사는 이익을 재투자하여 자본 증대를 실현했는데, 베버는 무엇보다 수익을 위한 노력 자체를 종교적 동기가 부여된 것으로 보았다. 물론 칼뱅의 '원조' 칼뱅주의는 아니었지만, 뒤에 영국과 미국에서 지속된 발전은 은총과 상업적인 성공에 대한 구원의 확신을 추론할 수 있는 독특한 보증-공식을 이끌어냈다. 부족하고 조잡하나마, 칼뱅주의의 정신에서 인색함이 시작됐다는 본질적 의미와 증거가 제시될 수 있었다.

인색함은 가톨릭을 추종하는 국가에서처럼 개혁 국가에도 거침없이 널리 퍼졌고, 스위스, 네덜란드나 대표적 본보기인 스코틀랜드처럼 칼뱅주의가 널리 퍼졌던 국가들에 지금까지도 이탈리아나 스페인처럼 인색과 탐욕이 강력한 영향을 미치고 있다는 매혹적이고 이해하기 쉬운 명제는 실무적으로나 이론적으로 증명되고 있다. 첫째, 오랫동안 칼뱅주의가 영향을 미친 생활공간으로 제네바를 선택한 것은 적합했다. 당시 널리 알려진 것처럼 인색과 폭리가 쌍둥이처럼 보인다는 전제에 따르면 신학자들이 이 연구에서 승인한 이율은 진술 효과를 갖고 있었다. 그 밖에도 그 이율은 신앙적 논쟁의 대상이었다. 더군다나 가톨릭 교회는 경제적 활동과 그로 인한 손실의 위험에 개입하는 이율 수령을 허용하지 않았다. 이 '안돼, 하지만'은 사업을 어렵게 하고, 돈을 비싸게 만들었으며, 은행가들에게 부정적인 인식을 갖게 하는 은폐전략을 할 수 없이 채택하게 만들었다. 개혁된 다른 지역들처럼 칼뱅의 제네바에서 그의 실행이 거부되고 이자의 수령은 근본적으로 합법화되었다. 그것은 가톨릭 반대자들에게 탐욕과 인색의 일반적인 의혹을 증명한 것으로 충분했다.

하지만 칼뱅은 더 접근한 시각에서 그것을 인정하지 않았다. 제네바에서 허용된 이윤은 5퍼센트로 결정됐고 그 후 10년 동안 —종종 충분히 방해되는 상황 때문에 지연되기도 했지만— 자연스럽게 올라갔다. 칼뱅에게는 대부금에 이자를 붙이지 않는 것이 원래 그리스도교 형제주의의 계율이었다. 돈에 가치가 있다는 것을 상업의 중심지 론Rhone에서 무거운 마음으로 승인했다. 더 영향력이 컸던 것은, 신교의 목사들과 정치

공무원들로 구성된 최고 교회 법률에 따른 조사와 집행 기관인 종교 법정에서 폭리 때문에 진행되었던 소송 절차였는데, 그것은 항상 유죄 판결로 끝이 났다. 또 다른 실험은 제네바의 사회정치였다. '개혁된 로마'는 어떻게 로마의 가난한 사람들을 돌보았는가? 사회적 냉소의 정신에서 최소한으로, 아니면 후견인이나 사회복지 사업으로 경제적 지원까지 제공했는가?

빈곤한 사람들에게 중점적으로 제공했던 것은 오래된 교회들이 많은 물건들을 내놓음으로써 형성된 일반적인 피난소였다. 거기는 혼자서 살 수 없거나 돈 없는 사람들을 수용했으며, 또한 가난한 아들들과 딸들에게는 직업교육 내지 결혼지참금을 제공했다. 하지만 이런 지원은 제한적이었고 무엇보다도 통제와 철저한 감독 아래 주어졌다. 도움을 요청하는 사람은 자신의 마음을 속속들이 다 드러내야 했다. 정말 취업불능이나 아니면 단지 은폐된 나태만이 보였을까? 그리고 지원자에게 결과가 좋으면, '장려와 청구'의 원칙이 적용되었다. 즉, 일은 가능한 한 많이, 자선은 꼭 필요한 만큼만. 제네바의 신앙에서 개인은 가장 친한 사람에게 목적 없이 부담을 주는 것은 옳지 않았다.

하지만 일을 했는데도 돈은 벌지 못하는 사람들에겐 무엇이 주어졌을까? 근대 초기 제네바에서 '일하는 빈곤자'들은 어떤 공공지원 사업을 기대할 수 있었을까? 전통적으로 유럽의 정부들은 사람들이 빵을 살 수 있고, 그것으로 빈곤자들이 스스로의 생존을 위협받지 않게 지원할 의무를 가졌다. 좋은 시절에도 빈곤자들은 수입의 대부분을 기초식품을 사는 데만 지출했고, 빵 값이 비쌀 때는 가족들이 빵 하나를 돌려

가면서 먹기에도 가계 예산은 충분치 않았다. 시 당국은 어렵고 무엇보다 비용이 많이 드는 작업을 먼저 실행하면서 비용을 절감하려고 노력했다. 그것으로 예비품을 저장했고, 위기상황에는 할당량을 채우기 위해 공식적으로 국외에서 곡물을 수입했다.

시 당국은 극도로 결핍된 상황에서는 스스로 가격을 결정하여 불가피한 가격 상승을 억제하려고 노력했다. 그러나 그런 시도의 결과로 재정적 소비의 계속된 상승을 막지는 못했다. 공공의 일손에 의한 노력들은 단지 그 목적 자체였다. 식량이 계속 비싼 채로 남아있자, 시의 지도자들은 자신들이 부단한 노력으로 빈곤자들을 보호해야함을 절실하게 받아들였고 그를 위해 어떤 부채도 두려워하지 않음을 보여줬다. 이처럼 근대 사회정치는 단순한 대중적 경제 이상주의에 지속적인 충성을 바쳤다. 여기서 경제의 이상은 개인의 이윤추구, 그러니까 동시에 탐욕과 인색함은 억제되고 소시민적 생존이 중심으로 돌아오는 '도덕적 경제'였다. 이 명백한 사회복지와 보장경제는 그 비효율성으로 상류층과 하류층 사이에 심한 대립을 초래했다. 이런 경제는 대중에게 계획적으로 굶주려 지치고 부자들에게 경멸을 당하는 두려움을 갖게 했다.

이런 항복에 제네바의 칼뱅주의 정부는 준비가 되어 있지 않았다. 확실히, 제네바 정부는 유럽의 거의 모든 도시들처럼 공공 곡물창고를 세웠고, 그 곡물은 당시 곡식 재고가 부족하거나 기근이 든 기간에도 기본 수요를 충족시키기 위해 분배됐다. 하지만 거기에는 엄격하게 적정한 가격이 제시됐다. 이는 제네바 빵가게들이 곡물창고의 밀가루를 경우에 따라서는 시장가치에 맞는 값으로 낮춰야 하는 결과를 초래했다.

이런 방법으로 하층민들을 힘든 시기에 기아로부터 보호하기 위한 보조금 비용을 얻을 수 있었다. 이것이 칼뱅주의 식의 '장려와 청구'였다. 이런 방식을 적용한 유일한 기관으로 제네바 곡물창고는 1793년 앙시앙 레짐 말기에 경제적인 결산을 냈는데, 로마의 자매 시설기관과는 명백한 차이를 보였다. 이는 100년 동안 도시의 많은 빈곤자들에게 저렴한 빵 값을 보장했으나, 이 때문에 말기에는 전체 국가예산이 부족해 많은 부채를 떠안게 됐다. 이 방식을 통해 양측 종파는 자신들의 전제조건을 다시 확인했다. 가톨릭 신자들은 제네바의 은행가–상류층들을 기생적 존재라고 가르쳤고, 칼뱅주의자들은 교황권을 더러운 탐욕과 추악한 인색한의 후예라고 말했다.

계속되는 생활방식의 차이들은 오늘날까지 굳어져있는 선입견을 강화하는데 기여했다. 이미 칼뱅은 막대한 향연에 대항하여 매우 격렬한 싸움을 벌였다. 무엇보다 호사스런 결혼 축하연에 투쟁하여 마침내 연회의 낭비 요소를 엄격하게 축소하는 것을 전반적으로 완성시킬 수 있었다. 음식과 의복에 대한 소비를 축소하고 규칙적인 생활양식을 일반화시킨 규정은 유럽 전체에 퍼졌고, 대부분 느슨하게 집행된 규칙들도 제네바에서는 성스러운 진심으로 받아들여졌다. 도박, 무도회 축제, 내기와 같은 값비싼 오락들과 더불어 혼인 외 정사는 철저하게 엄격한 평결로, 공공조직 속에서 저절로 모두에게 일깨워졌고 이웃들의 행동은 관찰되거나 경우에 따라서는 밀고가 뒤따랐다. 적어도 칼뱅이 살아있는 동안에는 지도층에게도 예외가 없었다. 반대로 부자들은 자신들의 생활방식에서 종종 참을 수 없이 억제된 느낌을 받았다. 이는 제네바의 모든 상류층들이 합법적인 방법으로는 더 이상 아무것도 단순히 낭비할 수 없었고, 그런 까닭에 수익 사업에서는 이익의 재투자가 서슴없이 강요되는 결과를 가져왔다. 만약 그리스도적 박애 속에서 빈곤한 사람들에게 기부하는 것을 끌어내지 않았더라면 말이다.

신학의 관점에서 보면, 신성한 론의 공화국에서 종교적, 도덕적 사상가 칼뱅은 가장 선호받는 해결책이었다. 신의 눈앞에 인간은 예외없이 모두 무제한의 연대책임을 지고 있었다. 초기 그리스도교의 형제같이 나와-함께-내가-한-일을-나누자-경제학은 오늘날까지 의무로 남아있다. 하지만 정복하기 어려운 장애물이 이 고귀한 원칙의 변환을 반대했다. 인간은 누구든지 모든 거래를 죄악으로 이끌고 그것을 이기적인 데만 사용하는 광범위한 죄를 범해왔다. 신은 타락한 대중으로부터 신의 심오한 조언을 따르는 사람들을 구했으며, 반면에 다른 사람들에게는 그들이 자초한 저주의 운명을 주었다. 그러나 신의 선택을 받은 자들은 그들에게 주어진 은혜를 받고서도 악에 대한 애착으로부터 벗어나지는 못했다. 이 세상에서 그들의 특권은 전적으로 죄로 파멸된 모든 항의에도 불구하고 최후에 멸망되지 않음에 있었다.

구원을 받은 태초부터 예정된 악에게 매력을 느꼈을 때, 현세에서 하나의 단결된 사회를 정당한 국가로 세우는 가능성은 생각하기 어려웠다. 그럼에도 불구하고 정부 당국은 칼뱅에 따라 정확하게 이 임무를 수행했다. 그리스도교 정치에서 예술은 반항하는 대중을 그들의 소망과 반대로 신성하게 이끄는 데 그 목적이 있었다. 즉, 도덕적으로 명백한, 하지만 연대적으로 동료의 생활방식도 가능할 때까지 강요했다. 선과 함께 악을 그저 마지못해 저지르고 그 때문에 위선자를 능가하게 된 것은 불가피했으며, 그것은 공동체 모델의 가치를 결코 약화시키지 않았다.

그와 반대로 피상적인 모습에서 악을 억제했던 공화국의 설립은 지배자에 대한 최상의 찬미였고 지배자의 단호한 의지였다. 끊임없이 정도를 벗어난 사람들을 처벌의 좁은 범위에 가두고, 신의 명예를 따르는 규칙을 완성하는 것이 전형적인 정치의 기본규칙이었다. 이런 노력에 저항하는 자는 종교적, 법적으로 가혹한 제제 조치를 각오해야 했다. 교회 법정에서 명백해진 범죄자들은 신자들의 공동사회에서 제명됐으며, 이 위반의 무게는 '속세의' 벌에 상응하는 결과를 가져왔다. 고리대금 즉, 목사와 정치가들의 공동 조언으로 확정된 이율은 위법으로 간주됐으며 월권은 이율을 확정했고, 이런 범죄는 론 강 도시의 도덕적 경제의 높은 가치를 보여주었다.

그것이 개인 경제와 가계에는 과연 어떤 결과를 낳았을까? 자신의 사악함에도 불구하고 신의 선택을 받아 회오에 가득 찬, 겸허한 희망을 가지고 살았던 칼뱅의 신앙을 깊이 신봉한 사람은 어떻게 그의 돈을 다뤘을까? 가장 우선으로 그는 신성한 공공의 이익을 목적으로 돈을 사용해야 했고, 자신이 지닌 속세의 물건을 신에 의해 요구된 의무로 받아들여야 했다. 왜 신은 어떤 이의 사업에는 은혜를 베풀었고, 그와 달리 존경할 만한 모든 노력을 다했는데도 다른 이에게는 실패를 주었는가? 여기서 칼뱅은 그의 저서와 설교 속에서 위협하듯이 목소리를 높였다. 신에게 선택된 듯 보였던 상업적이거나 기업적인 성공은 악의 운명적 시도였고, 뿐만 아니라 바로 신 앞에서 인간의 자만을 보여주는 것으로 더욱이 그것은 가장 중대한 죄악 중 하나였다.

하지만 이의제기는 삶의 가난과 곤궁이 특히 신의 뜻에 알맞고 마땅하다는 반전의 결과를 포함하지 않았다. 수도회의 이 교리 뒤에, 칼뱅도 그랬듯, 똑같이 물리쳐야할 독선이 숨어있었다. 부와 빈곤은 욥의 경우에서 오래전 유언이 보여주는 것처럼 사람들을 똑같이 시험했다. 이 신앙심 깊은, 초반에는 부유했으나 나중에는 모든 것을 잃고, 그럼에도 신을 찬미했던 남자에 대해 칼뱅은 가장 뛰어난 언어 구사력으로 설교를 했다.

제네바에는 영업용, 회계 장부로부터 자신의 구원의 계산을 위해 칼뱅이 설 자리가 없었다. 반대로 이미 이 질문에 대한 과도한 전념은 신앙심에 위험한 결함이 있음을 희미하게 내비쳤다. 그 대신 개혁자는 절제 있는 자세를 설교했다. 사람은 자신의 일이 신의 은혜를 의미했기 때문에, 지치지 않는 직업 소명을 가져야 한다고 호소했다. 동시에 그는 자신의 영혼을 직업 속에서 잃어버리면 안 되고 오히려 성공이나 실패를 같은 의미로 감사하게 받아들여야 했다. 이윤추구와 인색을 목적 자체로 섬기는 것은 죄를 과도하게 높이며, 신에 대한 배반이었다.

하지만 무엇이 제네바의 칼뱅의 규범이고 무엇이 배반이었는가? 일상생활과 축제에서 사치와 거만함을 억누르는 엄격한 부과금을 예상할 수 있었고 공공의 인식 속에서 인색은 하나의 주변 사건이 되어버렸다. 대체 그는 어떻게 이제 절약이 일반적 규칙이 된 것에 주목해야 했을까? 하지만 론 강의 엄격한 공화국에서 절약은 인색과 관계가 없었다. 또한 식사 예절과 의복의 모든 근검절약에서 '네가 나에게 한 만큼, 나도 너에게'라는 자명한 규칙과 상호간의 거래 규칙은 계속 통용됐다. 칼뱅은 이 규칙들을 절제로 파악했지만 '칼뱅주의'의 편협한 의미 속에서는 그렇지 못했다. 칼뱅은 자신이 신학적으로 높이 평가하는 교회의 장로, 아우구스티누스로서의 관점을 내세워 반대 의견을 말했다. 이는 그리스도 교도들에게 '즐김 없는, 이용uni, non frui'이라는 교의를 의무로 만들었다. 이 세상의 물건들은 사용하는 것이지 즐기기 위한 것은 아니라는 뜻이다.

칼뱅은 사실 적절한 향락을 그리스도교적 생활 태도로 인정했다. 신은 즐기지도 못하게 할 거라면 왜 이 세상의 미를 창조했을까? 이런 향락을 거부하는 사람은, 다시 말해, 부자연스러운 금욕을 통해 신성을 잘못되게 호소하는 것으로 신의 뜻을 서슴없이 위반하는 것이다. 하지만 그리스도교인은 올바른 기준에서 자연의 아름다움을 즐기도록 허용될 뿐 아니라, 음식의 맛 그리고 자신의 신체의 신비로움, 다시 말해, 성생활의 기쁨도 즐기도록 허용됐다. 여기에는 인색과 같은 소비가 설 자리란 전혀 없었다. 칼뱅 시대의 제네바에서 표준 규범체계는 구두쇠에게 은폐할 수 있는 최선의 기회를 제공했음을 보여준다.

무한한 기회의 나라에서

1706년, 칼뱅보다 197년 뒤에 태어난 벤자민 프랭클린은 미국의 식민지로 이주했던 잡화상업자, 비누제조인의 아들로서 칼뱅주의 시대 상황과 마찬가지로 곤궁한 환경에서 자랐다. 18세기 초반의 보스턴에서 번성했던 청교도는 칼뱅의 순수한 교리와 관련이 있었고, 새로운 공간에서 가지각색의 변화와 적응을 거치면서도 선택이나 지옥으로 떨어지는 것 등 숙명의 교의는 아직도 중요한 규율로 정해져 있었다. 프랭클린은 일찍이 신이 개인적인 공로나 악덕을 결코 고려하지 않은 채, 인간을 해방시키거나 비난한다는 관념에 대해 갈피를 잡지 못했다. 그의 눈앞에는 이렇게 무자비하고 불공평한 신은 있을 수 없었다.

로테르담이 낳은 에라스무스의 오랜 논증은, 인간 의지의 자유 여부에 대해 가진 루터와의 논쟁을 거쳐 미리 정해진 운명이 인간들을 마비시키고 그 때문에 태만과 부도덕으로 이끈다고 지금 현 시류에 맞는 형식으로 다시 소생했다. 프랭클린의 신은 인간이 잠재된 능력을 활발하게 발산시킬 때, 이를 돕는 교육적이고, 의무적이며, 지원하는 신이었다. 신은 인간이 근면과 정의의 미덕으로써 자기 행복을 개척할 수 있는, 다시 말해 영향력 있는 보호자에 의존하지 않고 자주적으로 살아갈 수 있도록 이 세상을 창조했다.

프랭클린은 그의 세기에 스스로 노력하여 이런 상승 자체를 두 배로 올렸다. 자신의 생을 보여주는 자서전으로, 또 다른 수많은 저서들에서 자신의 모범적 이력으로 일반대중에게 이용되고 도움이 되는 교훈들을 끌어냈다. 종종 매우 가혹한 현실에서도 프랭클린은 다른 이들이 결정한 예속에서 벗어난 삶을 살았다. 소년 벤자민이 낡았으나 깨끗한 옷을 입고서 자신의 보잘것없는 소유물을 갖고 새로운 활동장소로 선택한 필라델피아까지 어떻게 도달했는지에 대한 묘사는 오늘날까지 자수성가의 기본 교훈을 담은 미국의 '빌헬름 마이스터'라는 연극에 헤아릴 수 없는 뒷날을 지탱한 자기 확신처럼 담겨 있다.

프랭클린의 성공이 그 스스로에게 갖는 의미는 이랬다. 즉, 다른 이들의 합법적 권리를 위한 노력, 규율, 절약, 청결, 자기통제, 정의와 존경을 통해 끊임없이 이뤄졌다. 기자, 신문발행인 그리고 기업가 등 많은 분야에서 지치지 않고 활동했던 프랭클린은 비교적 일찍 그가 되고 싶었던 만큼 충분히 부유해졌다. 42세에 프랭클린은 원했던 만큼 재산을 가졌다고 보고 미래의 경제학적 연구와 그의 미국 고향의 공공 업무에 삶을 바쳤다. 그는 두 영역에서 세계적 명성을 얻었다. 가장 성실한 전기 연구가들 중 한 사람, 특히 피뢰침의 발명자로서, 그리고 미국 독립과 헌법에 기여한 지식인의 아버지와 같은 정치가들 중 한 사람으로서 미국 내 지도층들 사이에 뚜렷하게 인식됐다. 하지만 논의의 여지는 있었다. 조지 워싱턴으로 구체화했던, 무엇보다 귀족적 생활양식을 지닌 오래된 지도층은, 이익의 추구에 따른 상승을 경멸하지 않고 받아들일 준비를 하고 있었다.

프랭클린의 미덕체계에 인색함이 들어설 공간이 없는 것은 당연히 이해할 수 있다. 부를 향한 노력은 도덕적으로 허용됐을 뿐 아니라, 이상적으로 받아들여졌다. 부를 창출하는 경제 활동은 개인뿐만 아니라 무엇보다 공공을 위해 다양한 이익을 산출해내기 때문이다. 그 성공한 기업가는 다른 이들을 위해 일을 해냄으로써 그들에게 본보기가 되며 또 다른 이들을 위기상황에서 벗어나게 돕는다. 당연히 성공한 기업가는 기업의 부에서 공공 목적을 위해 양도해야 하는 끊임없는 책임을 바탕으로 하고 있다. 오래된 관용liberalitas의 인도주의적 표준, 예술과 경제

촉진이라는 확실한 목적을 가진 관용은 프랭클린에게서 그 기준이 규정된다. 돈벌이는 그 자체가 목적이 아니라, 그 돈벌이가 산출하는 더 높은 가치를 통해 정당화되는 것이다. 부는 지배하지 않고 오히려 봉사한다. 20세기의 대부호로 석유부자이자 당대의 가장 성공한 예술품 수집가들 중 한 사람이었던 장 폴 게티는 같은 미국인인 프랭클린의 원칙에 따른다. 천재 예술가의 작품을 구매함으로써 예술 자체를 진흥하려는 열정을 가졌다고 한다. 그것은 실제로 프랭클린의 정신에서 온 개념이다. 하지만 프랭클린과는 반대로 게티가 실행한 예술품의 구매와 연결된 '문예 진흥'의 노력은 위기상황에서도 돈을 무엇보다 확실하게 이자 수익을 얻는 데 투자하는 성향이 뚜렷했다. 여기서 부는 봉사하는 것이 아니라, 오히려 인색함으로 지배했다.

세속화된 칼뱅주의자인 프랭클린이 노력하는 젊은 사람들에게 들려준 성공규칙 가운데 '시간은 돈이다'라는 격언은 아주 유명해져서 널리 퍼졌다. 그 격언에 내포돼있던 신앙은 프랭클린의 지침서 속에서 미래 자본주의자들을 위해 다양하게 변화됐다. 허비된 시간은 돈을 소비하기 때문에, 그래서 시간은 돈이다. 쓸데없는 여가활동들은 너무 불필요한 지출을 야기하기에, 그래서 시간은 돈이 든다. 이 시기에 아무도 돈을 벌지 않기 때문에, 그들은 더 많은 돈이 든다. 음식점의 하루 한 시간은 작업실의 한 시간보다 늘어난다. 프랭클린은 절대 지치지 않고 이런 계산을 해냈다. 일 년 동안 아주 상당한 금액, 게다가 마침내 정식 자본으로 다시 이자가 붙는다. 기타 등등. 프랭클린의 경제학은 그 어떤 공백도 참지 못했고, '프랭클린 학자'는 자신이 나태에 빠지지 않도록 돈에 대한 생각에 매달릴 수밖에 없었다. 그래서 올바른 경제 윤리에 관한 그의 짧은 교과서 속에서도, 몰리에르의 연극에 등장하는 구두쇠와 같은 이름이 나오고 열렬히 좋아했던 문장이 갑자기 나타나는 것은 우연이 아니다. '인간은 먹기 위해 사는 것이 아니라 살기 위해 먹는다.'

또 다른 원리들도 이 규칙에 아주 가깝다. 일할 때 휴식은 내일의 일이 잘 돌아가도록 하는 목적을 갖고 있고, 무엇보다 일상의 지출은 수입 한도 내에서 1페니도 아껴야 한다는 충고도 여기에 해당하며, 그렇게 절약된 부가가치들이 장래에 풍부한 수익을 가져온다고도 했다. 또한 이런 규칙 속에 아르빠공과의 차이가 있다. 아르빠공은 단지 소유하는 것에 만족하고, '프랭클린 학자'는 그의 돈이 부단하게 중대하기를 요구한다. 아르빠공이 자신의 보석을 정원에 묻은 것은 모순의 정점이었을 것이다. 숨기지 말고, 오히려 꺼내 보여라! 이 격언에 따라 그 노력가는 자신이 어떤 것을 할 수 있고 무엇을 하는지 보여준다.

프랭클린은 몇 문장으로 정직한 과시 경제의 초안을 잡았다. 다른 사람들에게 이미 아침 5시에 인기척을 느끼게 하거나 밤 9시에 아직 작업장에서 망치를 휘두르는 사람은 그 큰 소리 나는 선전을 통해 자신의 일에서 확실한 인정을 받게 될 것이다. 사람들은 그에게 자신들의 돈을 기꺼이 맡긴다. 왜냐하면 그는 돈을 중대시키려고 무언가를 하기 때문이다. 또 한편으로 대부금도 제공하는데, 이는 가능한 한 빨리, 최상의 경우에는 기한보다 더 빠르게 한 푼도 남김없이 변제되기 때문에 경제적이다. 그러면 비용도 적게 들뿐 아니라, 다음번 대출도 당연히 순조

롭다. 대부금을 생산적으로 내놓는 것은 사람이 그 빌려간 돈보다 더 성실하다는 것을 가정한다. 확실하게 호소하는 것일 뿐만 아니라, 항상 더 개선되기 때문에 경제 미덕의 최상 목표이다. 가상과 실제는 이로써 하나가 된다.

하지만 절약이란 단순히 다른 사람과 이익을 놓고 벌이는 시합일 뿐 아니라, 자기 자신과의 싸움이기도 하다. 당신에게 예쁘고 새로운 치마가 의미 있는가? 오래된 치마를 한번 보고 치마가 맞지 않는지, 자신이 직접 수선할 것은 아닌지 시험해보고, 치마가 몇 년 후 다시 잘 어울릴 수 있는지 생각해보라. 이런 호소에는 당연히 새로운 옷을 입으려는 충동은 그 충동을 미룸으로써 소멸된다는 교육적인 사상이 들어 있다.

미래의 자본가는 깨끗한 물처럼 생기를 주고 강화해주는 것이 아니라, 의무를 잊게 만드는 술에 대한 욕망이 그를 사로잡을 때도 매우 비슷하게 대처한다. 술에 대한 욕구에 저항하기 어려울 정도라면, 자기 자신과 스스로 타협했다. 나는 내가 갈망하는 몫의 반만 나에게 베푼다! 이렇게 이등분을 마시고 나면 더 작은 몫의 다른 협정을 가져 더 이상 방해가 되지 않도록 요구를 완전히 퇴색시켰다. 이런 스스로의 책략에 대한 교훈은 프랭클린의 지침서로서 충분하다. 이 도덕적이고 심리적인 훈련의 소득으로 은총이 가득한 절제와 자랑스러운 자각이 나타나고, 또 다시 전체 자본은 더 높은 목적을 위해 절약할 수 있다. 학자 '프랭클린'은 자신을 지속적으로 통제하고 특히 그의 성향은 정도에서 벗어나는 것을 감시하기 때문에 칼뱅주의자이다. 전적으로 칼뱅주의자는 아니지만 평생 스스로 극기 과정을 성공적으로 실행할 수 있다는 확신을 갖고 있었다. 학자 '프랭클린'은 자신의 능력에서 나오는 죄를 억누르고, 나아가 스스로 선택한다. 종파의 의미에서 은총의 서약은 불필요했고, 스스로를 구제하는 자본주의자는 그런 관점에서 자율적이다. 종교 체계로서의 칼뱅주의가 아니라, 오히려 프랭클린 내면세계의 경제 교의는 자본주의자들에게 자산획득의 기본원칙이었다.

완전한 칼뱅주의자가 아닌 것은 '나'라는 존재 스스로 열등적인 부분을 자발적으로 양도하지 않고, 자본주의자의 전형을 지속적으로 쟁취함으로써 일궈낸 자각의식에서 볼 수 있다. 이런 방식으로 ―마찬가지로 완전히 불리한 칼뱅의 이념을― 국유화된 저작권은 가장 중요하게 평가됐다. 루터, 츠빙글리, 그리고 칼뱅은 신 앞에서 선행을 할 기회를 부정했다. 또한 인간이 원죄 이후 무조건적으로 악에 흡수당했다는 것은 제쳐두었는데, 그 점에서 그들은 위선자로 보일 수 있었다.

최상의 경우에 가장 좋은 업적은 믿음의 열매이다. 하지만 프랭클린에게 자치의 법을 따르고 윤리적으로 논쟁 여지가 없는 행동은 미숙과 죄악으로부터 자유롭다. 이 규칙에 따른 경제적 인간Homo oeconomicus은 자발적이지만 구두쇠처럼 자기만족적이지는 않다. 왜냐하면 경제적 인간은 상호 규칙만 준수하면서, 단지 성공을 원하기 때문에 거기에는 공공조직에 대립되는 관용도 분명히 포함된다. 하지만 구두쇠는 팁과 같은 기부에는 무능력하다. 한편으로, 사람들은 계획적인 소비가를 '사치스러운 구두쇠'라 칭했던 샹포르의 정확한 논리에 따라 학자 '프랭클린'을 귀족적 구두쇠로 표현할 수 있다. 학자 프랭클린의 관대함은 마침내 그에게로 향한 신용과 그로 인해 수입도 증대시키는 자화상의 한 부분이 된다. 인색함은 사람들이 자신의 의지가 원하는 대로 하지 않는 모든 것일 수도 있다.

그럼에도 불구하고, 스스로 실용학자도, 인색함을 가르친 스승도 아닌 프랭클린은 구두쇠를 오랜 세월 동안 평가할 수 없는 정당화 수단으로, 무엇보다도 은폐의 동기로 표현했다. 마키아벨리의 국가 이성에 대한 사상처럼, 모든 가격의 국가수령, 마키아벨리즘, 다시 말해 권력유지를 위한 모든 비용을 절약하는 프랭클린의 미덕에는 구두쇠에 대한 찬미가 들어있다. 공익의 유용성과 사고의 범위를 제한하는 것으로 충분하다. 다른 모든 것들은 이미 존재했다.

CHAPTER
09

"은행가"

제임스 우드James Wood,
다고베르트 덕Dagobert Duck의 전형

디킨스Dickens에서 디즈니Disney까지

매년 크리스마스 시즌마다 가슴을 따뜻하게 하는 에베네저 스크루지Ebenezer Scrooge의 이야기가 스크린에서 방영된다. 스크루지의 작가 찰스 디킨스는 늙은 구두쇠 스크루지가 너무나 냉혹해서 그의 돈에 대한 비인간적인 애정을 바로잡으려고 그에게 현세와 사후세계를 경험해보게 할 정도였다. 그는 세 번 이상 자신 영혼의 모습을 보았다. 그리고 자신이 얼마나 무정한 구두쇠이며 그의 동료들이 자신의 죽음에 조금도 연민을 느끼지 않는 것을 미래의 스크루지가 직접 바라보고 깨닫게 하기 위해 그를 시간 속으로 녹아 들어가게 했다. 마침내 크리스마스의 기적이 일어난다. 스크루지는 그 동안의 냉정한 자선 거부자에서 벗어나 박애자로 변해 생명이 위독한 한 아이를 마지막 순간에 치료받게 도와주고 자기 견습생의 임금도 올려준다.

독일판 만화 스크루지인 〈다고베르트 덕〉에서는 스크루지의 그런 넘치는 감상성을 그저 비웃는다. 만화에서 오리로 형상화된 대부호 다고베르트는 공원의 휴지통에서 신문을 주워 읽는 등 20세기에 어울리는 극단적으로 인색한 인물로 또한 괴벽을 갖고 있다. 다고베르트가 그의 조카 도날드와 도날드의 세 조카에게 한 푼의 보수나 분배도 약속하지 않고 보물을 찾아오라고 시킨다고 해도 조카들은 그저 당연한 의무로 받아들였다. 그러고 나서 다고베르트는 삐걱거리는 비행기나 남반구에서 조달한 엉터리로 건조된 녹슨 배를 전세 내는데, 그의 이런 인색함 때문에 결국 가망 없어 보이는 상황들에 빠지게 됐다. 하지만 결정적인 순간에 그의 교묘한 수단은 성공한다. 왜냐하면 이 흰 꼬리를 가진 병적인 구두쇠는 만성적인 패자인 도날드 덕의 성질 잘 내는 조카가 아무것도 갖지 못하게 할 수 있는 그 무언가를 갖고 있기 때문이다. 다고베르트에게는 게임에서 질 것 같으면 소매에서 꺼내 승부를 걸 수 있는 에이스 한 장을 갖고 있는 교활함이 있었다. 그렇다, 그는 클론다이크(Klondyke, 캐나다 북서쪽 사금 생산지)에서 오직 큰 골드러시 때만 얻을 수 있는 생존을 위한 강인함을 갖고 있었다. 즉, 훨씬 전에 엄청난 재산의 기초를 마련했고, 오리가문의 대자본가는 그 재산을 자신의 거대한 돈 창고에 보관하고 있었다.

그렇기에 다고베르트의 유일한 경쟁자인 로커덕Rockerduck은 다고베르트에게 물 한 잔도 대접받을 수 없었다. 왜냐하면 다고베르트와 달리 그는 대부호의 클럽에서 다고베르트의 음료까지 직접 계산하고 비싸고 큰 리무진에 운전기사를 둔 것까지 자랑했기 때문이다. 엄청난 부자였던 다고베르트에게 그런 지나친 낭비는 혐오의 대상이었다. 다고베르트는 스스로 낡은 산탄총을 갖고 금고를 보호했다. 그 금고 안에 축적된 지폐들로 목욕을 하고 나면 생기가 돌았고, 그것이 그에겐 최고의 행복이었다. 이 청춘의 샘(목욕을 하면 젊어진다는 전설의 샘)은 그를 더욱 강화된 행동들로 이끌었고 돈에 대한 그의 신념, 즉 지출과 소비, 돈과 관련된 최상의 즐거움은 돈을 소유하는 데 있다는 그의 신념을 더욱 강하게 했다.

경험 많은 독자들은 돈을 끊임없이 연간 이자 수익이 보장되는 곳에 투자하고, 값비싼 시간을 일 초도 헛되이 흘러가게 두지 않았던 신교도의 자본주의자, 막스 베버의 원형(原型)을 다고베르트에게서 찾아낸다.

다고베르트는 많이 늙었지만, 절대 느슨해지지 않는 영리함은 그를 젊고 생기 있게 유지해주었다.

두 세대에 걸쳐 쾌락에 빠졌던 친척들과 달리 다고베르트는 돈의 향기가 코를 파고들면 쉬거나 중단하지 않았다. 돈은 삶의 안락을 위한 전제조건이 아니고, 문화생활을 위한 것은 더더욱 아니었으며 인생의 목적 그 자체였다. 베버가 그랬던 것처럼 사업적 성공이 신의 계시라는 느낌을 가졌지만, 그것은 종교적이기보다 본질적으로 비종교적인 것이었다. 다고베르트는 자신의 행복 상태를 확인하려고 회계장부를 들여다보는 것이 아니라 자신이 지구상에서 가장 똑똑하고 쓸모 있는 오리임을 끊임없이 새로 확인하기 위해 장부 보기를 즐겼다. 그리고 마지막에 파산하고 벌을 받은 청교도들처럼 되지 않기 위해 그는 절대로 멈추지 않았다. 다고베르트는 그 경쟁을 견뎌내리라고 확신했다.

이런 이유로 그는 하나의 본보기이다. 20세기 말에 숙련된 익명의 협박자로서 다고베르트는 독일 국영 철도회사와 경찰을 조롱했다. 물론 돈 창고 속에서 재생의 목욕을 하며 넓고 큰 꿈을 꾸고 있는 그를 향해 동정의 눈빛이 많이 쏟아졌다. 하지만 진짜 다고베르트가 압도적인 청소년 애독자들에게는 머리 위에 50년 된 실크모자를 쓰고 있다는 사실은 이중 잣대가 된다. 팀 안에서만 승리해야 하고 자연을 존중해야 한다고 꼬리를 추켜세워 경고하는 것은 21세기 시대정신의 흐름이다. 진실이 일러준다. 다른 사람들보다 더 똑똑해야 한다! 그리고 노련하게 잘 속이는 사람은 부유해지려고 법을 기만하고, 목적이 수단을 정당화한다. 인색함의 교의는 그것을 따른다. 그렇기에 인색하다는 것은 다고베르트처럼 사는 것이다. 그러니까 신문을 스스로 구입하고 식당에서 돈을 내는 사람은 인색할 수 없다. 이미 몰리에르의 〈수전노〉 '아르빠공'처럼 백만장자 구두쇠 오리는 엄청나게 인색한 사람을 위한 하늘의 선물이다. 몰리에르의 아르빠공은 다고베르트를 정당화하면서 동시에 보호한다. 그는 다고베르트에게 효율적인 인색함이란 눈에 띄지 않아야한다며 끊임없이 새로운 것을 가르친다.

은행가로 글로스터에서 재봉용품점과 철물점 주인이었고, 디킨스의 스크루지와 디즈니의 다고베르트의 역사 속 본보기였던 제임스 제미 우드는 넘치는 불안과 걱정들을 보며 그저 비웃었다. 제임스의 좌우명은 다고베르트의 입으로도 들을 수 있는 '일찍 일어나는 새가 벌레를 잡는다'이다. 작은 가축들도 배설을 한다는 오랜 생활의 지혜보다도 못한 것을 통해 이를 증명한다. 많은 일화들이 그 은행가는 스크루지나 다고베르트와 같은 척도로 봐야 하는 인물임을 알려주고 있다. 만약 제임스 우드가 1756년 10월 7일 글로스터에서 태어났고 그곳에서 1836년 4월 20일에 죽었다는 것이 알려지지 않았더라면, 사람들은 제임스라는 인물을 창조해내야만 했을 것이다.

제임스라는 인물에 대한 공공연한 상상력을 장악하는 그와 같은 유형이 하나쯤은 꼭 필요했다. 사람들은 마지막에 그를 형상화하여 공포와 웃음을 함께 불어넣은 캐리커처를 만들었고, 영국 빅토리아 시대에 도덕적 개선책으로 이용했다. 독특하고 정말로 실존했던 그 구두쇠는 민족 문학의 본보기로 자리했다. 이는 다시 역사적 인물의 연출에도 영향을 끼쳤는데, 다시 말해 작가가 창조해낸 극중 인물인데도 마지막에는 실제 인물과 더 이상 구별할 수 없을 정도였다.

제임스 우드가 우리에게 남긴 것은 세인트 메리 크립트St. Mary de Crypt
의 교회에 있는 그의 묘비에 새겨졌다. 글로스터에 있는 그의 고향 한
박물관은 제임스의 금고를 전시했다. 만약 금고가 말을 할 수 있었다
면, 훨씬 많은 이야기를 들려줄 것이다. 왜냐하면 금고주인은 영국에서
가장 오래된 민영 은행을 소유했고, 명문귀족들을 제외하면 영국에서
가장 부유한 사람으로 이름을 남기고 죽었기 때문이다. 제임스는 당시
많은 사람들이 놀라워할 정도로 매우 기괴하고 유명한 구두쇠였다. 하
지만 이게 다가 아니다. 출신이 불분명한, 성공한 사업가이자 위기에
강한 재정가였던 다른 한 명의 제임스 우드가 또 있었다. 이 제임스 우
드는 후세들에게 기억될 만한 가치가 없었다. 하지만 글로스터의 구두
쇠 제임스는 19세기의 모든 아이들조차 알고 있었다.

권위 있는 글로스터의 일간지들이 어떻게 보도해야 하는지 알았던
것처럼 그는 일반적인 분위기 속에 매장됐다. 신문은 고인에 대한 애도
사로 인물을 평가했다. 그는 일생동안 자선단체나 공익단체에 1페니도
기부하지 않았으며 또한 그것을 자랑스럽게 여겼다. 이 말은 완전히 틀
렸다. 당시 큰 부자이자 은행가였던 그는 관련 기록들이 증명하듯, 두
번이나 1파운드 이상을 한 병원에 기부했다. 스스로 이 미세한 소액 기
부마저 지나치게 많다고 여겼다. 자선에 대한 그의 믿음은 자선이란 그
저 게으름뱅이와 기식자를 기를 뿐이라는 것이다.

시티 올드 은행City Old Bank

우드가 죽은 뒤 그의 유족은 문헌과 관련해 이의를 제기한다. 역사적인 것은 무엇이며 그에 관한 일화는 무엇인가? 흔히 사실을 위해 불충분한 결말을 내리는 것에 대해 스스로 증인으로 나섰던 이들은 대부분 우드의 사후 오래 지나지 않아 그를 기리고자 했다. 대부분의 전설에서 우드에 대한 기억의 공통된 교집합은 그의 생활사를 요약해 전하고 있다.

1792년 제임스 우드는 36세의 나이에 아버지로부터 은행과 두 개의 상점을 포함한 가문의 회사를 상속받았다. '시티 올드 은행' 역시 철물점과 재봉용품점이 통합된 것처럼 같은 공간에서 하나로 합친 형태였다. 돈을 입금하거나 인출하려는 사람들은 쥐덫에서부터 배의 닻줄에 이르기까지 여러 물건이 진열된 길을 수고스럽게 헤치며 뒷방으로 들어가야만 했다. 우드는 낮에 들어오는 희미한 빛이 모두 다 사라지고 나서야 촛불을 켜는 그 음침한 방에서 직접 살았다. 그는 잘못 만들어진 동전을 담금질하여 못으로 박은 원형 탁자 앞에 앉아있었다. 그 오른쪽에는 역시 밀실 공포증을 불러일으킬 만한 좁은 공간에 그의 하인이며 둘도 없는 친구인 제이콥 오스본Jacob Osborne이, 우드의 경리이자 숙련된 동업자로서 앉아있었다. 그 작은 공간이 바로 은행 전체였다. 16세기에 지은 경사진 낡은 집의 벽에는 우드의 존재를 알리는, 거의 다 지워진 작은 표시판이 있었다.

제임스 우드는 광고가 필요 없었다. 몇 년 간 그는 굉장히 유명해서 이방인들이 '집에 있는 그 귀족을 보기 위해' 우드의 집을 찾을 정도였다. 운이 좋은 사람은 우드가 자기 가게 문 앞에 서 있는 모습을 보기도 했다. 늙은 부호인 제임스는 하녀가 주인의 옷감을 사러가 '그저 몇 엘레를 더 줄 것'을 요구하여 유명했던 것처럼, 소문이 나서 거리에 손님들이 모여도 전혀 유감스럽게 여기지 않았다. 우드는 근무시간 동안 닳아빠지고 얼룩져 이름을 댈 수 없는 색의 외투를 입었고, 그곳에 오래 머문 주민들은 그 코트가 원래는 노란색이었다고 말했다. 이런 배경에서 우드의 외모에 얽힌 일화가 있다. 오스본이 우드에게 말했다. "나리, 만약 런던에 가신다면, 새로운 옷을 사셔야 할 겁니다!" 이에 우드가 오스본에게 대답했다. "말도 안 되는 소리, 제이콥, 여기 글로스터에선 모든 이들이 나를 알지만 런던에선 아무도 나를 모르지. 때문에 이 낡은 옷으로도 충분하네."

시티 올드 은행의 사업 법칙 역시 분명했다. 예치금에는 원칙적으로 최대 2.5퍼센트의 이자가 붙었다. 아아, 그 해 만기일 하루를 남겨두고 투자금의 이자부담을 느껴야하다니! 우드는 모든 은행거래에 대한 수수료를 인상했다. 이는 당시 모든 은행이 독자적으로 지급했던 지폐의 교역과 파운드를 잔돈으로 환전할 때도 적용됐다. 우드는 당연히 대출금의 수수료 또한 올렸으며 다시 그 대출금에 고리를 청구하겠다고 독촉했다. 그에 대한 확실한 증거가 될 서류는 없다. 그에 반해 소유주들은 황제의 통치 아래 예를 들면 상점을 국가적 복권과 같은 것으로 처리했다. 하지만 이 모든 것들은 21세기 은행가들의 표현에 따르면 사사로운 일들이었다. 우드는 죽을 때, 100만 파운드를 유가증권과 현금, 값비싼 부동산 등으로 남겼다. 이처럼 우드 같이 대규모 사업기획 방법으로 사람들이 부유해질 수 있었을까?

또 다른 부의 원천이 모든 의혹을 뛰어넘게 했다. 제임스에게는 안토니 엘리스Antony Ellis라는 조카가 있었다. 안토니는 독신의 철물점 상인으로 제임스만큼이나 부자였다. 중년을 넘어선 이 두 독신자들은 각자의 삶을 걸고 내기를 했는데, 오래 사는 사람이 죽는 이의 재산을 물려받기로 약속했다. 오래 살기 경쟁에서 이긴 승자는 바로 제임스 우드였다. 1825년 우드는 자신의 재산에 세상을 먼저 떠난 사촌의 재산까지 추가했다. 안토니의 재산은 토지와 현금이 압도적이었는데, 죽은 안토니의 집을 체계적으로 수색하여 여러 가지 재산을 찾아냈다. 상속자 제임스가 미소를 지으며 지켜보는 가운데 금, 은, 동으로 만들어진 냄비들, 주전자, 궤 등이 발굴됐다.

하지만 그것들만이 전부가 아닐 수 있다. 우드가 영국 증권에 대규모로 투자했고, 증권 자체만 해도 어마어마한 규모라는 확실치 않은 소문도 있었다. 그렇지 않다면, 확실한 증거가 말해주듯이 왜 그가 거대한 재산총액을 템스 강으로 이송했을까? 더구나 구두쇠 은행가 제임스는 자신만의 수송 방법을 갖고 있었다. 믿을 만한 한 이웃이 수도 런던에 갈 때면, 제임스는 그 이웃에게 공짜로 발신하려고 자신의 돈이 담긴 냄비를 주었다. 분명하다. 운송료를 절약하려는 이 방법은 채권, 채무 관계의 청산보다 발송물이 제대로 도착하게 되는지 걱정하게 했다.

은행가로서 어떻게 이런 방법으로 번창할 수 있었을까. 우드의 삶이 그의 착실함을 보증하고 있다면 역설적으로 들린다. 제임스 우드의 인색함은 그의 품위를 증명하는 것이었다. 그가 그랬던 것처럼 '페니는 실링을, 실링은 파운드를 산출한다'는 속담에 따라 사는 사람은 고객의 돈도 소중히 보호할 것이다. 이런 논리는 은행이 위기를 맞았던 1825년에 민중이 부르는 노래에도 나타난다. 모리타트(장터가수들의 공연 때 노래가사와 그림을 그려 팔았던 전단지)에 표현된 것처럼 다른 은행들이 파산하고 소유주들이 하마터면 감옥에 갈 뻔했던 혼돈의 시기에도, 우드의 이름은 바위처럼 우뚝 솟았다. 이미 오래 전에 제임스 우드의 극도의 인색함은 전설이 됐고 재정적 확고부동함을 보장받았다.

한편으로 그것은 수많은 가족들을 빈곤으로부터 지켜냈다. 그것은 오늘날 사람들에게 잊혀진 두 번째 제미 우드Jemmy Wood였다. 사람들은 제미 우드가 자신의 돈으로 접대해야 하는 이유로 시 의회의 높은 공직을 마다했을 때 그를 비웃었다. 편협한 사람들은 이런 제미 우드 같은 사람이 있다는 것을 기뻐했다. 제미 우드는 은행가였으며 공황 상태가 절정을 이룬 시기에 은행의 유동자산을 유지하려고 자신이 소유한 토지의 일부를 팔았고, 이는 그가 마지막에 글로스터에 몰아친 경제 폭풍을 견뎌내고, 더 많은 이익을 얻을 수 있게 해주었다. 그가 최고가를 받을 수 없는 부동산 매매의 시기에 어떻게 이런 큰 이익을 얻을 수 있었는지는 불가사의로 남아있다. 우드의 인색함이 기초가 된 생활 방식의 기괴함은 전설이 아니라 본질적으로 하나의 사실이었다. 하지만 많은 사람들은 똑똑한 은행가 우드가 자신의 터무니없는 인색함에 대한 전설이 유포되도록 조장했다고 말한다.

다음과 같은 일화에서도 그 사실을 확인할 수 있다. 이 이야기는 노력하는 소년 제미 우드에 관한 것이다. 아버지가 제미에게 1페니를 주며 꽃을 좀 사오라고 시켰다. 부모님께 순종하는 아들이었던 제미는 아버지가 시키는 대로 했다. 그러고 나서 소년은 장미의 향기를 만끽하고 있는 아버지를 붙들고 1페니를 아버지 코앞에 대면서 말했다. "이 냄새 좀 맡아보세요! 이 페니는 어떤 냄새가 나야 하는 거죠?" 아이답지 않게 조숙한 소년 제미에게 아버지는 대답했다. "1주일 후에 네가 사온 꽃다발이 시들고 나서야 이 페니는 더할 나위 없이 좋은 향기가 날거란다." 이렇게 조숙했던 소년 제미의 삶의 지혜는 그의 아버지를 매료시켰다. "내 아들은 후에 아주 큰 사람이 되겠군."

우드의 은행은 순수한 금전거래를 넘어 고객들에게 '완전-무(無)격정-세트'를 선보였다. 원하는 사람은 자신을 성실히 보살피는 은행가가 장례까지 치르게 할 수도 있었다. 제임스 우드가 머리부터 발끝까지 (실크모자엔 상중에 두르는 리본을 하고, 발엔 조잡한 덧신을 신고) 까만색의 옷을 입고, 죽은 고객들을 화려한 마차로 우아하게 무덤으로 싣고 갔으며 눈물도 충분히 흘렸다는 것이 사실이라는 기사들이 무수히 많다.

이런 관점에서 정말 있을 법한, 아니라면 오히려 믿을 수 없어 보이는 일화가 하나 있다. 은행가이며 또한 시체 매장인이었던 우드가 교통비를 아끼려고 영구차로 글로스터 주변을 달렸다는 것이다. 마찬가지로 우드는 과거엔 스스로에게 베풀었던 유일한 여가시간도 없앴다. 그는 영구차로 가든 아니든 긴 산책을 즐기기 위해 초원 쪽으로 가기를 좋아했다. 우드는 식당에서 다른 사람들이 계산할 때, 그저 식사만 했고 시 의회 잔치에서 좀스럽게 차려진 칠면조와 새끼돼지의 무게를 적어두기도 했으며, 집에서 먹으려고 싸가기도 했다. 브랜디를 가져가려고 물통에 담거나, 연회 손님들의 브랜디에 거지나 도둑들이 겁이 나서 손대지 못하도록 '독약'이라고 적기도 했다. 우드가 이런 구두쇠의 생활양식에 대한 욕설에 불만을 가졌다는 것은 전혀 뜻밖의 일이 아니다.

모든 것을 기정사실화하는 데는 결국 그의 유언이 큰 작용을 했다. 그가 죽은 뒤 과연 누구에게 그 어마어마하게 많은 재산이 주어지게 될지 우드가 살아있는 동안 내기가 이뤄졌다. 내기를 건 경쟁자들은 우드의 죽음을 아주 오래 기다려야만 했다. 믿을 만한 증인들은 물론 많은 사람들이 백발의 부호 우드가 자신의 유언장에서 고향인 글로스터에 재산을 증여하겠다고 약속했던 것을 기억하고 싶어 했다. 하지만 네 명의 유산관리인—그들 중 한 명은 제이콥 오스본이었다—들도 몇 가지를 약속해야만 했다. 늙은 우드의 병세가 위중하다는 소식이 속달우편으로 널리 퍼졌을 때, 유산관리인들이 바람이 몰아치는 글로스터에 있는 우드의 집으로 왔다. 누가 처음으로 폭풍우를 뚫고 마차를 몰아 그곳에 도착했으며 그 뒤 우드가 죽기까지 집 안에서 무슨 일이 일어났는지, 법정은 그것을 결코 밝혀내지 못했다. 법률상 청구권으로 제출된 서류들에서 유일한 공통점은 그 유산관리인들이 매우 의심스럽다는 것이었다.

그것은 갈수록 더욱 의심스러워졌다. 제임스 우드는 이미 오래전에 적절한 비문을 찾아놓았다. 이례적으로 제임스가 그것을 직접 쓴 메모도 알려졌다. 메모에 적혀있기를, '레민스터Leominster의 교회에는 자신의 재산을 살아있는 동안 양도한 사람의 묘석이 세워진다. 그 사람은 손에 큰 도끼를 들고 있으며 다음과 같은 구절이 쓰여 있다. 〈죽기 전에 전

재산을 기부하고 이 손도끼를 들어 스스로 목을 베어라.〉' 제임스 우드
에겐 이 손도끼가 필요 없었다. 그리고 후손들은 당연히 과거의 구두쇠
제임스를 모욕하는 경건치 못한 이들이 없도록 그 비문을 유지했다.

구두쇠의 전설

우드에 대한 대부분의 일화들은 사실이거나, 혹은 최소한 사실적인
핵심을 갖고 있다고 가정할 수 있다. 하지만 사실이든 창작이든 간에,
우드를 기록함으로써 그를 위협적인 인물의 전형으로 만들 수 있었다.
대부분의 이야기들은 제미와 독특한 성격을 가진 익명의 신사들을 다
루고 있고 그 속에서 그들의 특이한 성격에 반감을 품기보다는 웃게 만
들고 예의를 갖춰 표현하고 있다. 이야기들에 나오는 그 신사들은 규범
과 예의범절을 중요시하고 선한 사회를 보증하며 스스로 변덕스러운
괴짜와는 전혀 다른 인물임을 보여준다. 이야기들의 일부만 제미와 서
민들에 대한 것이거나 또는 제미와 제이콥 오스본을 다루고 있다. 그런
에피소드에서 교훈은 확실하게 드러난다.

부호를 천민과 구분하는 것은 오로지 부호가 가진 돈일 뿐, 그게 없
다면 부호는 사회의 찌꺼기에 가깝거나 자칫하면 그보다 못한 존재일
수도 있다는 것이다. 하인은 그의 주인보다 자신의 진정한 값어치를 더
잘 알고 있었다. 이 돈 숭배자가 어떤 여인에게 한번 반해버리면 우스
꽝스러워진다. 그렇다, 이런 연출은 하나의 일화로 전해지기엔 너무나
허무맹랑하다. 그런 일화는 제미가 옛날에 아내 될 사람을 찾아 떠돌았
지만 거절당했다는 것 말고는 어떤 다른 이야기도 다뤄지지 않았다. 이

쩨쩨한 이의 가슴에 낭만적인 감정이 싹튼다고 생각만 해도 이상한 인상을 줄 뿐이다. 아이들에 대한 다정함도 마찬가지이다. 제미는 아이들의 머리를 쓰다듬으면서 이렇게 말한다. "너 같은 아이를 하나 갖기 위해 나는 네 무게만큼의 금덩이를 바칠 수도 있단다." 이 '제미와 아이들의 이야기' 역시 매우 이상하고 동시에 정도를 벗어난 것이다. 작가의 주석에 따르면, 제미는 이런 아첨을 아이의 엄마들에게 함으로써 그녀들을 자신의 상점으로 불러 모았고, 그들에게 질 나쁜 옷감을 비싼 값에 팔아치울 수 있었다.

우드 은행의 많은 고객 가운데 신사 한 명이 호화로운 별장 한 채를 살 수 있는 금액인 800파운드를 예치했다. 1년의 기한이 지난 후 그가 원금과 이자를 인출하려 했을 때, 그는 뜻밖의 일을 겪었다. 위조동전이 박힌 카운터 위에 정확히 800파운드가 놓여 있었던 것이다. 그 신사는 말했다. "이자를 깜빡하셨군요. 우드 씨." 이에 우드가 대답했다. "이자, 무슨 이자를 말씀하시는 겁니까? 이자란 건 없습니다." "그럼 왜 없는 겁니까?" 다시 우드가 말했다. "돈을 찾겠다고 말씀하셨을 때, 제게 위임했던 돈을 찾겠다고 하시지 않으셨습니까?" 신사가 말했다. "그렇소, 그렇게 말했소!" 우드가 대답했다. "그렇다면 혹시 예금에 이윤을 붙여 운용하고 싶다고 말씀하셨습니까?" "그렇게 말하는 것이 꼭 필요하다 여기지 않았소, 우드 씨." "그 돈은 제게 어떤 식으로도 유용하지 않았습니다. 제게 돈을 위임하겠다고 말씀했기 때문에 저는 감히 그 돈으로 투자를 할 수가 없었죠. 저는 돈을 포장하여 책상 안에 보관했습니다. 왜냐하면 전 매일 언제라도 맡긴 돈이 필요해 찾으러 오실 수 있다고 생각했기 때문입니다. 만약 이자를 받고 싶었다면 제게 말씀을 하셨어야 했습니다. 죄송합니다만, 선생님은 그에 대해서 제게 아무런 언급도 하지 않으셨습니다. 저는 선생님의 돈을 제 것처럼 소중히 보관했고 그 돈은 아무런 이자를 낳지 않았습니다."

그 신사는 우드에 맞서 항변하는 것은 체면만 깎인다고 느꼈고, 화가 났다기보다는 돈을 갖고 나올 수 있어서 오히려 기뻤다. 이 이야기는 그의 아주 치사하고 주된 이념을 보여준다. 우드의 입에서 나오는 문장들은 저절로 고리대금업자의 말도 안 되는 장황하게 늘어놓는 말이 돼버린다. 우드는 돈에 대한 욕심에 매우 사로잡혀 있었고, 돈에 대한 사랑은 그를 외적인 것에만 마음을 쓰게 하고 그 때문에 그의 말투 역시 음험해졌다. 이렇게 우드의 많은 지불 거부 관련 일화들은 그의 인색함을 말해주고 있다. 계속 이어지는 장면이 보여주듯이, 이야기는 끝없이 꼬리를 물며 갈피를 못 잡는다. 제미 우드는 그의 이웃이자 붓을 만드는 사람인 존 스테판스와 담판을 짓고 있었다. 경리이자 제미 우드의 진실한 호응자인 제이콥 오스본도 역시 자리를 함께했다.

전쟁이 발발하여 어려운 시기였고 현금이 모자랐다. 그래서 스테판스는 우드에게 한 발 물러서면서 그 대가로 터무니없는 분할지불을 요구했다. 스테판스가 말했다. "자네들, 오랜 이웃에게 좀 더 저렴하게 해줄 수 없겠는가?" 우드가 말했다. "그렇게 할 수 없네, 존, 그렇게는 안 되겠어. 존, 전쟁의 시기네, 전쟁의 시기. 자네도 알다시피, 전쟁의 시기라네." 스테판스는 이를 갈면서 그 할인율을 받아들여야만 했다. 같은 날 오후, 우드는 영국으로 보내야 할 금덩이가 가득 찬 냄비 하나를 스테판스에게 주었다. 우드가 말했다. "존, 자네는 신용할 만한 사람일세, 믿을 만한 사람. 존, 내가 자네를 신임한단 말일세. 자네는 이 임무를 믿을 만하게 처리할 걸세." 그리고 존도 그 일을 잘 해냈다.

그는 제임스 우드에게 모든 것이 만족하게끔 해결되었는지 묻기까지 했다. 우드가 말했다. "그럼, 그렇고말고, 존, 자네는 믿을 만한 사람일세, 믿을 만한 사람, 믿을 만한 사람. 런던에서 편지를 하나 받았네. 제이콥, 우리 편지 하나 받았지, 안 그런가?" 오스본이 말했다. "그래, 받았지, 그리고 우리가 자네에게 은혜를 입었네, 존, 정말 고맙네, 정말 아주 고마워." 그리고 나서 존은 갑자기 당한 것과 똑같은 방법으로 공격했다. 그가 운임료를 청구한 것이다! 우드가 말했다. "난 자네의 오랜 이웃이네, 자네의 오랜 이웃. 자네는 오랜 이웃에게 더 적은 금액을 청구해야 하는 걸세!" 스테판스가 대답했다. "자네들, 전쟁의 시기야, 전쟁의 시기, 전쟁의 시기." 그리고 스테판스는 돈을 돌려받았다.

그러나 본인도 속는다. 인색은 재정상으로나 사회적, 도덕적으로도 절대 이익이 되지 않는다. 인색한 은행가에 관한 대부분의 일화들은 이런 식이다. 어스름한 저녁의 황혼을 틈타 한 하녀에게 흠이 있는 재봉용품을 판 제미는 그 어스름 탓에 하녀가 그에게 지불한 위조동전을 알아보지 못했다. 또 한 신사가 계속 반복해서 '아닙니다, 사장님, 모두 정확합니다, 불만 없습니다, 불평은 생각도 할 수 없습니다, 불만 없습니다'라고 말하자 제미는 그 말을 듣다가 힘이 빠져선 말을 가로막고 신사가 더 지불했던 1파운드를 그에게 돌려주었다! 혹은 제미가 "제이콥, 하인이 늦잠을 잤어. 그 하인은 일찍 일어나는 새가 벌레를 잡는다는 말에 귀 기울여야 하네"라고 말한다. 이번에는 게으른 벌레였다. 잔돈으로 받아 호주머니에 쑤셔 넣은 지폐가 위조된 것이었다. 그런 까닭에 거꾸로 그가 비웃음거리가 되었다.

반세기의 삶을 살고 죽은 우드의 이야기에서는 아무도 즐거워하지 않는다. 제미와 서민들을 다루는 그 이야기엔 두 명의 속은 사기꾼들이 나온다.

제미는 자신이 임대 놓은 시골의 영지를 둘러보려고 거지 같이 허름한 차림새를 하고선 소풍을 떠났다. 훌륭하게 잘 정리된 경작지에서 당근 하나를 뽑아내 맛을 본다. 맛좋네! 하지만 기쁨은 갑자기 사라져버렸다. 왜냐하면 휙 하는 소리를 내며 채찍이 그의 등을 내리쳤기 때문이다. 화가 난 논밭지기가 당근 도둑인 비천한 협잡꾼 제미를 녹초가 되도록 패고 있었다. 자기가 이 경작지의 주인이라는 제미의 항변도 전혀 효과가 없었고 오히려 파수꾼의 화만 더 돋웠다. 그저 자신의 의무를 다했다고 믿었던 제미의 파수꾼은 모욕과 치욕을 되돌려 받았고, 모든 책임은 소작인에게 돌아갔다. 여기에 바로 희극적인 해석이 나타난다. 방랑벽을 가진 주인이 자신의 진짜 정체를 밝히고 각자가 저지른 일에 부합하는 벌을 내리고, 신의 뜻에 따른 질서를 강화한다. 이런 행복한 결말은 있을 수 없었다.

기껏해야 사람들은 그에 대해 음흉하게 비웃고 그런 상황으로부터 배우게 된다. 신사는 신분에 어울리게 행동함으로써 자신의 신분을 유지해야 한다는 것이 그 교훈이다. 하지만 누더기를 걸친 백만장자는 그런 질서를 어지럽혔고 신분관계를 혼란시켰다. 너무도 당연히 그는 매를 버는 행동을 했다. 만약 그 신사가 자신의 점심 식사까지 잃어버렸다면 그 구두쇠의 이런 손실 또한 독자들에게 쾌감을 불러일으켰을 것이다.

다음의 이야기가 이를 잘 보여주고 있다. 제미는 식량으로 아주 연한 스테이크와 물통을 챙겨 경작지로 향했다. 제미는 그의 경작지들 중 한 곳에 도착하여, 한 소작인 여자에게 고기와 브랜디를 주면서 술은 보관하고 고기를 구워달라고 맡겼다. 제미는 소작인 여자의 아들에게 음식과 술에 손대지 말라고 경고했다. 물통엔 진짜 독약이 들어 있다고 말했다. 당연히 벌어지고야 말 일이 벌어졌다. 소작인 여자는 외양간으로 갔고, 어찌됐든 거의 아사상태였던 소년은 고기 굽는 냄새에 굴복하지 않을 수 없었다. 소년은 논리적으로 생각했다. 한번 씹더라도 어쨌든 매를 맞을 터이니 스테이크를 전부 먹어버린다 해도 결과는 같아! 그 다음 고기를 먹어버린 데 대한 두려움이 커지자, '독'에 대한 생각도 없어져버렸다. 인색한 거짓말쟁이였던 제미에게는 먹을 것도 마실 것도 아무것도 없었다. 또한 유머도 인정 따위도 없었다. 그 소년이 매질을 당한 것은 누구나 확신할 수 있다.

심각한 질병으로 기억력을 잃어버려 자신이 막대한 금액을 제미에게 예치했다는 사실을 잊어버린 고객의 사례에서도 웃음의 요소는 전혀 없다. 이 고객은 제미와 같은 거리에 살고 있었는데도 제미는 그에게 예치금에 관해 한마디도 언급하지 않았고, 건망증에 걸린 그 이웃이 가난해져 돈이 절박하게 필요했을 때도 아무 말을 하지 않았다. 그처럼 가혹한 무정함 때문에 제미가 인간미 있게 행동할 때조차 불신만 받았다. 그래서 제미는 오랫동안 자신의 인간성에 대해 의문을 품은 적도 있었다. 한 노파가 건강이 악화됐을 때 제미는 그녀에게 동정심을 느끼고 슬퍼했다. 물론 이 모든 것은 위선적인 행동이었다. 사실 제미는 그 노파에게 종신연금을 지불해야 했기에, 노파가 죽기를 갈망하고 있었다.

유산에 대한 욕망

대중에게 관심거리였던, 제미의 재산을 누가 상속받을 것인가 하는 문제는 마지막까지 그 영리한 구두쇠에게는 놓칠 수 없는 것이었다. 극의 마지막에 특히 중대한 사건을 꾸미면서 얼마나 대단한 재미를 느꼈을지 짐작할 수 있다. 그는 이 계획을 잘 세웠다. 그렇다. 늙은 은행가는 자신의 유언장으로 그 거대한 계획을 교묘하게 성공시켰다. 왜냐하면 이 극을 탐욕의 사티로스극, 고대 그리스에서 비극 다음으로 상연되는 일종의 익살극인 사티로스극과는 달리, 극의 마지막 장면에서 모든 배우가 가면을 벗고 그들이 제미를 탐욕스럽고 인색한 사람으로 낙인을 찍었다고 말하는 듯이 서 있다. 그 하나만으로도 관객에게 충분히 재미를 줄 수 있다. 더 재미있는 것은 그들이 제미의 재산을 상속받으려 했을 때, 영국 왕실에서 가장 높은 변호사 선임비와 소송비로 상속받은 재산을 몽땅 날려버리게 된다.

이 연극은 제미 우드가 자신과는 혈연관계가 전혀 없는 또 다른 우드, 구체적으로 말하면, 상원의 구성원으로 무보수 명예직 공무원이자 신사의 상징인 매튜 우드Matthew Wood에게 자신의 재산 일부를 나눠주면서 시작됐다. 매튜 우드가 사리사욕 없이 세상 사람들에게 베푸는 활동들은 제미 우드를 놀라게 했다. 최대 1파운드를 가난한 사람들과 불치병 환자들에게 기부하는 제미 우드와 같은 사람에겐 매튜 우드의 행동들은 매우 이상주의적이었다. 심리학적으로 설득력 있는 설명은 제미가 명성, 스타일, 관대함을 갖춘 동명이인과 나중에 시합을 해보고 싶어 했다는 것이다.

하지만 매튜 우드는 조금도 의심하지 않았다. 어찌 그가 의심을 품을 수 있을까? 그가 죽기 전 약 1년 반 전인 1834년 12월 2일과 3일에 늙은 제임스 우드는 문서의 진정성은 전혀 문제 삼지 않고 두 장의 문서에 서명했다.

첫째 문서에서 제임스 우드는 매튜 우드, 제이콥 오스본, 존 스테판스 서만, 먼 친척인 존 채드본, 그리고 자신과 수년간 함께한 변호사를 설득해 유언을 집행하기로 결심한다. 그들은 모두 기록해두고 보호해야 할 재산이 있는 사람들이었다. 제임스가 그보다 하루 늦게 서명한 둘째 문서에는 앞의 네 명이 공동 유산상속인으로서 모두 동등하게 나눠 받아야 한다고 간결하고 요령 있게 쓰여 있다. 여기까지는 좋다. 정해진 금액의 재산 상속이 불가결한, 이 시점에서 모든 일이 옳은 방향으로 흘러가는 건 아니라는 소문이 돌긴 했지만, 이 네 명이 분명 재산 전체를 상속받게 되었다면, 분배 바로 직전에 종이로 된 데우스 엑스 마키나(Deus ex machina, 문학 작품에서 결말을 짓거나 갈등을 풀기 위해 뜬금없는 사건을 일으키는 플롯 장치―역주)와 같은 또 다른 서류가 돌연 나타나지는 않았을 것이다. 그것은 토마스 헬프스Thomas Helps에게 보낸 일종의 편지였다. 이 편지도 첫 번째 편지와 마찬가지로 유산에 대해 상당한 희망을 불러일으켰지만 아무것도 얻지 못했다.

우드가 죽은 지 두 달도 채 되지 않은 1836년 6월 8일에 런던 스트랜드 거리에 있는 우체국 소인이 찍힌 한 통의 편지가 수신인에게 배달됐다. 편지의 겉봉에는 '중요!'라고 표시돼 있었고, 불에 그슬리긴 했어도 아직 읽을 수 있는 여러 장의 추가 유언서가 들어있었다. 이는 우드의 유언에 추가 부분이 있다는 것을 의미한다. '1835년 6월'에 작성된 것으로 추정되는 이 추가 유언서는 다른 두 장의 문서보다 나중에 쓰인 듯했고, 만약 그게 사실이고 법률상 유효하다면, 재산의 분배는 완전히 다른 방향으로 흘러가게 된다. 총 20만 파운드는 글로스터 시에 전달돼야 했고, 8명의 나머지 사람들과 가족들이 15만 파운드에 달하는 큰 액수를 증여받아야 했다.

이리하여 추가 유언서에 따라 나머지 유산을 물려받아야 하는 유언 집행인들은 자신들의 배당금이 3분의 1로 줄어든다는 것을 알아차렸다. 그렇지만 4명 각각에게 돌아갈 증여금은 여전히 많은 액수였다. 모두들 이 추가 유산을 인정하는 것에 서로 합의하고 또 가능한 한 빨리 상속 재산이 지불돼야 한다고 입을 모았다. 하지만 네 명의 유언 집행자들은 다른 시각으로 사태를 바라봤다. 우드의 절친한 친구였던 제이콥 오스본은 추가 유언서에 전혀 놀라지 않았다. 그러나 나머지 세 명은 인색한 면목을 드러냄으로써 명예가 실추됐다. 그들은 재산을 나눔으로써 많이 절약할 수 있었음에도 불구하고 그것을 양도할 수가 없었다.

그 익명의 편지─윌리엄 윌키 콜린스(William Wilkie Collins, 당시 영국의 유명한 작가이

^{자 변호사)}보다 더 나은 이름은 생각할 수 없다—에는 볼펜으로 다음과 같은 문구가 휘갈겨진 종이 쪽지가 첨부되어 있었다. '편지에 들어있는 종이는 불에 타지 않은 유일한 것으로서, 나는 편지 작성자를 대신하여 이것을 넘겨줄 수 있었다. 편지가 우드의 손으로 작성된 것이 아니라고 주장하겠지만 많은 사람들이 그 반대라고 맹세할 수 있다. 그들은 나를 속이고 싶어 한다. 세상 사람들이 그것을 알게 하시오!' 극적인 말투의 쪽지는 마치 다른 세계에서 온 통지 같아 보였고 여러 가지로 신비스러웠다. 누가 이 쪽지를 쓴 것일까?

이제부터 글로스터의 신문과 타임^{Times}지에조차 마지막에는 엄청난 금액인 1만 5,000파운드가 지급되는 보상금이 걸렸음에도 편지의 발신인은 신분을 드러내지 않았고, 더 이상 다른 편지도 보내지 않았다. 그 미지의 사람은 세상에 알림으로써 발신인의 목적을 달성했다. 정확히 말하면 근본적으로 달성했다. 추가 유언서에 적힌 모든 당사자들은 하나의 기소인 연합으로 동맹했고 그들은 상대편에 서지 않을 만한 교활한 변호사들을 고용했다. 그들의 고발에 모든 당사자들이 과민하게 반응하지는 않았다. 그렇게 많은 돈은 단단한 보호 장치가 정당함을 인정해준다. 그리고 놀라운 사실들이 공표됐다. 반대 신문(訊問) 때 유언 집행인들은 한 명씩 차례대로 부끄러운 사실을 시인해야 했다. 기본적으로 그들의 자백은 본인들이 재판관에게 말한 것처럼 12월 2일과 3일에 작성된 두 문서와 조금도 들어맞지 않았다. 발견된 상태 그대로 나눠져 보관된 문서들은 유서로는 무효였다. 12월 3일 작성된 문서에는 유언 집행인들의 이름이 전혀 적혀 있지 않았고, 단지 다른 종이에만 쓰여

있었을 뿐이었다. 대체 그 두 장의 종이가 원래 하나이긴 한 것인가?

하지만 더 체면이 깎이는 일이 있었다. 네 명의 믿을 만한 신사들은 그 비밀이 가득한 새로운 편지에 붙었던 불은 죽은 우드의 집에서 실제로 났었다며 다른 주장을 들고 일어났던 것이다. 그들은 불필요한 많은 물건들, 처리가 끝난 차용증서, 그리고 그와 유사한 것들이 재가 돼버렸을지도 모른다고 말했다. 하지만 왜 그렇게 급히 서둘렀을까? 이 의문점은 계속해서 다른 의문을 제기한다. 누가 대체 언제 그 장소에 있었던 것일까? 존경할 만한 매튜 우드는 자신은 4월 21일 오전 8시에야 시티 올드 은행에 도착했다고 맹세했다. 그러나 다른 증인들은 그가 그보다 훨씬 이전에 도착했다고 증언했다. 대부분의 진술에 더 이상의 논쟁 여지가 없진 않았다. 이 상황에서 하녀의 진술이 큰 영향력을 끼쳤다. 그들 중 한 사람이 네 명의 유언 집행인들 중 한 사람의 어머니이며 또한 이른바 주 상속인이란 것은 틀림없이 맞았다. 하인과 하녀에게 고소하도록 강요하거나 보상금으로 유혹했다는 소문이 돌았다. 이제 전도유망한 찰스 디킨스라는 젊은 기자가 보도했던 소송 절차는 흙탕물 전투로 변했고, 영국 전체를 즐겁게 만들었다.

단지 그 심리를 담당한 재판관만 즐거워하지 않았다. 재판관의 판결 이유는 넉넉히 12장은 되는 문서에 우울한 분쟁에 대한 희망이 담겨 있었다. 사람들은 재판관의 통찰력, 법 시행능력, 언어유희와 딱 들어맞는 결론을 보고 경탄했다. 재판관의 판결은 제미 우드의 마음에 들었을 것이다. 세 장의 모든 주요 문서들은 확실한 진짜다. 또한 그가 성공한 만큼 그의 혈통도 의심스럽다. 유언자의 확실한 의도는 알아볼 수 없다. 하지만 무엇보다 양쪽 당사자들은 끝없이 거짓말을 했고 기만했다. 그토록 매우 부정직한 사람들은 아직 대가를 받아서는 안 된다. 양측 모두 아무것도 얻을 게 없다. 하지만 그것이 아직 마지막 결론은 아니었다. 4년을 꽉 채워, 추밀원Privy Council의 집행관 5명이 최종심에서 판결을 내릴 때까지 양측은 계속해서 소송을 제기했다. 하급심의 격언처럼 그들의 행동은 교훈적이고 아주 부정적이었다. 양측 모두 철저히 웃음거리가 됐고, 서로를 모욕했으며 부인했다. 그럼에도 5명의 현명한 재판관들은 모든 서류들을 면밀하게 조사하여 1834년 12월에 작성된 두 장의 문서와 추가 유언서는 대체로 늙은 은행가 우드의 유언을 반영하고 있다는 결론을 끌어냈다. 비록 많은 의문점이 미해결 상태로 남아 있긴 해도 말이다.

이리하여 최후의 결과는 서로의 요구에 합당하게 즉시 화해를 이룰 수 있도록 이끌어졌다. 논쟁의 당사자들은 유산을 분배하여 증여받아야 했고 글로스터 시는 20만 파운드를 받았다. 그들은 타의에 의한 유산상속 조합이란 유일한 모임으로서 삶에 집착했던 제미 우드에게 감사했다. 그 동안 훌륭하게 보수된 시티 올드 뱅크의 오래된 집은 이제 패스트푸드 대리점이 임대로 들어왔다. 저렴한 음식, 굉장한 연간 이자 수익! 모두들 제미 우드가 거기에 동의하리라고 말한다.

CHAPTER
10

"석유 재벌"

장 폴 게티Jean Paul Getty와 예술 시장

뿜어져 나오는 샘물

인색한 사람이란 아르빠공의 경우처럼 자신이 축적한 보물을 그저 순수하게 바라보기만 하는 것을 삶의 최고 즐거움으로 삼는다고 하는 사실은 항상 들어맞지는 않는다. 세상 사람들이 인색한 이들의 행동에서 가장 불가사의하게 느끼는 것은, 또한 그들이 인색함을 질책당할 때 최상의 변명으로 삼는 것은, 그들에게는 물건을 살 때 대체로 한 치의 오차도 없이 정확하게 규정한, 너무나 뚜렷하게 드러나는 지출 조건이 있고, 사람들에게 존중받지 못한다 해도 돈에 대한 이같은 탐욕을 그들은 항상 지니고 있다는 것이다.

돈의 액수가 연간이자 수익을 낳는다는 것이 그런 경멸을 참을 수 있게 해준다는 전제조건이 있다. 하지만 인색한 이들은 그들이 어떤 물건을 다른 사람들보다 더 낮은 가격으로 구할 수 있을 때 가장 강력한 자극을 받으며, 이 자극은 그들을 겉으로는 배포가 커보이게 만든다. 즉, 구입한 물건의 가치를 스스로의 판단으로 결정할 수 있다는 것이다. 이 보장된 우월성은 그 무엇도 더 이상 방해할 수 없는 두 배가 된 기쁨일 뿐이다. 왜냐하면, 예전에는 다른 사람의 소유로 많은 사람들의 손을 거친 물건을 자신의 것이라 명명할 때 얻을 수 있는 행복한 기분은, 세상에서 일반적으로 높은 가치를 지닌 보석을 쟁취했을 때나 받게 되는 성과를 자기 자신의 이익을 위해 이루었을 때 얻게 되는 행복한 기분에 조금도 뒤지지 않기 때문이다.

구두쇠에겐 밸브가 있다. 이 밸브를 통해 자기제어와 스스로의 금욕에 대한 압박감과 같은 것들이 나오게 된다. 그렇지 않으면 참을 수 없게 될 것이다. 다른 한편으로는 완전하게 압력이 저하되지 않도록, 그리고 자제력에 필수불가결한 압박감을 다시 구축하기 위해, 이 빛나는 고결함은 항상 다른 분야에서 더 강력해진 제한과 철저한 자기 징계를 수반한다. 그 목적은 ―자주 사용되는 핑계를 반박하기 위해― 포기함으로써 다시 어떤 특권이 부여된 분야가 흘러나오게 회복시키고, 이를 통해 예산을 다시 평준화하는 데 있지 않다. 인색함은 실제적인 자본과는 관련 없이 그 자체로 항상 충분할 뿐이다. 밸브가 짧게 열리고 나면, 의식적으로 영혼의 오명을 씻고, 때론 낭비벽의 자만심이 강한 악마에게서 빵과 물이 나오게 해야 하는 퇴마주문보다 더 거친, 구두쇠 스스로 자기분리가 일어난다. 이런 전제조건 아래 구두쇠들은 예술작품을 수집하는 역할이나 예술진흥가의 역할도 할 수 있고, 그 때문에 생각할 수 있는 한 가장 이기적이지 않은 관대함의 모습도 만들 수 있다.

미국의 기준에 따르면 게티Getty가는 전통 있는 가문이다. 1780년, 그러니까 미국 독립전쟁 중에 그들의 선조들은 스칸디나비아의 백작령 로덴데리Londenderry에서 신세계로 이주했다. 그 혈통의 한 종파는 관습에 따라 펜실베이니아 주 게티즈버그Gettysburg의 지역에 이름을 남기게 됐다. 이 시골 도시에서 1863년 여름에 남북전쟁이 일어났고, 북부 연합군이 승리한 뒤, 전승자인 에이브러햄 링컨 대통령은 전몰 군인 묘지 제막식 때, 이른바 그의 게티스버그 연설의 13번째 줄에서 오늘날에도 기본이 되는 민주주의 정치의 원칙을 정의했다. 하지만 이런 숭고함과 이미 오래 전에 생존했던 게티와는 거리가 멀었다. 그가 생존한 당시에는 음주벽과 빈곤이 만연했다. 철저한 방임의 환영이 떠돌고 있었다.

1870년 이후에나 그 가문은 두각을 보이며 점차 상승하기 시작했다. 가족구성원들은 그때부터 자주 지방자치단체나 백작모임 등에서 명망있는 위치를 차지했다. 그리고 게티 가문은 후손들에게 좋은 교육과 대학교육을 시켜줄 수 있었고 그로써 더 나아가 가문상승의 전제 조건을 마련했다.

이 실제 성공스토리는 조지 프랭클린 게티(George Franklin Getty, 1855~1930)가 시초였다. 책에도 쓰여 있듯이, '스스로-만들어진-사람'이었던 성공한 법률가는 회사 인수합병을 전문으로 했다. 미니애폴리스의 중심가에서 조지 프랭클린 게티는 자신의 전문분야를 찾아냈고 재산을 끊임없이 불려나갔는데, 특히 그는 엄격하게 절약을 추구했다. 록펠러가 분류한 유형의 대부호들과 비교해도 조지를 따를 만한 자는 아무도 없었다. 그는 기업 상담가로서가 아니라 기름으로 많은 돈을 벌 수 있었다.

당시 사람들이 사랑스럽다고 말하기 시작한 냄새나는 이 천연자원, 검은 금을 그러나 조지는 어떠한 방법으로도 접근할 수 없었다. 이는 1903년, 조지 프랭클린 게티가 50년 전 그 어떤 지도에도 표시돼 있지 않은 지역, 바틀즈빌Bartlesvile에서 청탁을 받으면서 달라진다. 그는 어떻게 했을까. 인디언 부족과 토착 인디언을 추방했던 백인 이주자들은 피부발진에 필요한 약품으로 강과 연못의 기름기 있는 부유물과 잘 부서지는 다른 암석을 이용했다. 이 끈적끈적한 검은 액체가 영양크림으로 훨씬 유용하다는 것에 회의적이었던 당시 사람들은 19세기 후반에서야 비로소 그것을 추론해냈다. 미국 연방들에서 첫 번째로 확인된 석유채굴은 1859년으로 기록돼 있다. 사람들은 석유채굴을 간단한 일로 생각했다. 나무로 만든 흔들거리는 지지대와 계속해서 부서지는 천공기, 그리고 성공할 경우 매우 심한 냄새가 나는 분수가 솟아오를 것이었다. 거기에 하루 30배럴의 요구량은 쏟아질 것이었다.

다시 구멍을 뚫을 수 있게 된 것은 분명히 자동차의 발명 때문이었다. 하지만 여전히 의견은 엇갈려 있었다. 많은 사람들이 전기가 미래의 에너지라고 생각했다. 천재 발명가인 토머스 에디슨이 자신의 발명품으로 밤을 낮으로 만들 수 있다고 증명하지 않았던가? 왜 전기는 거리의 차량들과 철도를 목적지로 데려다주지 못하는가? 조지 프랭클린 게티는 다른 견해를 갖고 있었다. 그는 자동차와 자동차를 이용한 아메리칸 드림을 실현했으며, 다른 사람들의 눈앞에 그 꿈을 구체화시켰다.

바틀즈빌은 풍습이 거칠어 교양없는 촌구석으로 알려져 있었다. 마을에는 금을 채굴할 때와 같은 분위기가 지배했다. 모두들 그 큰 발굴에 기대를 걸고 있었다. 체계적인 조사나 학술적인 탐색으로도 전혀 증명이 안 된 분야였다. 채굴권이 불모의 분야인지 아니면 그저 기름이 뿜어져 나오는 것인지는 본능적 감각으로만 느낄 수 있었다. 모험가들은 스스로를 드러내지 않았다. 그러므로 석유를 찾기 위한 임대료는 그다지 비싸지 않았다. 석유는 굉장히 싸서, 절약하는 조지 프랭클린 게티조차도 주도면밀한 견적에 따라 과감히 500달러를 투자할 정도였다. 그래도 조지에게 이 금액은 매우 위험부담이 컸으므로 안전장치를 마련하기 위해 곧 스스로 자신의 채굴권의 1/7을 임대했다. 이는 500달러에 해당하는 만큼이었다. 짧은 기간 동안 아주 상당한 정도로 가치가 증대됐던 것이다.

몇 차례 헛된 시도 끝에 게티의 천공기가 마침내 기름에 닿았다. 압도적인 양은 아니었지만, 그래도 돈벌이는 됐다. 그리고 하루에 100배럴은 시작에 불과했다. 곧 일곱 개의 시추공에서 나오는 것보다 결코 적지 않은 양의 기름이 솟아올랐다. 그때 조지는 돈이 돈을 낳는다는 생각으로 구역을 점점 더 사들였다. 그 결과 기업 고문에서 기업 소유주로의 도약이 궁극적으로 실현됐다. 기름촉진회에서 미네호마 Minnehoma의 세례를 받고 입회했고, 확실히 거대하진 않아도 쉴 새 없이 불어나는 가족 재산의 원천으로 충분했다.

1930년, '게티 제국'의 설립자는 세상을 떠나면서 1,500만 달러 이상의 유산을 남겼다. 록펠러, 밴더빌트와 비교해보면 여전히 적지만, 게티 가족의 생활방식에 비춰보면 상당한 돈이었다. 왜냐하면, 조지 프랭클린 게티는 스스로를 자랑스럽게 여길 수 있었고, 75년 간의 생애동안 만족스러운 재산의 증식에도 불구하고, 부동산 구입 거래까지 모두 포함했을 때, 단 한번도 1년에 3만 달러 이상을 지출해본 적이 없었다. 그 누구도 일상생활에서 그렇게 많이 쓸 수는 없었다. 집주인은 건물 관리인도 많이 두지 않고 최소한으로 지출을 줄였다. 나아가 게티는 계약서와 그의 아들을 믿었다. 그리고 아들이 서명한 계약서를 믿었다.

1892년 12월에 태어난 장 폴 게티는 자신과 타인의 증언에 비춰볼 때 비범한 소년이었다. 가문 대대로 그가 어떻게 세인트루이스의 세계박람회에서 주인 없는 카탈로그를 발견했고 즉각 15센트에 팔았는지에 관한 일화가 전해져 오고 있으며, 또한 게티가(家) 근처에 차린 어린 게티 소유의 레몬수 가판대도 화제였다. 하지만 게티 2세는 상업적 재능만 알려진 것이 아니라, 라틴과 그리스 연구에도 정통한 것이 입증됐다. 특히, 그는 끊임없이 자신에 대한 확신을 가지려고 스스로 힘썼기에 11세 때부터 일기를 썼다. 일기장에 기록된 내용들에서 그의 바틀즈빌 첫 방문은 큰 실망이었다는 것을 보여준다. 전투를 위해 위장한 인디언들은 하나도 없고, 그 대신 늘상 거칠고 굵은 목소리로 마구 외쳐대는 주정뱅이들과 기름의 악취만 있었을 뿐이다. 그의 아버지는 부모가 더 많이 소유하면 할수록, 아이들에게는 더 적게 줘야 한다는 교육 원칙에 몰두했기 때문에, 장 폴은 가족 소유 유전에서 착암기의 맨 꼭대기에서부터 채굴 일을 배워 스스로 용돈을 벌었는데, 그가 너무 철저하게 배우는 바람에 껄끄러운 동료들의 주목을 받았을 정도였다.

어린 게티가 손에 못이 박히게 일을 하긴 했어도, 그는 상층 가문의 아들이었다. 그는 품위 있는 영국의 옥스퍼드 대학교로 진학했고, 그곳에서 성공적으로 빛나는 대학공부에 기쁨을 느낄 수 있었고, 상류-사회-생활에 대한 취향을 발견하고, 이를 삶의 목적으로도 삼았다. 중세 대학도시들에서 바틀즈빌은 멀리 떨어져 있었고, 외교 직무로의 진출은 가까이 있었다. 폴 게티가 결국 대서양을 건넌 것은 1차 대전과 관련 깊었고, 기름 냄새와는 더 큰 관련이 있었다. 외교 보좌관이란 모든 서열에서 대사라고 해도 타국 지배자들의 신하였다. 하지만 유전에서는 필요한 돈을 처리하는 한, 누구나 자기 행복의 개척자였다. 왜냐하면 당연히 1913년에는 500달러에 대한 시굴법이 더 이상 없었기 때문이다. 더불어 장 폴 게티는 부유한 아버지도 있었다. 그랬지만 초기자본 조달은 간단하지 않았다. 나이든 아버지는 당연히 담보나 이익 분배를 걸어야만 돈을 주었다. 그리고 당연히 대출금으로 주었다. 무엇 때문에 조지 게티가 자신의 아들에게 예외를 적용하겠는가? 이익의 70퍼센트는 자신의 것이고, 나머지는 아들의 것. 이것은 조지 프랭클린 게티에게는 정당한 계약이었다. 물론 장 폴도 그에 대해 아무런 반박도 하지 않았다.

태풍의 북상

하룻밤에 6달러짜리 방, 덜커덩거리고 낡아서 급경사 지대에서는 뒤집어질까 잘 다뤄야하는 자동차. 장 폴 게티의 오클라호마에서의 검은 금을 찾기 위한 생활형편은 볼품없는 것이었다. 첫 번째 시추가 흐지부지되었기 때문에 인내심을 가져야 했다. 경쟁자들은 게티 2세가 아버지의 후각은 물려받지 못한 것 같다며 빈정거렸다. 이에 자극을 받은 옥스퍼드생은 지질학을 연구했다. 하지만 지질학 연구도 도움이 되지 않았다. 폴 게티가 이 실패를 생각해서 외교관으로서의 직업을 결정하기 전에, 그는 가문의 전설이 될 마지막 시도를 해보기로 한다.

마지막 시추는 가망이 있는 것처럼 보였다. 기름 모래는 기름을 가리킨다. 모든 생활 상태는 냉혹할 만큼 비참했고 일어난 일과는 상관없이 수많은 밤을 지새우면서 게티 2세는 버티고 있었다. 그리고 나서 소식이 들려왔다. 30배럴! 끔찍한 순간. 하루에? 경보 해제. 시간당 30배럴이 채굴되었다. 이렇게 시작되었고 그것은 멈출 줄 몰랐다. 채굴권은 채굴권대로 다소 무분별하게 팔렸다. 노동자들은 유전에서 이런 사장을 여태껏 겪어본 적이 없었다. 그는 모든 요령을 알았을 뿐만 아니라

예를 들어, 박힌 천공기의 가장 윗부분을 막으면서, 시간과 비용을 덜 들여 분쇄할 수 있는 새로운 기술들까지도 고안해냈다. 그리고 그는 모든 것을 통제할 수 있었다.

여기서 적어도 사생활은 조금 달라보였다. 그는 역시 최소한 기름을 취급하는 동등한 가문 출신이거나 가끔은 더 높은 신분의 여성들에게서 매력을 느꼈다. 1916년 8월, 호화스러움을 과시하는 게티의 모습이 다시 드러났다. 도덕적으로 엄격했던 아버지를 심히 격분시켰던 그의 자유분방한 생활은 2년이나 지속되었다. 여하튼 아버지는 관습에 따라 아들의 방종함을 모르는 채 하지 않고 대신 충분한 보상을 원했다. 여성들에게 영웅으로 보인 게티 2세의 전설적인 성공은 여성들에게 선물을 할 때의 관대함이 아니라, 호의적으로 표현한다면 그의 무미건조한 유머와 완고함에 있었다.

그러나 스물세 살의 게티는 이 달콤한 삶을 오래 지속하지 못했고 또한 새로운 도전들이 그를 기다리고 있었다. 전쟁 이후, 기름의 가격은 수렁으로 떨어졌다. 덧붙여 세상을 움직였던 원료는 지금 막 캘리포니아와 멕시코에서도 발견되었다. 하지만 게티 2세는 새 채굴권에 투자하는 것을 망설였고 무엇보다도 1923년 1월 뇌졸중 발작 이후에 그랬다. 큰 회사의 경쟁자들처럼 빠른 결정이 압도적으로 필요했다. 성가신 라이벌들은 그를 보이콧과 공갈 협박을 통해 제거하려고 노력했다. 그 경쟁사들은 기름뿐만 아니라 화강암에도 뛰어들었다.

아버지 회사의 주주로서의 그의 등장은 가부장적인 규칙에 따라 완성되었다. 아들도 다른 이들처럼 출자를 통해 권리를 얻어야 했다.

1929년, 서른여섯의 게티 2세는 가족회사의 사장이 되었다. 이것은 그 자체보다 더 많은 것을 포함했다. 사장은 대표이사란 방식으로 아버지나 혹은 어머니의 지휘 아래 있었다. 조지 프랭클린 게티가 1930년 죽었을 때, 아들이 아닌 어머니가 회사를 물려받았다. 사람들은 모두 깜짝 놀랐다. 아들은 무엇 때문에 이렇게 냉대를 받았던 것일까? 그 아버지에게 아들의 사업적 수완은 위험한 것이었나?

다분히 게티는 그의 아들의 사생활을 비난했을 것이다. 왜냐하면 아들은 아버지가 죽기 전까지 이미 세 번의 결혼을 했기 때문이다. 앞의 두 혼인은 모두 겨우 4년간 지속됐고, 1930년 세 번째 결혼생활도 예견한 대로 끝이 났다. 세 번째 이혼을 하던 1932년에 이미 존재했던 네 번째 부인은 결혼생활을 거의 3년 정도 견뎌냈다. 그는 다섯 번째이자 마지막 부인이었던 일흔 일곱의 마그낫Magnat과는 1958년에서야 이혼했다. 법적인 진흙탕 싸움에서 당시의 게티 부인에 의해 그리고 그녀의 변호사들에 의해 끊임없이 같은 비난을 받았는데, 그의 태만, 혼인 외 정사, 인색함이 문제였다.

이혼 소송에서의 진술은 비판적으로 배경 상황을 물어보는 것을 필요로 하고, 당연히 상대방의 의견도 들어야한다. 이런 방법으로 많은 것들이 드러났지만, 수많은 ─통속적인 주간지가 재미를 위해 멋대로 이용한─ 기사들 즉, 부인의 너무 비싼 쇼핑여행이나 단지 우표를 사는데 쓴 몇 센트 때문에도 분노의 발작을 일으킨 게티에 대한 기사들은 반박되지 않았다. 그 대부호는 자신의 생활양식을 변호했다. 이런 고백은 서면 상으로도 존재한다. 1965년 그는 〈부자가 되는 법How to be rich〉이라는 제목으로 자신의 생각과 기억에 대해 출판했고, 다섯 번 이혼한 이 남자는 자신과 결혼했던 여자들이 모두 극도로 오래 참아내질 못했다는 입장을 밝혔다.

아버지와의 짧은 유대 관계로, 집을 나가기 일쑤였던 그의 자식들은 그가 소홀했던 부인들보다 더 불만스러워했다. 다섯 아들들 중 하나는 일찍 죽었고, 나머지는 기껏해야 언론이 초청한 가족적인 축하 잔치에서나 아버지를 보았다. 공식적인 자리에서 게티는 세상 사람들에게 사랑이 가득한 가장의 이미지로 보여지도록 노력했다. 특히 흠허물 없는 행복한 가족의 모습들을 보여 스캔들 소송으로 세상 사람들에게 남겼던 끔찍한 인상을 지워버리고자 했다. 게티는 또한 자신의 친구 찰리 채플린Charlie Chaplin과 공유했던 여자 친구가 법정에 서서 세계적 명성을 가진 그 배우가 미성년자인 자신을 농락했고, 그가 자기 자식들의 아버지라고 이야기하도록 시켰다. 그러나 이 증언은 의학적으로 사실이 아님이 밝혀졌다. 하지만 게티가 그녀에게 오페라 가수가 되는 수련을 받게 해주겠다는 약속을 하고 그 대가로 사례금의 10퍼센트를 요구한 것은 반박할 수 없었다. 어떻든 돈에는 이자가 생겨야만 했다.

선정적인 신문의 기자들은 1930년대 중반부터 게티의 삶이 특별히 호사스러워졌다며 게티를 지치게 했고, 그동안 냉혹하게 지켜진 하루 16시간 노동을 문제시했다. 덧붙여, 그 사업가는 오래 전부터 귀족적 예술작품에 대한 진지한 열정에 빠져 있었다. 처음에는 그것에 할애하는 시간이 많지 않았다. 첫 번째 예술작품 하나를 얻기 위해 그는 그의 어머니에게서 가족 회사의 경영권을 억지로 빼앗았다. 맥피어슨 리셔

McPherson Risher로 태어난 사라 캐서린 게티Sarah Catherine Getty는 진정한 개척자의 성향을 지닌 강인한 여성이었다.

다른 하나는 조심스러운 늙은 남자들로 구성된 감독 위원회였다. 게티의 회사가 가진 기본 계획은 회사가 기름을 채굴만 하는 것이 아니라 정제하여 가공한 후 각 장소의 주유소에 내놓겠다는 것이었다. 이 계획들은 회의적이어서 받아들여지지 않았다. 규모가 거대해지는 콘체른을 통한 적대적인 인수에서부터 모든 과잉과 사치까지 끊임없이 계산돼야 했다. 하지만 사람들은 게티의 완고함을 배제하고서 모든 계산을 했다. 예전에 그가 아주 충동적으로 업적을 달성한 것처럼, 매우 끈기 있게 가장 작은 부분의 장점도 이용했다. 무엇보다도 10년 동안, 간부와 주주들의 의사와는 달리 끈질긴 기업 합병으로 인수된 타이드 워터Tide Water라는 이름의 한 경쟁사에서 그런 느낌을 받았다. 마침내 게티는 그 가족 회사에서 우위를 차지했다. 물론 사라 캐서린이 부유하게 마련된 회사 재산으로, 나머지 가족들에게 적정한 생계비를 보장해줄 수 있는 재단을 설립하는 것을 완성시켰다. 분명히 어머니는 그녀의 아들과 그의 원칙을 너무 잘 알고 있었다.

결국 그는 스스로 독재권을 발휘하지 못했고, 미국은 세계 2차 대전에 합류했다. 거의 50대였던 석유 부자는 애국심이 넘쳐 지원병으로 자원을 했고, 군함의 자랑스러운 지휘자로서 바다에 배치받으리라는 희망을 가졌다. 그가 자신의 항해 경험 외에도 임시방편으로 자신의 요트들로만 요구를 제한했기 때문에, 그는 거절의 회답을 받았지만, 그의 애국적인 복무를 비행기 부품 공장의 책임자로서 대신할 것을 허락받았다. 게티는 그가 유전에서 성공했던 동일한 방법으로 공장의 단위 시간당 생산량을 짧은 시간 내에 몇 배로 끌어 올렸다. 장사의 기본은 배움이고, 스스로에게 그리고 다른 사람들에게 확고한 원칙을 제시하면 생산품 증대라는 결과를 만들어 낼 수 있었다. 그리고 당연히 그는 새로 얻은 경험들을 자기 소유의 회사를 위해서도 이용했다.

　게티의 사업은 그때부터 추가적으로 비행도구의 생산에다 캠핑카 생산까지 확장되었지만, 기름은 1945년 이후의 양에 머물러있었다. 미국에는 석유 시장이 분배되어 있긴 했지만, 1908년 개척으로 발견된 이래 거대한 유전을 기대하고 있는 아랍 반도와는 사정이 달라보였다. 여기에는 예전의 바틀즈빌과 같은 개척시대가 지배했고 무엇보다 그곳에는 사우디아라비아와 쿠웨이트 사이의 페르시아 만에 이른바 중립지역이 있었다. 게티는 천공 자격을 얻기 위해 1949년 950만 달러를 제1회 불입금으로 지불했고, 거기에 매년 100만 달러를 더했다. 게다가 1배럴에 55센트가 요구되는 기름을 위해, 순익의 25퍼센트를 지역의 지배자인 왕에게 지불해야 했다. 그 밖에도 사회 보장과 학교를 위해 내야하는 금액까지 상당했다. 또한 적지 않은 위험이 도사리고 있었고, 어쨌든 이 지역에서는 많은 것을 보장했던 전문가 의견에도 불구하고 아직 하루에 단 한 방울의 기름도 채굴되지 않았다.

　하지만 게티는 지리학 전문가에게 의견을 구한 다음, 스스로 황량한 사막으로 떠났다. 그러는 사이에 60세를 넘어섰음에도 불구하고 매일 밤 천공 작업에서 예전 오클라호마처럼 최후를 생각했다. 그리고 전설은 되풀이되어 일어났다. 수많은 실패의 끝에 착암기는 거대한 지하의 기름 바다에 닿았다. 그 발굴은 게티를 몇 년 만에 세계에서 부유한 사람으로 만들었다. 그가 죽을 때, 그의 재산은 400억 달러에 달했고, 10년 후 그의 회사는 10억 달러 이상을 팔아치웠다.

아라비아의 유전에서 돌아와서 게티는 영국에 정착했고, 영국 상류층의 생활양식에 대한 그의 경탄은 줄어들 줄 몰랐다. 그에게 포기할 수 없는 자산—누구를 놀라게 만드는가?—이 저렴한 가격으로 나왔다. 게티는 헨리 8세가 1521년부터 1530년까지 총신을 위해 설립했으나, 제 2차 세계 대전 이후 건물 유지가 어려워진 25헥타르의 큰 공원으로 옛 주인을 위해 아주 값비싼 가격으로 감정된 귀족 별장인 수톤 플레이스Sutton Place를 선택했다. 게티는 자기가 제시한 가격을 관철시켰다. 그와 같은 귀족의 저택으로는 헐값에 해당하는 6만 5,000파운드. 물론 그 별장은 여전히 우아하게 꾸며져야 했다. 게인즈버러Gainsborough의 렘브란트 작품 중 하나인 회화 한 점, 두 점의 르누아르Renoir, 그리고 한 점의 카날레토Canaletto—이것들도 역시 놀라울 만큼 저렴한 가격에 사들였다—는 그것으로도 충분히 만족했다. 그리고 가장 좋은 투자였다. 왜냐하면 위기에 대비한 것이었기 때문이다.

수집가

1929년 10월, 증권시장에 검은 금요일이 찾아와 주식이 폭락했다. 게티는 주식 대폭락에서도 손해를 입지 않고 빠져 나왔을 뿐만 아니라, 도산의 부정적 결과로 전체적으로 떨어진 시세에서도 이익을 창출해 냈다. 예전에는 그에게 예술작품의 가격이 너무 높았다면, 이제부터는 예술작품들을 마음껏 모을 수 있었다. 다시 말해 이제는 판매자들 특히, 거만한 늙은 귀족들이 더 이상 유리한 위치에 있는 것이 아니라, 그가, 장 폴 게티가 가격을 결정하게 됐다. 이렇게 확고한 인도주의적 학식이 있는 석유부자는 미술품 상인들과 경매회사들을 놀라게 했다. 아직까진 그림과 조각상의 가격이 그리 오랫동안 바닥으로 떨어지진 않았으나, 전쟁에 대한 두려움과 1939년 9월 1일, 결국 전쟁이 발발함으로써 가격이 계속해서 떨어졌다. 게티에게 덤핑가격으로 예술품을 구입하는 시대가 열린 것이었다.

게티는 이미 1931년에 처음으로 터무니없이 싼 값으로 구입한 작품으로 큰 수익을 얻었다. 특정한 작가나 시대, 스타일에 대한 명백하게 드러나는 편애 같은 건 그에게 문제가 되지 않았다. 게티는 자기 마음에 드는 것을 샀다. 그리고 그의 마음에 드는 것은 대부분 좋은 작품이었고, 그렇기에 원칙적으로 비싼 것들뿐이었다. 대부분 그에게는 비싼 가격이 제시됐지만, 그는 비싸면 절대로 사지 않았다. 이미 1930년대 말에 게티의 수집품은 중요하게 여겨졌고, 수집품에는 가지각색의 물건들 즉, 고블랭직(벽걸이), 가구들, 꽃병들, 그림들과 조각품들이 포함되어 있었다. 고대의 모자이크화 자체는 당연히 바닥에서 조각조각 끄집어내어 미국으로 이식됐다. 예술적인 트로피들은 문화, 우아한 생활방식, 기호뿐만 아니라 미적 능력과 창작능력의 비밀스런 내막을 알려주는 증거로 제시됐다. 미국의 석유부자는 예술 작품들을 통해 전통적 혈통을 세웠다. 옛날부터 뛰어난 예술작품의 수집은 권력자들에겐 하나의 특권이었고, 그들의 지배권의 정당성을 입증해주는 증거로써 쓰였기 때문에, 르네상스 시대에 이미 신분상승자들은 세상 사람들에게 의기양양하게 '획득했도다!'라며 눈앞에 보여주는 특효약으로 삼았다. 순전히 이 목적에 상응하는 이런 수집품들은 하나는 빠르게, 다른 것은 모든 시대의 작품들로, 특히 고대의 작품들, 그리고 셋째로, 개인적인 취향에 따른 것이 아닌 작가와 작품의 가치에 따라 투자되었다.

이미 16세기와 17세기의 예술이론가들은 세련된 감각의 화랑을, 아름다움을 위해 작품을 모으는 심미주의자들로부터 거리를 두었다. 어떤 유형에 게티가 속했는지는 명백하게 말할 수 없다. 아마도 두 부류 모두에 속했을 것이다. 의심의 여지가 없이 그에게는 가장 저렴한 투자와 지명도가 중요했을 것이다. 하지만 사람들은 무절제한 이익의 창출에도 예술작품에 대한 그의 깊은 이해가 있었음을 부인할 수 없다. 렘브란트 자체로 이익을 취할 수 있는지를 사람들은 당연히 공개적으로 말할 수 없었다. 때마침 유럽 전통에 대한 경험이 풍부한 게티와 같은 남자는 이미 인도주의자들이 그들의 위임자에게 영광스럽게 감추었던 선전-전략의 정제된 은어를 완벽하게 구사했다.

그는 18세기 유럽에서의 계몽 덕목을 아주 잘 알고 있었고, 그에 대한 책을 자비로 출판하기도 했으며, 그 책을 통해 자본주의적 경제 도덕의 실종을 지지했다. 그의 제국을 위한 입문서가 된 책 속에서 그는 자신의 예술 보호적인 운동의 정당화를 위해, 이미 메디치의 명성을 위해 500년 이전에 헌신했던 동기에 관심을 보였다. 예술작품들을 모으는 모든 원동력은 억제할 수 없는 아름다움을 향한 애착이고, 그 뒤로 충동이 따르고, 값비싼 예술 재산을 보존하고, 보호하며, 장려하고 그

오토 딕스(Otto Dix, 1891~1969)는
1933년 환상적이면서도 동시에 전통을 인지하는
〈일곱 가지의 죄악〉을 그렸다.
인색·마녀 등 위의 질투심이 많은 땅의 정령
(그의 콧수염은 1945년에야 비로소 추가됐다)은
히틀러와 나치즘의 테러를 연상하라고 암시한다.
드러낸 가슴의 성적 쾌락은 20년대의 야만적인
카바레에서 기인한 것으로 보인다.
한편으로는 죽음의 신으로 영혼의 태만을,
지옥 괴물로 노여움을, 자만으로 부풀어 오른
교만한 지배자와 폭식을 머리위의 스튜냄비로
표현하고 있고, 이는 보쉬와 브뤼겔의 그림에서
차용된 것과 같다.

국립 미술관, 칼스루에Karlsruhe

리고 세상 사람들에게 보여주기 위함이라 말한다. 하지만 최종목표는 현재의 그런 천부의 재능과 숙련을 장려하기 위해 스스로 창조적이 되려는 자극에 있다. 안젤로 폴리치아노Angelo Piliziano나 조르지오 바사리Giorgio Vasari조차도 이를 더 훌륭하게 말할 수 없었을 것이다.

하지만 게티는 더 많은 것을 얘기했다. 그는 특히 예술작품이 가진 물질적인 가치 때문에 예술품 수집을 확실하게 유지하고 싶었다. 표제인 〈예술-모든 투자 중 가장 아름다운 것〉과 같이 다른 입장을 가졌다. 10페이지에 걸쳐 독자들은 미술품 상인으로서의 대부호가 보여주는 전시공간을 둘러보며 그의 선정적이고 저렴한 작품들의 경매로 안내되었다. 저렴하게 구입했던 명작들이 하나둘 미술 역사를 잠식해갔다.

게티는 그가 1940년 영국 소더비Sotheby's에서 겉치레와 상스러운 말로 왜곡된 익명의 르네상스 거장이 그린 그림을 어떻게 발견해냈는지 전하고 있다. 200달러에 그림을 사들여, 약 25년 후에 새롭게 다시 세상에 내보이니 —라파엘의 성모마리아Madonna di Loreto가 그의 면전에 있었다 — 평가된 가치는 최소한 100만 달러 이상 증대되었다. 그는 이런 성공이 매일 오는 것이 아니란 걸 알았다. 전혀 놀랍지 않게, 만족할 만한 자본증대를 더욱이 현대예술품으로 달성할 수 있었다. 게티에 따르면 스페인 화가 소롤랴 이 바스티다Sorolla y Bastida의 그림이 그가 죽은 해인 1933년 4만 달러에 제시되었음에도 불구하고 작품을 감정가의 1/4 가격으로 샀다. 30년 후, 그는 스스로에게 이 획득에 대해 축하의 말을 건넬 수 있었다. 왜냐하면, 가격이 천문학적으로 치솟았기 때문이다.

게티는 이와 비슷한 자기만족을 '위대한 렘브란트'의 이야기를 통해 전해주고 있다. 그 이야기는 가치가 별로 없는 것으로 평가되던 렘브란트가 그린 마틴 루텐Marten Looten의 초상화에 관한 것이었다. 게티는 유럽의 사정이 암울해지기 1년 전인 1938년에 그 그림을 샀는데, 암흑의 시대에 어울리게끔 아주 저렴한 가격인 6만 5,000달러를 지불했다. 물론, 이 그림이 대서양을 넘어 사라져 보이지 않게 되자 네덜란드는 그 사실만으로도 당연히 기뻐할 수 없었다.

게티는 손해를 공개적으로 비난하는 한 예술역사가와 화해적인 결론을 내리려고 개인적으로 유대 관계를 맺고, 지속되는 외교사절 대표로서 네덜란드의 예술천재들에게 그 그림이 새로운 곳에서 최상의 상태로 보관되어 가치를 인정받았다고 전했다. 마찬가지로 1938년, 게티는 1535년에 왕궁의 작업장에서 페르시안의 태르비스^{Tärbis}가 짠, 전설적인 아르바딜-양탄자^{Arbadil-Teppich}를 구매했다. 가격은 6만 8,000달러로 '위대한 렘브란트'보다 조금 비쌌고, 화를 불러일으킬 만큼 적지도 않았다. 페르시안의 시인들은 한 그리스도교인의 눈에 그 양탄자는 너무 아름답다며 찬미했다. 그는 미국의 석유부자들 중 한 명이었다. 이집트의 왕 파룩스^{Faruks}는 이 경이적인 작품을 25만 달러에 되사겠다는 제안을 했지만, 새로운 주인은 당연히 현명하게도 거절했다. 1958년에 이미 그 경이로운 작품의 가치는 100만 달러로 평가됐다.

게티의 예술작품의 덤핑가격 리스트는 길었고, 그의 회상록은 독자들보다 자랑스러워하는 구매자를 더 즐겁게 한다. 모두를 매료시키는 것이 이 장에서의 마지막 논평이다. 예술품 수집가들에게 생기를 주는 미적, 정식적, 물질적인 가치들은 독특한 총체물로 조화되었다. 모든 수집가들이 게티의 비결인 두 가지 가능성을 갖고 있다. 첫 번째 선택은 주식 소유자들의 선택이다. 기다려라, 그 시세가 예상할 수 있는 최상의 가치로 오를 때까지. 그리고 나서 팔고, 부가가치를 호주머니에 쓸어 넣어라. 탐욕스러운 세상을 속였다는 자랑스러운 자각을 갖고서 넣어라. 하지만 더 나은 대안은 명작들을 보유하는 것이다. 왜냐하면, 그것으로 두 배를 즐길 수 있기 때문이다. 그림의 아름다움과 그림이 항상 더 가치 있어진다는 기쁨을 말이다.

게티는 자신의 인색에 대한 비난을 자신의 원칙에 따라 반항하고,

반성 요구에는 강하게 저항한다. 자기방어를 위한 그의 논리는 비슷한 열정으로 마찬가지의 논쟁이 나왔던 15세기와 16세기에서 인용한다. 한 가지 결정적인 것은 ─게티가 말하길─ 제국은 재력을 사회가 그로부터 이익을 얻을 수 있게 사용해야 한다는 것이다. 현명한 투자를 통해 특히, 개인적인 모범을 통해. 그렇지만 그로 인해 그가 어떠한 환상에도 빠지면 안 된다. 그는 절대 모두를 만족시키지 못할 것이다. 그가 수입에 어울리게 사치스럽게 살면 사람들은 그의 낭비를 비난하고, 그가 소비를 줄이면 인색하다며 나무란다. 그가 자신의 재산에 어울리는 팁을 주면 오만한 졸부로 여겨지고, 그가 계산서의 끝자리 수를 그저 조금 버리면 사람들은 수전노라 평가한다. 후자의 경우들은 게티에게는 최소한의 불쾌함으로 보였다. 그는 레스토랑과 호텔에서도 절대로 관대하게 베풀지 않았고 완전히 그 반대였다. 지출은 수입에 예속되어 행하지 않고, 가능한 한 억제해야 한다는 완전히 드러난 변호가 귀족적인 원칙들에 담겨 있었다.

벤자민 프랭클린의 이 충고들은 시대에 결부된 표현이다! 그리고 많은 수의 미국의 계몽주의자들과 미국의 기업들이 교육적인 시각을 거부하는 건 어떤가? 만약 대부호가 절약을 하지 않는다면, 어찌 그가 근로자들에게 모범이 될 수 있겠는가? 그리고 게티는 동료들의 휴지통을 검사하고 그 내용물들을 폐지로 경제 순환 원칙에 따라 다시 제공하는 기업가에 대한 찬미가를 부른다. 그것으로 3만 달러까지 이익을 얻을 수 있었다고. 그의 '절약', 혹은 더 정확히, 그의 인색에 관련된 것들은 평가할 수 없는 가치를 가진 게티의 기록들에 남아있다.

1938년 8월 31일의 ―게티는 스위스 서쪽에서 여행중이었다― 메모는 충분한 가치가 있다. 비오는 날씨, 호숫가에서 제네바까지 38마일의 호화로운 여행, 과일을 먹고, 제대로 앉기의 괜찮은 계획, 로잔의 호텔 숙박을 위한 16스위스프랑, 음식과 전화비용 80프랑, 제네바 호텔에서 25프랑 그리고 배데커Baedeker의 여행가이드에게 60프랑, 책자와 숙소의 가격 차이와 편안함에 대한 의심이 생김. 그 다음날의 기록은, 차의 방향지시등을 고치는 데 62프랑 지불, 산악 안내자와의 거래와 몇 장의 그림엽서, 거기에 맥주 한 잔 12프랑, 얼마나 터무니없는 가격인가!

결정적인 것은 모든 인생의 즐거움을 위한 가격을 마음에 두고 받아쓰게 하는 것이다. 이 원칙의 결과로 게티의 안내서 속의 많은 유익한 조언들이 탄생한다. 이 원칙에 따라 그는 자신의 평생을 형성했다. 말할 것도 없이 이는 그의 후세에게도 유효해야 했다. 하지만 가장은 자신의 네 명의 아들 중 세 명(장 로날드Jean Ronald, 유진 존 폴Eugene John Paul과 고든 피터Gordon Peter)이 이 원칙에 따르지 않는 것을 경험해야 했고, 그렇기에 그들은 회사의 후계자로 재고되지 않았다. 유일하게 절약에 관심과 소질을 보였던, 첫 번째 부인 쟈넷 더몽Jeannette Dumont 사이에서 낳은 아들인 조지 프랭클린 2세George Franklin II는 1973년 6월 49세의 나이로 생을 마감했는데, 관청 검시관은 자살로 결론지었다.

납치

몇 주 후, 게티의 이름은 전 세계에 알려졌다. 유진 폴의 첫째 아들, 장 폴 게티가 납치됐다. 적어도 1973년 6월 17일, 비아 델라 스칼라Via della Scala의 한 로마의 도시 구역 트라스트비어Trastevere에 전달된 편지에 그렇게 쓰여 있었다. 경찰에게 알리지 말라고 경고하는 그 편지는 상황이 심각함을 증명했다. 가두에서 판매되는 이탈리아 신문에서 '호화로운 히피족'으로 낙인찍힌 석유재벌의 손자는 이미 어려서부터 가족들 중 스스로의 독특한 생활방식으로 눈에 띄었다.

선생님들과 치고받고 싸우기, 학교에 불 지르기, 술과 마약 탐닉, 서부 영화의 단역 출연, 애로 화보 모델. 약 열일곱 살짜리의 비범한 삶의 경험에 관심을 가진 심리학자들은 그것을 파괴된 가족관계와 연관지어 설명했다. 아버지는 가족을 일찍 떠났고, 두 번째 부인은 헤로인 과용으로 목숨을 잃었다. 수톤 플레이스의 가장은 이런 생활양식을 철저히 부인했다. 그래서 그는 범죄도 믿지 않았고, 오히려 그의 아들이 그의 첫 번째 부인과 자신의 손자와 스스로 —어떤 결합이든 항상— 아버지의 재산으로 부유해지기 위해 납치를 꾸몄을 것이라고 확신했다. 이탈리아 경찰도 근거를 갖고 같은 생각을 했다. 전화상으로 전달되는 인질의 몸값 요구를 수시로 바꾸어, 전문가들도 전문적인 납치가 아니라고 믿게 만들었다. 요구 금액은 처음에 1,700만 달러에서 30만 달러로 줄어들었고, 그러고는 다시 100만 달러로 올랐기 때문이다.

하지만 할아버지에게는 그들이 실제로 납치되었는지, 납치로 보이게끔 위장된 것인지는 중요하지 않았다. 장 폴이 인신매매단의 손에 잡혔다하더라도 사람들은 80세의 냉정한 대부호인 그가 1페니도 주지 않을 거라고 했다. 끝으로, 그는 14명의 손자가 있었고, 양보를 통한 계속되는 탐욕을 일으키지 않을 거라고 작정했다고 한다. 여하튼 그는 유럽으로 전직 FBI 요원을 보내 수사를 시작했다.

그 사이에 세 달이 지났다. 희생자의 신체 일부를 우편으로 보내겠다는 납치범 스스로의 전화상 위협도, 부자의 마음에 충격을 줄 수는 없었다. 이는 10월 말, 귀 한 쪽이 편지봉투에 담겨 도착했을 때 비로소 변했다. 우체국의 파업 때문에 귀는 이미 썩어 있었다. 이런 사정으로 칼라브리엔스Kalabriens 산에서 말뚝에 묶여 희망 없이 연명하고 있던 희생자는 거의 목숨을 잃을 뻔 했다. 지구를 돌릴 것도 같은 공포의 절규를 들은 후에, 노인은 자신의 호화스러운 제국이 위협받고 있다는 것을 깨달았다. 하지만 그는 자신의 원칙에서 벗어나지 않았다. 그는 한 사람에게 그가 갖고 있는 금액을 받아 적게 했다. "100만 달러. 단 1센트도 더할 수 없다." 그는 인질의 몸값을 전달하는 사람으로 자신의 아들을 보냈다. 잠재적인 모방범죄자는 그에게서 가져올 것이 더 이상 아무 것도 없다는 것을 알았다.

셋째로, 이 세계에서 가장 부유한 남자는 협박받은 금액을 상쇄할 준비가 되어 있지 않았다. 그 대신 그는 자신의 아들에게 85만 달러(나머지는 그가 스스로 조달해야 했다)를 대출해주기로 했는데, 정확히 말하면 매년 4퍼센트 이자가 붙었다. 대부금은 아들에게 자신의 어머니 재단에서 풍부하게 흘러 들어가는 수입을 연 7.5퍼센트로 줄임으로써 갚아야 했다. 게티 노인에게는 거의 파멸을 초래하는 관대한 조건이었다. 나머지 세상을 위해 오히려 기괴한 방법을 통해 만든 돈은 사실 신체 일부가 절단된 희생자를 구출하기에는 충분했다. 하지만 손자인 장 폴 게티는 정신적, 육체적으로 당했던 고통에서 다시는 회복될 수 없었다.

연간 이자 수익이 보장되지 않는 곳은 투자도 없다는 대부호의 원칙은 약화되지 않고 계속 유지되었다. 극도로 품행이 느슨해진 손자는 이득이 없는 투자보다 더 나쁜 대상이라고 여겨졌다. 그것은 명성을 감소시키는 요인이었다. 손자의 끔찍한 운명을 세상 사람들이 냉정한 가장에 맞서 수용하고 손자의 상태가 다시 돌이킬 수 없이 매우 위험하게 될 우려가 있다고 했을 때야 비로소 인질의 몸값을 지불했다. 그 몸값은 인질의 목숨과 가족의 명성을 구했다.

그 이야기들은 세 가지 부문으로 이뤄져 있다. 그 노인과 사교적 친구들, 최고 부자의 불행, 그리고 그의 전설적인 인색함. 칠십이 넘은 이 노인은 성적으로 활동적이었으며 그것을 비밀로 하지 않았기에 60년대에 그의 욕정은 펄펄 끓었다. 뭐든 만지는 것을 금으로 만들었던 20세기의 미다스의 손인 그의 부귀는 전혀 기쁨이 아니었고, 반대로 사회적 경제적 불평등을 참게 만들었던 신화였다. 게티 스스로도 소문을 들었는데, 그의 가문은 저주에 시달리고 있고, 그에게 비극적인 영기가 있어 그를 통해 극도로 대담한 요구에 맞서는 방패로 이익을 착취하고 있다는 것이 그 내용이었다. 그럼에도 불구하고, 그는 모든 방식의 청원서와 구걸편지에 전혀 영향을 받지 않았다.

또한 노인은 적대적인 세상 사람들이 자신의 인색을 놓고 뭐라 부르든 최소한의 부끄러움도 참회도 없이 그것을 인정하지 않았다. 그의 '절약'은 그가 매우 즐기면서 보호하는 관념에 속했다. 게티는 BBC 인터뷰에서 그가 몇 년 전, 입장료가 절반으로 인하된 개전시회를 그제야 처음으로 방문했다는 사실을 시인했다. 수톤 플레이스에 공중전화가 설치되어, 투숙객들과 사용자들이 더 이상 호텔 소유자의 비용으로 전화할 수 없게 된 것도 마찬가지로 이를 증명해주는 사실이었다. 이는 가족 구성원들이 아버지의 별장에서 숙박할 때도 적용되어, 그들은 임대료를 내야 했다. 추운 계절 동안, 난방장치를 줄여서 조정하라는 지시와 반대로 대조적인 상황이 발생했다. 1962년과 1963년 사이 혹독했던 겨울, 파이프가 얼어붙는 바람에 아주 비싼 돈을 들여 수리해야만 했다.

물건의 화폐 가치를 아주 정확하게 알고, 그렇기에 물건은 원하는 만큼의 값이어야 하며, 스스로 결정하고 싶어 하고, 자본금에 대한 이득이 없음은 참을 수가 없고 그래서 일상생활에서의 소비를 줄여야 한다. 이것은 5와 1/2세기 전에 살았던, 게티의 마음속 형제인 프란체스코 다티니의 생활 방식이기도 했다. 차이점은, 프라토의 상인에게 끊임없이 넘쳐흐르는 돈이 초래한 정신적인 고통을 미국인 부자는 겪어보지 않았다.

다티니에게 자기고행이었던 것이 그에게는 더욱 더 이익에 대한 욕망을 얻는 것이었다. 세상에 가치의 고유한 순위를 정하는 욕망이었다. 여기서 더 나아가 공통점을 찾을 수 있다. 게티가 미래의 젊은 대자본가들에게 해주는 독선적인 많은 충고의 배후에는 영리함과 무정함의 명령 속에 내재한, 또한 완전히 다른 정신적 기본감정을 느낄 수 있다. 비용이 수익을 능가할 수도 있다는 공포와, 그리고 이로써 게티 일가가 힘들게 벗어났던 도취와 방임의 나태함으로 다시 떨어질 수 있다는 두려움이다.

그 두려움을 이기는 가장 효과적인 방법은 사람들이 다른 사람들에게 강요한 규칙이었으며, 그것보다 더욱 스스로를 지키는 규칙이었다. 단지 한번 이 원칙들을 어긴 것은 두려움에 새로운 두려움의 기운을 더한다는 뜻이었다. 하지만 두려움에 맞서는 효과 좋은 치료법으로 게티는 예술작품을 사는 것을 선택했다. 이런 배경에서 먼저 그 원칙들에서 얻어낸 향락이 온전한 의미를 얻었다. 미에 대한 고찰은 삶의 곤경으로부터 기분전환을 줄 뿐만 아니라, 동시에 놀라운 방법으로 사람을 곤경에서 벗어날 수 있게 한다. 왜냐하면 위기상황이 발생했을 때, 그림을 팔아 다시 돈을 얻을 수 있고 이런 방식으로 그림을 구입하기 위해 썼던 돈보다 훨씬 많은 돈을 받을 수 있었다. 세상 사람들은 그저 그 노인이 인질에게 손자의 몸값을 지불하는 것을 거부했다는 사실에만 격분했다. 그러나 동시에 몇 백만 달러로 그림들을 사들였다는 것에는 별 감흥을 느끼지 않았다. 그림들은 납치를 선동했다는 두려움에 대한 방패였던 것이다.

1년 후, 말리부에 있는 게티의 농장에 이미 1957년에 설립된 화랑의 측면을 대신할 박물관의 준공은 당연한 일이었다. 그 새로운 예술의 신전은 서기 79년 베주브Vesuv 화산 폭발로 근처의 폼페이와 함께 매장되었던 화산의 경사면에 있던 실제 건물을 거의 원형과 같은 형태로 지은, 빌라 드 파르피리Villa dei Parpiri를 본 딴 건물이었다. 게티와 같이 고전주의적 운문을 외울 수 있었던 꽤 박식하고 개화된 사람에게 자신이 좋아하는 예술작품을 위한 고대 양식을 모방한 주거지는 삶의 꿈을 실현시켜준 것이나 다름 없었다. 그것은 그가(교육을 잘 받은 지인이 말하길)

남몰래 가장 좋아하는 황제 하드리안Hadrian이 죽은 후 다시 새 생명체로 태어났다는 것에 대한 확신보다 훨씬 더 거대한 것이었다.

이런 의미에서 게티가 죽은 뒤 3일 후 1976년 6월 9일에 로스앤젤리스에서 개봉된 그의 유언장은 공개되지 않았다. 피상속인은 사랑받지 못한 자손들이 장래에 사라-게티-가족기업연합으로부터 유산을 부양받는 것까지 막을 수 없었다. 하지만 게티의 재산 중 최대 부분은 가족들이 아니라 박물관에 돌아갔고, 박물관은 하룻밤 사이에 지구상에서 가장 부유한 공공 기관이 되었다.

이렇게 다티니와 게티는 그 죽음에도 유사한 점이 있었다. 둘 다 무덤을 넘어선 외부세계에서 그들의 돈의 지속적인 가치를 확신했다. 게티의 경우에는 스스로 타협한 정의는 결코 마지막까지 남아있지 않았다. 게티 박물관은 예술작품의 가격을 어떤 식으로든 높게 올릴 수 있다. 그 인색한 대 수집가가 실행한 절약은 보상받은 듯 보인다.

끝없이 광대한 그 지역에 창설자와 그의 아들의 묘지가 있다. 박물관에 비해 그곳은 찾는 사람이 드물다.

탐욕의 지배

1쇄 인쇄 2010년 8월 16일
1쇄 발행 2010년 9월 1일

지은이 폴커 라인하르트 · **옮긴이** 김희선 최정미
펴낸곳 도서출판 **말글빛냄** · **인쇄** 삼화인쇄(주)
펴낸이 박승규 · **마케팅** 최윤석 · **디자인** 진미나
주소 서울시 마포구 서교동 463-3 성화빌딩 5층
전화 325-5051 · **팩스** 325-5771 · **홈페이지** www.wordsbook.co.kr
등록 2004년 3월 12일 제313-2004-000062호
ISBN 978-89-92114-58-5   03190
가격 13,800원